HERMANN SCHREIBER

FRANKREICHS GROSSE JAHRHUNDERTE

HERMANN SCHREIBER

Frankreichs große Jahrhunderte

Historische Impressionen zwischen Absolutismus und Empire

Gießen DAMALS BIBLIOTHEK 1986

Prof. Dr. HERMANN SCHREIBER ist freier Schriftsteller und literarischer Übersetzer. Geboren am 4. Mai 1920 in Wiener Neustadt, erhielt er seine schulische Ausbildung in der Elite-Schule »Am Turm« und seine akademische an der Wiener Universität. Für sein Buch »Paris. Biographie einer Weltstadt« wurde ihm vom österreichischen Bundespräsidenten der Professorentitel verliehen.

Lektorat: Jürgen Lotz

Satz und Druck: Mittelhessische Druck- und Verlagsgesellschaft Gießen
Bindearbeiten: Brühl, Gießen
Printed in Germany 1986 · ISBN 3-924145-07-5

Inhalt

Frankreichs Geschichte als englischer Park

Eine Vorbemerkung

Bringt man der Geschichte unseres Kontinents nicht nur Interesse entgegen, sondern eine tiefe und gelegentlich zur Sucht entartende Neigung, so fühlt man sich bald über die Grenzen der Bundesrepublik hinausgedrängt nach Nordwesten, wo die Briten ihre unzerstörten Schlösser durch den gewaltigen National Trust hegen und pflegen, nach Süden, wo den Österreichern von ihrem imposanten Großreich nichts anderes geblieben ist als die Sehnsucht nach seiner Wiederkehr, und schließlich nach Westen, wo die Geschichte einer verhältnismäßig früh gefestigten Nation vom Tischgespräch bis zum Mobiliar, von den Cartoons in den Illustrierten bis zum Wandschmuck heute noch alles beherrscht, beinahe wie vor den beiden Weltkriegen. Während sich die bundesdeutsche Historiographie in schöner Einmütigkeit das neunzehnte Jahrhundert und die Phase bis zur Weimarer Republik zum Generalthema erkoren hat, leben die Franzosen in ungebrochener Selbstverständlichkeit mit ihren großen Königen, den galanten Damen vergangener Epochen und dem ungeheuren Anekdotenschatz, den eine in ihre Sprache, ihre Kultur und ihren Witz verliebte Nation in achthundert Jahren gespeichert hat. Anspielungen auf diesen ewigen Vorrat eines nationalen Lebens und Schicksals werden heute auch weit außerhalb der sogenannten Oberschichten verstanden, wofür wir als den überzeugendsten Beweis den stupenden Erfolg von Asterix, dem Gallier, anführen dürfen, aber auch so manches Zitat im französischen Film: Der priesterliche Erzbösewicht in Louis Malles Komödie *Die beiden Marien* trägt, als ihn sein Schicksal ereilt, den abgeschlagenen Kopf so selbstverständlich in der Kapuze wie einst Saint Denis, der ehrwürdige Märtyrer vom Montmatre.

Was damit gesagt werden soll, ist: Es gibt für die Liebe zur Geschichte keinen geeigneteren Tummelplatz als Frankreich. Gewiß werden wir auch hierzulande vor allem in der Lokalhistorie die eine oder andere Perle finden, etwa die in den letzten Jahrzehnten gelungene Aufhellung des Rätsels Königsmarck oder die emsige Forschung im Fragenbereich um Berlins slawische Vorzeit; in Frankreich aber bewegen wir uns nicht durstig von Oase zu Oase, sondern ergehen uns in einem englischen Park. Er ist eine Landschaft von kunstvoller Natürlichkeit, in der wir der köstlichsten Überraschungen sicher sein dürfen und über dem erfrischenden Ganzen doch das reizvolle Detail nicht zu missen brauchen. Alles, was uns begegnet, ist nicht gerade erbaulich, aber doch charakteristisch und meist sogar unterhaltend. Die Laster sogar haben noch eine gewisse Kultur, und die erotischen Zwischenfälle entbehren sowohl der britischen Peinlichkeiten als auch der österreichischen Ridiculität. Die Grausamkeit hält sich in Grenzen, sieht man von den wenigen Jahren ab, in denen ein paar Provinzadvokaten versuchten, Frankreich zu regieren und zu reformieren, und auch die Chefs moderner französischer Regierungen haben noch ein durchaus positives Verhältnis zum Geist, indem sie entweder Kriminalromane schreiben, Gedichte übersetzen oder Dichterfreundschaften pflegen. Frankreichs Marschälle haben zwar seit Napoleon keine Schlachten mehr gewonnen, aber sie erstreben nach wie vor als höchsten Ruhm die Aufnahme in die *Académie Française,* und ein Land, das einen André Malraux aus China und Spanien auf einen Ministersessel holt, das Dichter wie Jean Giraudoux, Paul Claudel und Saint-John Perse als Diplomaten verwendet, das hat damit den Willen bekundet, alle Werte seiner Vergangenheit durch die wechselnden politischen und sozialen Strömungen der Gegenwart hindurch zu bewahren, und es weiß auch sehr gut, warum. *Le Patrimoine Français,* das gemeinsame Kultur- und Traditionenerbe der französischen Landschaften, ist der eigentliche Stabilitätsfaktor eines Landes geworden, das von seinen aktuellen Problemen kaum eines wirklich lösen konnte. Aber wer kann das schon . . .

Ist man Germanist und Kunstwissenschaftler, so reduziert sich die Beschäftigung mit der Geschichte zum Dilettieren, was im Fall der französischen Geschichte freilich schnell zu einer glückhaften und ein ganzes Leben bereichernden Begegnung wurde. Ich habe Frankreich durch einen hervorragenden, später zu hohen Verwendungen aufgestiegenen Lehrer schon früh lieben gelernt, darf mich seit meinem siebzehnten Lebensjahr als zweisprachig Lesenden und Schreibenden bezeichnen und betrat den Boden des solchermaßen antizipierten Landes dann 1940 in Panzerjäger-Uniform, was der Liebe und der Gegenliebe keinen Abbruch tat. Die Frucht dieser Beziehung, die nunmehr ein halbes Jahrhundert alt ist, waren viele Arbeiten über Frankreich, eine Geschichte von Paris, ein Dutzend Reisebücher über verschiedene Landschaften, ein *roman fleuve* von dreitausend Seiten über das achtzehnte Jahrhundert.

Besonders aber liebte ich es, mich gezielt mit Einzelfragen und Einzelpersönlichkeiten des Nachbarlandes beschäftigen zu können, und ich bin der Zeitschrift DAMALS herzlich dankbar dafür, daß sie mir seit Jahren dazu Gelegenheit gibt. Diese in den letzten Jahrgängen verstreut publizierten Arbeiten erscheinen hier, vermehrt um lückenfüllende Einzelstudien aus anderem Rahmen, in einer historischen Abfolge. Der geschichtliche Raum ist etwa der des *Grand Siècle,* also der Zeit französischer Vormacht in Europa, und der des achtzehnten Jahrhunderts, in dem Frankreich diese Vormachtstellung nur noch mühsam zu halten vermochte, dafür aber zur geistigen Vormacht eines gemächlich erwachenden, der Vernunft und den Wissenschaften vertrauenden Kontinents wurde. Diesem alten Frankreich wurde ein grausiger Untergang bereitet, aus dem sich das eindrucksvolle Kuriosum eines korsischen Franzosenkaisers löste, eines Advokatensohnes, der einer Erzherzogin einen König von Rom in den Schoß legte.

Was nach solchen Umstürzen noch kommen konnte, hat Frankreichs Glanz nicht wieder hergestellt; das neunzehnte Jahrhundert war den Naturen wie Moltke oder Radetzky mehr gewogen als dem kriegerisch-weltmännischen Aplomb, mit dem ein Soubise sich von den Generalen des alten Fritz schlagen ließ. Und wenn ich auch nicht verkenne, welche Rolle die hervorragenden Erzeugnisse französischer Waffenfabriken vor den Falklandinseln und im Persischen Golf gespielt haben und noch spielen, so möchte dieser Band doch als ein Bekenntnis zum alten Frankreich verstanden werden und als der Ausdruck meiner Überzeugung, daß die geschichtliche Größe einer Nation eine geistige Basis haben und halten muß, solange sie mehr sein will als eine funktionierende Maschine.

Die »Eiserne Maske«

Geheimnisse um einen Staatsgefangenen Ludwigs XIV.

Bis in die jüngste Zeit erschienen in Frankreich Veröffentlichungen, die sich mit der »Eisernen Maske«, jenem geheimnisvollen, maskierten Staatsgefangenen, beschäftigen, der 1703 in der Bastille starb. Zahlreich sind die Vermutungen, die um seine Identität angestellt wurden. Er soll ein Günstling der Königin Anna und der wahre Vater Ludwigs XIV. gewesen sein; andere hielten ihn für einen natürlichen Sohn des Sonnenkönigs, wieder andere für einen Sohn der Königin Anna und des Herzogs von Buckingham. Auch mit einer angeblich geheimen Vermählung der Königin Anna mit Mazarin wurde der Gefangene in Verbindung gebracht. So unwahrscheinlich auch alle diese Spekulationen klingen: Fest steht, daß es diesen maskierten Gefangenen gab, und daß er wie eine sehr hochgestellte Persönlichkeit behandelt wurde.

An einem Dezembertag des Jahres 1637 hielt die königliche Karosse vor dem Kloster der Filles Sainte-Marie in der Pariser Rue Saint-Antoine. Das war nicht ungewöhnlich, denn hier lebte eine junge Nonne, ein Fräulein de La Fayette, dem König Ludwig XIII. eine schwärmerische Neigung entgegenbrachte. Zweimal in der Woche besuchte er – in allen Ehren – die einstige Hofdame, plauderte mit ihr und war glücklich. Im übrigen nämlich machte er sich nichts aus Frauen, die ihn nach seinen eigenen Worten nur vom Gürtel aufwärts interessierten, und darum war seine Ehe mit Anna von Österreich auch seit dreiundzwanzig Jahren kinderlos.

An diesem Dezembertag brach nun ein so schweres Unwetter los, daß nicht daran zu denken war, nach Saint-Maur weiterzufahren, wo der König nächtigen wollte. Ins Kloster durfte er als Mann auch nicht, also schlug Guitaut, der den König begleitende Gardehauptmann vor, den Louvre aufzusuchen, das nahe Schloß, in dem die Königin wohnte. Ludwig widersetzte sich, da seine Räume im Louvre gerade umgebaut wurden und unbewohnbar waren, aber Guitaut – der einzige, der gegenüber dem König eine freiere Sprache wagen durfte – gab nicht nach, und der Himmel tat mit Sturm und Regenfluten ein übriges.

So kam die Königin in den durchaus unerwarteten Genuß von Ludwigs nächtlicher Gegenwart. Wenige Wochen später wurde bekanntgegeben, Ihre Majestät sei guter Hoffnung, und am 5. September 1638 wurde, zwei Wochen früher als erwartet, aber immerhin in akzeptabler Frist, jenes Knäblein geboren, aus dem im Lauf der Jahre Ludwig XIV., der Sonnenkönig, wurde.

Am Tag der Geburt benachrichtigt, warf Ludwig XIII. nur einen einzigen kurzen Blick auf das Neugeborene, weigerte sich, die Königin zu umarmen und ging mit finsterem Gesicht. Und als der Prinz heranwuchs, fand nicht nur niemand eine Ähnlichkeit zwischen Vater und Sohn, nein, der große Gelehrte François Vincent Raspail wies später in einer eigenen Studie nach, daß auf Grund physiognomischer und somatischer Verglei-

König Ludwig XIII. (1601–1643), der mit seinem brüsken Verhalten nach der Geburt eines Thronerben durch seine Gemahlin Anna von Österreich deutlich zeigte, daß er den späteren »Sonnenkönig« nicht als seinen eigenen Sohn ansah.

che, aber auch charakterlicher und anderer Unterschiede der vierzehnte Ludwig nicht der Sohn des dreizehnten sein könne.

Diese Tatsache gilt, vor allem auf Grund der Lebensführung Ludwigs XIII. und der Autopsie seines Leichnams, innerhalb des kleinen Kreises der Spezialforscher heute als unbestritten. Ludwig XIII. war ein im Krieg tapferer und auf seinen Jagden körperlich auch sehr aktiver Mann, der jedoch dem weiblichen Geschlecht mit einer aus Prüderie und Abscheu gemischten Abwehrhaltung begegnete. Es ist bekannt, daß ein zu tiefes Dekolleté genügte, um die Ungnade für eine Hofdame nach sich zu ziehen, und die schöne Marie de Hautefort, der Ludwig eine gewisse Sympathie entgegenbrachte, erstickte diese aufkeimende Neigung, als sie versuchte, den König zu Zärtlichkeiten zu bewegen.

Man kann Anne d'Autriche wenig Vorwürfe machen, wenn sie, solchermaßen vernachlässigt, sich gelegentlich einem Liebhaber zuwandte. Sie hatte dabei im allgemeinen auch Glück, das heißt, die Fehltritte wurden nicht offenbar, und einmal, als es zu einer Fehlgeburt kam, weilte Ludwig XIII. fern von Paris, so daß sich die Affaire vertuschen ließ. In jenem Spätherbst des Jahres 1637 jedoch war die Königin unvorsichtig gewesen.

Eine neue Neigung zu einem sehr jungen Offizier hatte sie die nötigen Vorkehrungen vergessen lassen, und sie fühlte sich schwanger.

Angesichts der Feindschaft zwischen ihr und Richelieu konnte ein offenbarer Ehebruch ihren Untergang bedeuten, die Verbannung oder die erzwungene Rückkehr nach Spanien, wo ihr Bruder herrschte. In dieser verzweifelten Lage bestach sie Guitaut, den Kapitän der Garde, den König um jeden Preis in den Louvre zu bringen. Ludwig selbst würde man auf diese Weise zwar nicht täuschen können, wohl aber Richelieu die Möglichkeit nehmen, die Untreue zu konstatieren. Nichts kam der von ihren Ängsten gepeinigten Königin daher gelegener, als jenes abendliche Unwetter . . .

Von dem wirklichen, natürlichen Vater Ludwigs XIV. spricht heute niemand mehr, selbst seinen Namen, den eines Comte de la Rivière, hat man ihm genommen, denn die Fachforschung spricht diskret nur von CDR. Ein anderer Umstand beschäftigt jedoch die Gemüter bis heute: Das Gerücht, daß CDR in seinem jugendlichen Furor der leichtlebigen Königin nicht nur ein Kind appliziert habe, sondern Zwillinge. Da man dem alten und weiberscheuen Ludwig XIII. allenfalls einen Zufallssohn zubilligen mochte, keinesfalls aber zwei gesunde Kinder geglaubt hätte, sei dieser zweite Sohn, der andere Zwilling, sofort nach der Geburt und noch vor dem Besuch Ludwigs bei der Königin, weggebracht und versteckt worden. Und da bei Zwillingen meist eine gewisse Unsicherheit darüber bestehenbleibt, welcher von beiden nun der Erstgeborene sei, komplizierte sich dieses Gerücht bald durch die Behauptung, der verborgene Sohn sei ein paar Minuten (oder auch ein Viertelstündchen) früher zur Welt gekommen als jener Mann, den die Welt später als den Sonnenkönig kennenlernte.

Die merkwürdigen Umstände von Zeugung und Geburt dieses Monarchen waren es aber nicht allein, die diesen Gerüchten immer neue Nahrung gaben; er selbst tat das Entscheidende dazu, indem er einen Staatsgefangenen, dessen Identität niemand kannte, mittels einer Samtmaske vor dem Gesicht für Mitgefangene und Besucher unkenntlich machte, und es war die Phantasie des großen Voltaire, die diese samtene Maske schließlich zu einer eisernen werden ließ.

Der Mann mit der Eisernen Maske, französisch kurz *Masque de Fer* genannt, als sei er die Maske selbst, dieser Mann spielt in Frankreichs großem Jahrhundert eine besondere Rolle. In ihm symbolisiert sich die absolute Macht eines bedeutenden, aber harten Monarchen, der sich nicht damit begnügen muß, einem Menschen die Freiheit zu nehmen, sondern ihm auch noch seinen Namen, sein Ich, sein Restchen Selbstbewußtsein zu rauben vermag. Zugleich aber ergibt sich eben damit die eigentliche Notwendigkeit dieser Maske, sei sie nun aus Samt (wie anzunehmen) oder aus Blech (wie behauptet). Denn einen König darf es eben nicht

Anna von Österreich (1601–1666), Tochter Philipps III. von Spanien und der Margarete von Österreich, hatte 1615 Ludwig XIII. von Frankreich geheiratet. Da Ludwig die Königin sehr vernachlässigte und sie sich gelegentlich Liebhabern zuwandte, blieb die Vaterschaft des Prinzen, den sie nach 23jähriger Ehe am 5. September 1638 gebar, nicht unumstritten.

zweimal geben und schon gar nicht im Gefängnis gleichsam als Double. Man sinnt der Sachlage nach, man stellt überraschend fest, wie selten die Geburten männlicher Zwillinge in Herrscherhäusern sind, ja daß sie so gut wie gar nicht vorkamen.

Sollte es die geheime Regie, die gewaltsame Herbeiführung der Einzigartigkeit und Einzelherrschaft etwa seit jeher gegeben haben, und nur der Sonderfall der Eisernen Maske habe sie ans Licht der Geschichte gebracht? Es wäre eines Richelieu würdig, ihn geschaffen zu haben, nicht aus Menschlichkeit, nicht etwa, um nicht morden zu müssen, sondern um gleichsam einen König in Reserve zu haben, wenn der Dauphin, der Kronprinz ihm entgleiten, sich ihm widersetzen sollte.

Das sind gewiß phantastische Vermutungen, zugleich aber umschreiben sie die suggestivste aller Hypothesen, die im Lauf von nunmehr zweihundert Jahren und mehr im Zusammenhang mit der Eisernen Maske geäußert wurden. Ehe wir uns auf sie einlassen, soweit sie heute überhaupt noch interessieren können, kurz die Fakten:

Im Jahr 1698 erhielt die Bastille, das berühmte hochragende Gefängnis für dem Staat besonders wichtige Übeltäter, einen neuen Gouverneur:

1687 wurde das Fort Saint-Marguerite als Staatsgefängnis auf der größten der Lerinischen Inseln bei Cannes gebaut. In den fast hundert Jahren, in denen dieses Gebäude seiner ursprünglichen Bestimmung diente, gelang nicht einem einzigen Gefangenen die Flucht. Von hier brachte 1698 Saint-Mars den Mann mit der sogenannten Eisernen Maske nach Paris.

Bénigne Dauvergne de Saint-Mars hatte nicht nur einen großen Namen, er war auch ein Vertrauter des Sonnenkönigs und hatte auf den besonderen Befehl Seiner Majestät 1687 auf der Insel Sainte-Marguerite (in der Léringruppe vor Cannes) Kerker für Staatsgefangene errichtet. Man sieht den rechteckig-klobigen Bau noch heute westlich des Schlosses aufragen, alle Fenster gehen zur Meeresseite, aber nicht etwa auf freundliche Strände, sondern auf Felsengrund, an dessen Klippen sich die Wellen brechen. Von 1687 bis 1872, so lange der Bau als Gefängnis diente, ist hier niemals eine Flucht gelungen, ja als die Revolutionäre 1790 die Tore des Gefängnisses öffneten, weigerte sich der hier seit zweiunddreißig Jahren inhaftierte Comte de Monteil standhaft, in die Freiheit zurückzukehren.

Saint-Mars hatte nämlich ein recht komfortables Gefängnis für wohlhabende Gefangene errichtet mit nur sechs Zellen, deren jede zwanzig bis dreißig Quadratmeter maß, wegen der Nordlage im Sommer angenehm kühl war und im Winter gut beheizt werden konnte. Weitere Räume im anstoßenden Schloß waren ähnlich gehalten, und bis zur Revolution gab es zu keiner Zeit mehr als zwanzig Gefangene auf insgesamt etwa 240 Quadratmetern. Der Schloßbau von 1638 steht mit den Ereignissen in Zusammenhang, die wir eingangs schilderten, denn erster Gouverneur dieses festen Baues wurde 1638 eben jener Gardekommandant Guitaut, der die Alibi-Nacht der Anna von Österreich herbeiführte, also einer der Eingeweihten . . .

Saint-Mars, von Sainte Marguerite nach Paris versetzt, trat die weite Reise jedoch nicht allein an: »Am Donnerstag, 18. September 1698, nachmittags drei Uhr, ist Herr von Saint-Mars, Gouverneur der Bastille, von den Inseln Sainte Marguerite und Honorat hier im Schlosse angelangt. Er führte in einer Sänfte einen alten Gefangenen mit sich, den er in Pignerol hatte, immer maskiert hält, und dessen Name nicht genannt wird. Nachdem er ihn beim Verlassen der Sänfte bis zur Nacht in das Zimmer des Turmes La Basinière hatte bringen lassen, habe ich selbst ihn um neun Uhr abends mit Herrn von Rosarges, einem der Offiziere, die der Herr Gouverneur mitgebracht hat, für sich allein in das dritte Zimmer des Turmes La Bertaudière geführt, das ich einige Tage zuvor mit allem Gerät hatte ausstatten lassen, indem ich von Herrn von Saint-Mars Befehl dazu erhalten hatte. Dieser Gefangene wird von Herrn von Rosarges bedient und gehütet werden und der Herr Gouverneur wird ihn beköstigen.«

Dieser Text ist eines der wenigen nicht anzuzweifelnden Schriftstücke im ganzen Umkreis der Eisernen Maske und verdiente, im Original studiert zu werden, weil Bastille-Hauptmann Du Junca wie so mancher alte Haudegen eine sehr eigenwillige Orthographie hatte. Wenn er zum Beispiel schreibt, Saint-Mars habe einen *ensien prissonier* mitgebracht, so würde man das *ancien* gemeinhin als »ehemalig« oder »früher« übersetzen, und tatsächlich wecken ja die besonderen Umstände Überlegungen, ob es sich überhaupt um einen Gefangenen im üblichen Sinne handelt. Ein Offizier bedient ihn, der Gouverneur sorgt selbst für besondere Verpflegung, ohne daß Du Junca erfährt, aus welchen Fonds dieser Aufwand gedeckt wird. Es handelt sich also um eine Regelung zwischen Saint-Mars und allerhöchsten Instanzen, worunter man nach Lage der Dinge nur den König selbst verstehen kann, denn die Pariser Polizeistellen, soviel Einfluß sie zeitweise auch hatten, wären auf den Iles des Lérins, wo diese Sonderregelungen schon galten, ohne Autorität gewesen, ebenso in Pignerol, heute Pinerolo, der von 1630 bis 1706 zu Frankreich gehörenden nordwestitalienischen Festungsstadt. Saint-Mars trug hier offensichtlich eine persönliche Verantwortung für ein Majestäts-Problem.

Andererseits deutet die Erwähnung der Stadt Pinerolo, die im sechzehnten und siebzehnten Jahrhundert zwischen Frankreich und Savoyen heftig umstritten war, auf eine bestimmte Hypothese hin, die das Problem der Eisernen Maske mit Pinerolo und Casale Monferrato in Zusammenhang bringt, zwei militärischen Stützpunkten, die Frankreich beherrschenden Einfluß in Norditalien gesichert hätten, wären sie dauernd in seiner Hand geblieben. Pinerolo hatten die Franzosen seit 1630/32, Casale zu erhalten war möglich geworden, als sich Herzog Karl IV. von Mantua in seiner unbesorgten Lebenslust bei den Juden Venedigs rettungslos

Ludwig XIV. (1638–1715), der spätere »Sonnenkönig«, zeigte mit Ludwig XIII. weder im Aussehen noch in seinen Charaktereigenschaften große Ähnlichkeit. Die merkwürdigen Umstände um die Zeugung und Geburt des Monarchen provozierten auch die These, hinter *Masque de Fer* sei ein Zwillingsbruder von ihm verborgen gewesen.

verschuldete – Carlo IV. Gonzaga war nämlich auch Marchese di Monferrato.

Frankreich war in Venedig, mit dessen schönen Kurtisanen der Herzog sein Geld durchbrachte, wie stets hervorragend repräsentiert: der Abbé d'Estrades saß auf dem Posten, den später ein Bernis einnehmen wird, und er begann die Verhandlungen mit Mantuas ehrgeizigem Minister Ercole Antonio Conte Mattioli. Der noch relativ junge Mattioli war hochgebildet, hatte schon als Professor an der Universität Bologna das Vertrauen Karls III. von Mantua gewonnen und beherrschte Karl IV. erst recht. Im Dezember 1677 reiste Mattioli nach Paris, um die Transaktion abzuschließen: Casale Monferrato wechselte für 100 000 Taler den Besitzer, Mattioli aber erhielt, wie damals weder unüblich noch ehrenrührig, ein persönliches Geschenk von Ludwig XIV.: einen großen Diamanten und 4000 Livres in Gold.

Wäre es dabei geblieben, niemand hätte viel Lärm gemacht, denn der Länder- und Menschenschacher war in absolutistischen Zeiten an der Tagesordnung. Aber Mattioli hatte nun Paris und den Sonnenkönig gesehen, er hatte ein paar Monate lang Schlüsselfigur großer Politik sein dürfen, und das muß ihm wohl zu Kopf gestiegen sein. Jedenfalls verkaufte er sein Wissen von dieser höchst geheimen Transaktion an die begreiflicherweise sehr interessierten Höfe von Madrid, Wien und Turin und an den Rat der Zehn der Lagunenrepublik.

Habsburg handelte schnell: Frankreichs Sondergesandter, der in Mantua die Ratifikation der geschlossenen Verträge mitvollziehen sollte, wurde unterwegs verhaftet und nach Madrid gebracht. Die französischen Truppen, die unmittelbar nach der Ratifikation in Monferrato einmarschieren sollten, rückten wieder in die Kasernen ein, Ludwig XIV., sein Kriegsminister Louvois und der französische Gesandte in Venedig tobten. Und dieser, der sich vom ersten Augenblick an für die große Intrige verantwortlich gefühlt, ja sie erdacht hatte, fühlte sich persönlich so betroffen, daß er auf persönliche Rache sann. Er ließ Mattioli im Mai um eine Zusammenkunft bitten, bei welcher der Rest der Kaufsumme überreicht werden solle. Der Graf kam bereitwillig, bestieg mit dem Abbé einen Wagen und wurde nach durchaus modernen Geheimdienstmethoden von einem französischen Kommando entführt: Die Festung Pinerolo war schließlich nur ein paar Wagenstunden von Monferrato entfernt. Bereits um 14 Uhr des 2. Mai 1679 war Graf Mattioli Gefangener von Saint-Mars.

Diesen begleitete er nun, wo immer Saint-Mars ein Gefängnis unter sich hatte: Von Pinerolo nach Exiles, von Exiles nach Sainte-Marguerite, von Sainte-Marguerite in die Bastille. Der Umstand, daß sich Ludwig XIV. zwar mit der Geheimaktion einverstanden erklärte, aber größte Diskretion zur Bedingung gemacht hatte, stützt die Theorie, daß Mattioli gleich nach dem Überfall verkleidet oder doch maskiert worden sei und fortan die Maske habe tragen müssen: Hätte ihn jemand erkannt, so wäre es offenbar geworden, daß Frankreich einen Minister eines anderen Landes auf fremdem Territorium habe überfallen lassen und eingekerkert halte.

Als der elsässische Baron Heiß, ein bekannter Sammler und Polyhistor, 1770 aus Pfalzburg an das *Journal Encyclopédique* schrieb und den Grafen Mattioli als Träger der Eisernen Maske entlarvt zu haben meinte, kümmerten sich noch nicht allzu viele um diese neue Hypothese. Die herannahende Revolution war eher an der Voltairschen Theorie interessiert, die ja die Legitimität des Sonnenkönigs selbst untergrub und die ganze Dynastie in Frage stellte. Aus dieser Tendenz entstand auch das zeitweise sogar in Proklamationen verbreitete Gerücht, der Mann mit der Eisernen Maske habe auf Sainte-Marguerite geheiratet und Kinder gehabt, diese seien mit dem Namen Buona Parte (von guten Eltern) versehen und auf Korsika zu Vorfahren Napoleons geworden. Napoleon sei also der bessere Bourbone, Ludwig XIV. und seine Nachfahren hingegen die Bastarde . . .

Erst, als sich ein Gelehrter vom Ruf Funck-Brentanos mit seinem ungeheuren Wissen aus Frankreichs *Petite Histoire* die Mattioli-Hypothese zu eigen machte, drang sie durch und siegte, wie man heute sagen muß, für etwa ein Menschenalter; sie fand in renommierte Nachschlagewerke Eingang und gilt auch heute als nicht schlüssig widerlegt. Um 1910 vertrat auch Meyers Lexikon noch die Mattioli-Theorie. In der neuesten Auflage des früher vor allem für historisch Interessierte so ergiebigen Nachschlagewerkes findet sich allerdings das Stichwort *Eiserne Maske* überhaupt nicht mehr (!), während die *Encyclopaedia Britannica* uns dadurch versöhnt, daß die letzte, noch in England redigierte Ausgabe immerhin eine ganze Spalte für *Iron Mask* übrig hat.

Zwei Umstände waren es, die lange Zeit den Anschein erweckten, als habe Funck-Brentano das letzte Wort gesprochen. Einmal das Grab des rätselhaften Gefangenen auf dem St.-Pauls-Friedhof, das seit jenem November 1703, in dem der Mann mit der Eisernen Maske gestorben war, mit dem Namen Marchiali geziert ist, zum andern die Tatsache, daß man seit Funck-Brentanos Forschungen alle fünf Gefangenen, die dem Gouverneur Saint-Mars persönlich anvertraut waren, zu kennen meinte: Sie bildeten den Gegenstand eines Schriftwechsels zwischen Saint-Mars und Louvois (dem Kriegsminister), als Saint-Mars von Pignerol fortging und Exiles übernahm. Einer hieß Rivière oder La Rivière und starb 1686; ein zweiter war ein Pater, der in der Haft den Verstand verloren hatte und gegen Ende 1693 starb. Ein dritter, der ehemalige Spion Dubreuil, wurde nicht mit in die Bastille genommen, sondern blieb auf Sainte-Marguerite und starb dort 1697.

Der vierte war unser Graf Mattioli, dessen Name angesichts seinerzeit üblichen Verballhornungen in einer Grabschrift durchaus Marchiali lauten konnte, und nur der fünfte und letzte dieser besonderen Gefangenengruppe eröffnete schwache Chancen, die Theorie Funck-Brentanos zu erschüttern und damit das faszinierende Rätsel weiterhin offenzuhalten: Eustache Dauger, auf den ersten Blick einer jener weniger wichtigen Gefangenen, die man den großen Staatsverbrechern als Gesellschafter und Diener beigab. Im Fall Daugers war es der ehemalige Groß-Steuereinzieher Fouquet, dessen Reichtum schon den jungen Ludwig XIV. zur Einleitung einer Untersuchung und zur schließlichen Verhaftung des offensichtlich Ungetreuen veranlaßt hatte (5. 9. 1661).

Als angeblicher Diener Fouquets war Dauger für die Forschung lange Zeit uninteressant gewesen; man hatte sich auch nicht daran gestoßen, daß La Rivière ebenfalls als Diener Fouquets erschien. Ein (einst) so reicher Mann konnte gut und gern zwei Diener haben, selbst wenn er im Gefängnis saß. Die genauere Nachprüfung der Korrespondenz zwischen Saint-Mars und seinem Minister ergab jedoch, daß Dauger zu Fouquet verlegt worden war, weil man Dauger, dem angeblich so unbedeutenden Gefangenen, Gesellschaft und Ansprache verschaffen wollte. Und die Nachrechnung einer ganzen Reihe von Aufwendungen und Ausgaben für Dauger ergab, daß sich Frankreich diesen unbekannten Bürgerlichen Millionen hatte kosten lassen, statt ihn in irgendeinen Kerker zu werfen oder zu vergiften oder auch zu entlassen. Welche Bewandtnis hatte es also mit einem Mann, von dem weder die Person noch auch die Verbrechen, derentwegen er gefangengehalten wurde, mit einiger Sicherheit bekannt waren?

Vom 18. September 1698 bis zu seinem Tode am 19. November 1703 war der Unbekannte mit der Eisernen Maske in der Bastille, dem Pariser Staatsgefängnis, inhaftiert. Er saß allerdings nicht in einem der dunklen und feuchten unterirdischen Verliese, sondern sein Gefängnis war ein komfortabel eingerichteter Raum in der Tour de la Bertaudière (zweiter Turm von rechts). – Zeichnung der Bastille mit der Porte Saint Antoine aus dem frühen 17. Jahrhundert.

Da die Marchiali-Mattioli-Theorie sich auf eine Namensähnlichkeit stützte, arbeiteten jene neueren Forscher, die sie erschüttern wollten, mit genau der gleichen Methode und entdeckten für Eustache Dauger einen früheren Namen, der sich d'Oger schreibt, aber im Französischen genauso spricht wie Dauger. Eben wegen dieses Gleichklangs mußte freilich der Vorname geändert werden, als Ludwig XIV. für den angeblich verstorbenen Louis d'Oger eine neue, geheime Existenz hinter einer Samtmaske aufbauen ließ: Er bekam den in Adelskreisen relativ seltenen Namen Eustache, vielleicht auch, weil der Königsname Louis sich inzwischen mit dem vollen Glanz eines großen Regimes geziert hatte.

Louis d'Oger de Cavoye war als Sohn einer Ehrendame der Königin Anne d'Autriche zur Welt gekommen, etwa gleichzeitig mit Louis, dem späteren Sonnenkönig. Das Kind dieser Vertrauten wurde gleich nach der Geburt vom Hof entfernt und wuchs, von allen Besuchen und sonstigen Kontakten ferngehalten, in der tiefsten Provinz auf, sobald es die militärische Grundausbildung im *Bataillon des Marmousets*, also unter den kleinen Kadetten um den künftigen König, erhalten hatte. Die beiden Louis fühlten sich offensichtlich zueinander hingezogen, der Kronprinz zeichnete d'Oger wiederholt durch deutliche Zeichen seiner Zuneigung aus, und niemand begriff, warum 1668 plötzlich eine *Lettre de Cachet,* also ein geheimer Verhaftungsbefehl, gegen Louis d'Oger erging. Der inzwischen zum Mann gereifte Bataillonskamerad des Königs wurde in Saint-Lazare eingesperrt und schon im Jahre darauf als verstorben gemeldet. Wenig später, im August 1669, verhafteten französische Emissäre in Dünkirchen Eustache Dauger.

Die in Frankreich noch ungemein rege Forschung zum Thema der Eisernen Maske – seit 1960 u. a. Werke von Antier, Arrèse, Diamant-Berger, Mast, Mongrédien, Petit fils, Raphélis – gestattet die Destillation folgender Theorien zugunsten des bislang wenig beachteten Eustache Dauger: Madame d'Oger de Cavoye habe den Zwillingsbruder des späteren Sonnenkönigs adoptiert, und, sobald sich seine Ähnlichkeit mit dem späteren König deutlicher zeigte, in die Provinz gebracht. Eines Tages habe entweder sie selbst oder ihr Gatte Seine Majestät pflichtgemäß auf die mit Louis d'Oger verbundene Gefahr aufmerksam gemacht. Vielleicht hatte dies auch der Adoptiv-Vater gegen den Willen der Adoptiv-Mutter getan. Das würde erklären, daß Louis d'Oger gewarnt wurde, sich dem Haftbefehl durch die Flucht nach England entziehen konnte und erst verhaftet wurde, als er 1669 in Dünkirchen an Land ging.

Im geschichtsbesessenen Frankreich, wo sämtliche Persönlichkeiten vom Hofe des Sonnenkönigs auch heute noch allgemein bekannt sind, spannen sich an diesem schlichten und schwer zu widerlegenden Sachverhalt bald weitausgreifende Hypothesen. Verhaftung und angeblicher Tod waren so alltägliche Methoden der Spurenverwischung, daß sie eher auf Dauger hinwiesen, als d'Oger aus der Welt schafften. Aber bald darauf kamen ja die anderen rätselhaften Todesfälle, die Vergiftung der Henriette von England, der geistvollen Schwägerin des Sonnenkönigs. Hatte sie etwa mit d'Oger, dem Zwillingsbruder, ein Komplott gegründet, vielleicht sogar mit Wissen ihres Gatten, jenes offiziellen nachgeborenen Bruders des Sonnenkönigs, der seinem glücklicheren Älteren niemals sehr gewogen war?

Hier ist es nun wohl geboten, einzuhalten, vor allem, da wir an der Schwelle jener Giftaffairen stehen, deren grausige Ausuferungen selbst durch ein ganzes Buch nicht erfaßt werden könnten. Sicher ist, daß der Gefangene mit der Eisernen (richtig: samtenen) Maske von Saint-Mars selbst mit der größten Ehrerbietung behandelt, ja persönlich bedient wurde, und daß man das Gesicht dieses Gefangenen auch dann noch bedeckt hielt, als Mattioli (der ja auch seinen eigenen Souverän betrogen hatte, nicht nur Frankreich) für alle Welt längst völlig uninteressant geworden war. Beide Tatsachen ließen sich durch die Annahme, Louis d'Oger sei *Masque de Fer*, mühelos erklären; der Name Marchiali auf dem Grabstein wäre dann ein vielleicht absichtlicher Register-Irrtum, der alles endgültig zudecken sollte.

Nachschrift 1986: Nach der Veröffentlichung dieses Aufsatzes kamen mir aus der gräflichen Familie Rantzau ausführliche Mitteilungen zu, denenzufolge eine wohlbezeugte Familientradition in Josias, Comte de Rantzau (1606–1650) den Vater des vierzehnten Ludwig annehme. Rantzau, seit 1636 einäugig, war eine etwas wüste, aber sehr männliche Erscheinung, verlor in späteren Schlachten auch noch ein Bein und einen Arm und stand in der fraglichen Zeit (1637 und später) Anne d'Autriche sehr nahe. *H. Sch.*

Der große Kardinal

Armand Jean du Plessis, Duc de Richelieu – der Baumeister des französischen Absolutismus

Drei geistliche Kurfürsten sicherten in Deutschland dem hohen Klerus den Einfluß auf Königswahl und König; aber auch in Ländern des Erbkönigtums erlangten bis herauf ins achtzehnte Jahrhundert immer wieder hohe Geistliche beherrschenden Einfluß, ja sie führten durch Jahre und Jahrzehnte die Politik selbst von Großmächten wie Spanien oder Österreich mit Persönlichkeiten wie den Kardinälen Alberoni, Granvella, Kollonitsch oder Khlesl. Die eindrucksvollste Reihe solcher Kardinäle in der Funktion von Premierministern weist jedoch Frankreich auf: Dem Herzog von Richelieu folgten noch Mazarin, Dubois und Fleury.

Während etwa ein Khlesl oder Dubois aus kleinsten Verhältnissen aufstiegen und an die Spitze der Regierungsverantwortung gelangten, entstammte Richelieu einer alten Adelsfamilie des Poitou. Sein Vater war als Kapitän der Garden ein hervorragender Soldat unter Heinrich III. und Heinrich IV. gewesen, hatte den Mörder Heinrichs III. verhaftet und verhört, an der Seite des vierten Heinrich um Paris gekämpft und wäre zu hohen Stellungen ausersehen gewesen, als er im 33. Lebensjahr einem Fieber erlag.

Wie so mancher Sohn dieses kriegerischen Geschlechts wurde also auch Armand Jean von Frauen aufgezogen, wuchs vaterlos heran, dankte seiner bürgerlichen Mutter, einer Advokatentochter, wohl Ehrgeiz und Ordnungssinn, seinem Vater den Mut und die Kühnheit hochfliegender Pläne. Der Verzicht des älteren Bruders schanzte ihm das im Geschlecht der du Plessis erbliche Bistum Luçon in der Vendée zu, sonst wäre er, wie sein Vater und Großvater, Soldat geworden.

Es war vielleicht das ärmste Bistum Frankreichs, das damit an ihn kam, ein Bistum, das keines sein wollte, das die Witwe des Gardekapitäns vor den Gerichten erst wieder erstreiten mußte und das verlorenzugehen drohte, als der ältere Bruder Armand Jeans im Augenblick der Inthronisierung sich als unwürdig erklärte, Kartäuser zu werden beschloß und fortan am Rand religiösen Wahns dahinlebte. In Kriegsnöten, am Abgrund der Verarmung, verzichtete der auf dem Collège de Navarra gebildete, zu einer militärischen Karriere berufene Armand Jean auf Glanz und Ehren und rettete den kleinen, wenn auch ehrenvollen Besitz, die Pfründe von Luçon seiner Mutter zuliebe, die ihm der nächste Mensch war, mit der er ein Leben lang durch geheime, unauflösliche Gemeinsamkeiten verbunden bleiben sollte.

Mit 21 Jahren Bischof, ohne dafür ausgebildet worden zu sein, erwies der immerzu kränkelnde junge Herr von Stand zum erstenmal seine großen Gaben. Er ordnete die Verwaltung der kleinen Diözese, ermutigte die Arbeit der Orden in den Pfarren und konnte acht Jahre später die Aufmerksamkeit der Regentin Maria von Medici auf sich lenken, als er den Klerus des Poitou in Paris vertrat.

Die Generalstände, eine Versammlung von Vertretern des Adels, der Geistlichkeit und der städtischen Körperschaften mit dem Privileg der allgemeinen Steuerbewilligung, wurden 1614 ein letztes Mal einberufen. Ihre Macht zerbrach an der Omnipotenz des monarchischen Absolutismus. Als Ludwig XVI. die Generalstände in der Krise von 1789 erneut einberief, brach die Französische Revolution aus.

Dies ist vielleicht der Augenblick, die allgemeine Situation zu skizzieren. Das Jahr 1614 sieht die letzte Einberufung der Generalstände, der *États généraux,* vor 1789, aber das Ereignis kann die Krise der Regentschaft in Frankreich nicht beheben, ja nicht einmal verdecken. In Europa nisten noch Reste des mittelalterlichen Daseinsgefühls: Kaiser Rudolf II., Alchimist, Alraunwurzelsammler, den Geheimwissenschaften ergeben und zuletzt wohl geistig umnachtet, ist 1612 in Prag gestorben, und auch Maria von Medici läßt sich von dunklen Kräften beherrschen, von ihrer Kammerfrau Leonora Galligai und deren Gatten Concino Concini, den die Königin zum Maréchal d'Ancre gemacht hat.

Richelieu wäre jung genug, auf eine Klärung der Situation, auf den geknechteten jungen König Ludwig XIII. zu warten, aber das Interesse Concinis und der Königin schmeichelt ihm: Er wird 1616 Minister des Innern und des Krieges, und er ist beide Ämter los, als der allmächtige Günstling im geheimen Auftrag des Königs auf der Louvrebrücke erschossen wird und die Adelsopposition auch die Königin entmachtet. Die Galligai wird im Juli 1617 als Hexe verbrannt. Richelieu hat in seiner

König Ludwig XIII. (1601–1643) unterstand nach der Ermordung Heinrichs IV. bis 1617 der Regentschaft Maria von Medicis. 1624 berief er Richelieu zum leitenden Minister. In seiner Regierungszeit setzte sich der Absolutismus endgültig durch. – Gemälde von Philippe de Champaigne.

Ungeduld auf das falsche Pferd gesetzt und findet sich nach einer kurzen Phase, in der ihn die Sonne der Macht beschien, in die Sonne Avignons verbannt, wo er sich der geistlichen Schriftstellerei und wohl auch der Gewissenserforschung widmet. Er ist kompromittiert, jeden Augenblick kann ihm als einem Concini-Minister der Prozeß gemacht werden.

Aber der achtzehnjährige König hat kluge Berater, die seinen Groll dämpfen, vor allem den Herzog von Luynes, der in diesen Jahren an der Seite Ludwigs XIII. den Grundstein zu dem riesigen Vermögen seines Geschlechts legt. Und da Richelieu immerhin Bischof ist, läßt sich nicht viel gegen den Wunsch der verzweifelten Königin vorbringen, die, isoliert und entmachtet, Richelieu als Berater erbittet. Ein königlicher Kurier befiehlt ihn nach Angoulême, wo er am 27. März 1619 eintrifft, etwa ein Jahr nach seiner Abreise in die Verbannung. Vorsichtig geworden, meldet sich Richelieu zunächst beim Gouverneur der Stadt und läßt sich von diesem zur Königin führen, denn diese hat sich – vielleicht in der Angst um ihre Juwelen – auf sehr abenteuerliche Weise aus der hochaufragenden Festung Blois abseilen lassen, war also aus ihrer Haft geflohen und

Maria von Medici (1573–1642), die Gemahlin Heinrichs IV., begünstigte den Aufstieg Richelieus, wurde dann seine entschiedene Gegnerin und mußte schließlich Frankreich verlassen. – Allegorie von Peter Paul Rubens, die die Übergabe eines Porträts der Königin an Heinrich IV. darstellt.

nur dank der Besonnenheit des Herzogs von Luynes dennoch in Freiheit. Man wollte schließlich verhandeln, da verschlug es nichts, daß beide Kontrahenten in Freiheit waren. Der König hatte ja doch alle Macht und konnte jederzeit wieder die Haft verhängen.

Als Richelieu, immer noch Bischof von Luçon, und die nach allen Aufregungen völlig ratlose Königin endlich unter vier Augen miteinander sprechen konnten, zeigte sich die Macht, die von diesem knapp Dreißigjährigen ausging. Er hätte mehr und Besseres daraus gemacht als Concino Concini, aber das war nun vorbei. Die ihm ergebene alternde Frau wieder an die Macht zu bringen, war ausgeschlossen, also galt es, Frieden zu schließen.

Wie nach ihm Mazarin, errang er sich die ersten Lorbeeren in dem mühsamen Amt des Vermittlers, für das er mit seinem zähen und leistungsfähigen Intellekt zweifellos besser ausgestattet war als die vornehmen Haudegen der Adelspartei. Luynes vertraute ihm und brachte bald auch den König zu dieser Einstellung, und Maria von Medici hatte gar keine andere Wahl. So wurden die Vergleiche geschlossen (Angoulême

1619, Angers 1620), die von Maria die große Angst nahmen, war sie doch monatelang wehrlos in den Händen der Gegner gewesen und jeden Tag gewärtig, heimlich getötet zu werden. Sie erhielt die Gouvernements von Pont-de-Cé und Chinon, vor allem aber Angers mit seinem festen Schloß, und sie machte den Bruder ihres treuen Beraters, den Marquis de Richelieu, zum Gouverneur, zu ihrem militärischen Beschützer.

Von diesem Bruder, einem ausgezeichneten Soldaten und vollendeten Hofmann, findet sich in den Nachschlagewerken keine Spur, denn das hohe Amt in Angers hat ihm den Tod gebracht. Ein Höfling, der sich selbst Hoffnungen auf den Gouverneursposten gemacht hatte, schmähte den Marquis, dieser lud zum Duell und verwundete den Gegner. In dem Augenblick, da er sich über den Verletzten beugte, um ihm zu helfen, zog dieser einen Dolch und stieß ihn dem Marquis in den Unterleib . . .

Carl J. Burckhardt, der das Leben des Kardinals nicht nur bis in alle Verästelungen erforscht, sondern auch im kühlen Glanz seines essayistischen Stils packend dargestellt hat, Burckhardt also hat aus Briefen und Tagebüchern des Kardinals herausgelesen, daß er diesen Tod des schönen, tüchtigen Bruders niemals verwunden hat. »Als ein Schatten hat dieser Verlust und dieses Entbehren Richelieu durchs Leben begleitet.«

Es gibt in der Geschichte nicht viele Beispiele für die glückliche Korrektur früher Irrtümer; ein halbes Jahrhundert später, unter dem starken, nachtragenden, vielwissenden vierzehnten Ludwig wird derlei nicht mehr möglich sein. Aber Richelieu hat zwei Verbündete: die traditionelle Bequemlichkeit des hohen Adels im Denken und in Denk-Spielen, aber auch die allgemeine Lage in Frankreich, einem religiös geteilten Land mit starken protestantischen Milieus, die sich in dem Augenblick zur mächtigen politischen Kraft entwickeln mußten, da sich etwa Maria von Medici an ihre Spitze stellte. Es scheint, daß Richelieu und Luynes einander in Vorzügen und Schwächen richtig beurteilten. Der Herzog brauchte den überlegenen Verstand des Bischofs, und Richelieu konnte keinen besseren Rückhalt finden als den Mann, der die unermeßlichen Güter Concinis an sich gebracht und zudem eine Rohan geheiratet hatte. 1622 wurde Richelieu Kardinal, im Alter von 37 Jahren also; im April 1624 tritt er, gegen den erlahmenden Widerstand Ludwigs XIII., in den Staatsrat ein, vier Monate später ist er dessen Präsident. Es gibt nur noch ihn und den König und zwischen beiden – Frankreich. Denn Luynes ist satt verstorben, er hatte mehr erlangt, als sich die unbekannt aus Florenz gekommene Familie je erhoffen durfte, und die Königin wäre gut beraten, entsagte sie endgültig den Ambitionen, die ihr noch unruhige Jahre bescheren werden. Richelieu ist entschlossen, sich von ihr nicht mehr behindern zu lassen, und er hat eine Rechtfertigung für diesen Entschluß, geht es doch nun, da er oben steht, nicht mehr um ihn, sondern tatsächlich um Frankreich.

Das Konzept, das der Kardinal für sein Land entwickelt hat, ist nicht imposant, sondern ein Ergebnis bitterster Notwendigkeiten; nicht der Höhenflug der Phantasie ist in ihm erkennbar, wie ihn das Land noch von Heinrich IV. her kennt, sondern die Eiseskälte des Gedankens.

Man kann nicht selten lesen, daß Richelieus oberstes Ziel die Vernichtung des französischen Protestantismus gewesen sei. Wäre das so, die Maintenon hätte nichts mehr zu tun vorgefunden. Nur die *politische* Macht der Protestanten interessierte Richelieu, nur sie bekämpfte er, weil er einen Staat im Staat nicht dulden konnte. Was sie glaubten, wie sie beteten und wo sie es taten, interessierte den Kardinal weit weniger, als man von einem Fürsten der katholischen Kirche vermuten sollte.

Das zweite Ziel seiner Politik war die Steigerung der Königsmacht auf Kosten der Ansprüche und Einflußnahmen des hohen Adels. Seine Macht gegen König und Königin hatte Richelieu kennengelernt, weil diese Kämpfe und Intrigen die Umwelt gewesen waren, in der sich der junge Bischof und geistliche Schriftsteller an die Macht zurückgekämpft, seine Verbannungsorte mit Paris vertauscht hatte.

Das dritte Ziel der Politik des großen Kardinals war außenpolitisch, lag also auf einem Gebiet, auf dem sich die Verhältnisse für Frankreich seither tiefgreifend verändert haben: Da das Habsburgerreich auch Spanien und dessen Überseegebiete umfaßte, da die Habsburger nicht immer, aber doch sehr oft neben ihren Erblanden als Könige auch über das ganze Deutschland herrschten, war die Macht der Bourbonen seit den Tagen des Hundertjährigen Krieges niemals so bedroht gewesen wie durch die habsburgische Klammer-Position im Südwesten, Nordosten und Osten. Eine heute kaum mehr verständliche dynastische Politik, die sprichwörtlich glücklichen familiären Verbindungen der Habsburger, hatten dieses Herrscherhaus zudem in den Niederlanden und in italienischen Staaten an die Macht gebracht, so daß Frankreich besonders in den Phasen schwacher eigener Herrscher übermächtigen Druck von außen empfinden mußte. Ihn suchte Richelieu mit einer Außenpolitik zu lockern, die schon ähnlich bedenkenlos war wie später die des Sonnenkönigs. So wie dieser sich mit den Türken gegen den Kaiser in Wien verbündete, so schloß der Kardinal Richelieu mit dem protestantischen Schweden ein Bündnis gegen den Kaiser, das Haupt der katholischen Fürsten. Ganz wie im Fall der Hugenotten erhob sich Richelieu souverän über das damals bestimmende allgemeine religiöse Vorurteil, um das gerade ein gewaltiger Krieg tobte, und handelte gegen die Interessen seiner Kirche nach den Notwendigkeiten französischer Außenpolitik.

Es ist dieser Blick über die damals allgemein verbindlichen Vorbehalte hinweg, diese Befreiung aus letztlich unsachlichen Zwängen, die Richelieu zum ersten Realpolitiker des Jahrhunderts machen. »Er faßte den Gedanken einer rein politischen Opposition gegen den Kaiser über die

Grenzen der Konfessionen hinweg«, schreibt Fritz Dickmann in seinem großen Buch über den Westfälischen Frieden. »Richelieus Bedeutung liegt nicht darin, daß er ein grundsätzlich neues Ziel der französischen Deutschlandpolitik aufgestellt hätte, sondern darin, daß er die Mittel, es zu verwirklichen, besser erkannte. Er war ein großer Staatsmann, das ist alles!«

Nach diesem lakonischen Diktum erläutert Dickmann doch noch, was in seinem Richelieu-Bild diese staatsmännische Größe ausmacht: »Welches kraftvolle Ausgreifen vom ersten Tage an, welche Kühnheit und Vorsicht zugleich, welche Kunst, die Gewichte im europäischen Kräftesystem immer so zu verteilen, daß die Waagschale sich zugunsten Frankreichs senkte! Seine Politik ist Prinzipien wie Projekten abgeneigt, ist, wie alle große Staatskunst, empirisch und auf das Unmittelbare und Nächste gerichtet, aber wir sagen damit nicht, daß ihr eine klare Vorstellung von der künftigen Ordnung der Dinge gefehlt hätte.«

Von der Idee, von den höheren Zielen, ist nicht mehr die Rede, nicht bei Richelieu, nicht bei Wallenstein, nicht bei Tilly; sie sind 1632 mit Gustav Adolf auf dem Schlachtfeld von Lützen geblieben. Danach wird der Religionskrieg zum »großen Krieg in Deutschland«, wie ihn Ricarda Huch genannt hat, und da es für Frankreich nichts Besseres geben konnte als diesen kräfteverzehrenden Krieg auf deutschem Boden, schürte ihn Richelieu schon viele Jahre vor der Kriegserklärung an Spanien, vor dem Bündnis mit den Schweden. Dies verlängerte den am Rand des Erlöschens dahinglimmenden Krieg schließlich über den Tod des Kardinals hinaus. Und das war das Merkwürdigste, am schwersten Verständliche und darum vielleicht Genialste aller Konzepte seiner Politik: daß Richelieu mit diesem Erschöpfungskrieg, den er immerzu förderte, alle beteiligten Mächte so schwächen wollte, bis sie unter dem Diktat des unversehrten Frankreich zu einer großen Friedensregelung bereit sein würden, zu einem allgemeinen Sicherheitssystem, in dem auch Frankreich aus seinen traditionellen Ängsten gegenüber den rechtsrheinischen Mächten erwachen durfte.

Diesem Fernziel diente meiner Meinung nach auch die gegen Spanien gerichtete Politik des Kardinals, hätte er doch die Habsburger auf deutschem Boden nur treffen können, wenn er sich mit dem ganzen Reich anlegte. Da Richelieu stets sorgfältig zwischen Habsburg und Deutschland unterschied, blieb ihm als Angriffsziel nicht viel anderes übrig als der Krieg gegen Spanien. An eine echte Bedrohung von spanischem Territorium her, die zugereicht hätte, Spanien als Kriegsziel zu motivieren,

Armand Jean du Plessis, Duc de Richelieu (1585–1642), nach einem Gemälde von Philippe de Champaigne.

vermag ich nicht zu glauben. Die Pyrenäen lassen im Westen wie im Osten nur schmale Küstenstriche frei, die leicht zu sperren gewesen wären; im übrigen ist die wilde Kette dieses Gebirges bis heute weitgehend unerschlossen und für Armeen nur unter den größten Schwierigkeiten passierbar. Und das Debakel spanischer Truppentransportflotten im Jahr 1588 mußte dem Kardinal noch ungleich deutlicher vor Augen stehen als uns, es war das Gespräch seiner Kinderzeit.

Da Richelieus Deutschlandpolitik zur Gänze in den Dreißigjährigen Krieg fällt, der in seinen Hauptzügen wohl auch heute noch gegenwärtig ist, stellt seine Spanienpolitik den weniger bekannten Bereich seines außenpolitischen Wirkens dar, nicht zuletzt, weil das ganze Spanien nach dem Tod Philipps II. dem zentraleuropäischen Bewußtsein auf eine merkwürdige Weise entgleitet, als sei es mit dem Abklingen seiner großen Epoche, den Konquistadoren, den großen Malern und dem großen Cervantes, für uns unwichtig geworden. In Frankreich wurde dies seit jeher anders gesehen, und einer der größten Schriftsteller französischer Zunge, der Bretone Alain René Lesage, stellt in der unverdächtigen Maske des Schelmenromans von »Gil Blas aus Santillana« das Spanien des siebzehnten Jahrhunderts dar, was trotz der absichtlich durchsichtig gewählten Personennamen oft übersehen wurde (Melar für den Grafen Lerma, Valdeories für den Herzog von Olivarez).

Diese Herren nämlich, nicht der König selbst, waren die eigentlichen Gegenspieler Frankreichs. Vom Grafen Lerma hatte Richelieu gewiß nichts mehr zu fürchten, dieser allmächtige Günstling des dritten Philipp besaß zwar alle Talente eines Höflings, war aber nach außen durchaus inoffensiv, denn die Geldmittel, die ein Krieg verschlungen hätte, leitete er lieber in die eigene Tasche. 1609 bis 1611 besiegelte er den wirtschaftlichen Ruin Spaniens dadurch, daß er eine halbe Million Morisken, also äußerlich zum Christentum übergetretene Mauren, aus Spanien vertrieb, wie man es hundert Jahre vorher mit den Juden getan hatte; sieben Jahre später verjagte ihn endlich der Volkszorn.

1621 starb Lermas Protektor Philipp III. Als vorletzter Habsburger bestieg Philipp IV. (1621–1665) den spanischen Thron, und sein Günstling Olivarez machte nun Lerma den Prozeß wegen der vierzig Millionen Dukaten, die der Graf und Kardinal sich ergaunert hatte. Richelieu hatte es also mit dem Grafen (späteren Herzog) von Olivarez zu tun, zwei Jahre jünger als der Kardinal und durch das schwere Erbe eines ruinierten Landes in allen außenpolitischen Aktionen geradezu gefesselt. Seiner wirtschaftlich aktiven Minderheiten beraubt, dämmerte das spanische Volk fromm, aber arbeitsscheu dahin. Olivarez versuchte, es zu erziehen, versuchte, den Staat zu sanieren und die Besitzungen in Italien und den Niederlanden zu sichern, die Beamten zu Ehrlichkeit und Fleiß anzuhalten

– und er wurde dadurch von Jahr zu Jahr naturgemäß unbeliebter. Statt zu erkennen, wie wertvoll dieser Mann für das Land war, interessierte sich Philipp IV. in erster Linie für Frauen – man spricht von acht anerkannten und vierundzwanzig anderen außerehelichen Kindern dieses Monarchen –, für die Jagd, für Feste und für die kostspieligste aller königlichen Launen: für den Krieg. »Er war ein ausgezeichneter Reiter, Jäger, Tänzer und Schütze, an Selbstbeherrschung und unnahbarer Ruhe ein echter spanischer Souverän, ein Freund aller edlen Künste und schönen Frauen, und unersättlich im Genießen dessen, was ihm das Leben als Mann und als Herrscher Anziehendes bot. Er war ein Theater-, Weiber-, Jagd- und Malerkönig . . . Er war ein Herkules im Genießen, aber ein Schwächling im Regieren.« (Ludwig Pfandl)

Gegen ein Land, das mit sich selbst soviel zu tun hatte wie Spanien, das sich der Blüte von Kunst und Literatur und einem Endzeit-Taumel des süßen Lebens ergab, brauchte ein Mann wie Richelieu nicht alle Register zu ziehen. Lange Zeit genügte auch hier die Politik des verdeckten

Einer der wichtigsten Gegenspieler Richelieus war der leitende Minister Philipps IV. von Spanien Gaspar de Guzmán, Graf (Herzog) von Olivarez (1587–1645).

Père Joseph, Richelieus einziger Vertrauter und Graue Eminenz der französischen Politik. – Stich von Claude Mellan.

Krieges, der mit unserem Kalten Krieg nicht unbedingt gleichzusetzen ist. In Neapel, in Katalonien, in Portugal gärte es, und in den protestantischen Niederlanden ohnedies. Die Gegensätze waren da, es genügte ein wenig Geld, es brauchte nur die Beratung und die Regie durch einen überlegenen Geist wie den des Kardinals, und die Dinge nahmen ihren Lauf.

Auch hier erlebte der Kardinal nicht den Ausgang, nicht die vollkommene Entwicklung dessen, das er angezettelt hatte, wie etwa die ausgezeichnet geplante Revolte in Lissabon, die in Portugal schließlich das Haus Braganza auf den Thron brachte und den kleineren iberischen Staat selbständig machte.

Zur See hatte Spanien noch ein deutliches Übergewicht über Frankreich, aber Richelieu wehrte sich mit den ersten Kaperschiffen, der traditionellen Waffe des Unterlegenen, und begründete damit jenen Zweig abenteuerlich-kriegerischer Seefahrt, der unter der Bezeichnung Korsarentum im Jahrhundert darauf Frankreichs eigentlichen Ruhm zur See begründen sollte; mit seinen großen Flotten nämlich hat es gegen Spanien, Holland und die Briten nie wirklich auftrumpfen können.

Auch hier also reiften die Früchte so langsam, daß nicht Richelieu ernten durfte, sondern zunächst zu verlieren scheint: wenn so manche Überseebesitzung an Spanien fällt, wenn die französischen Flibustiere von den karibischen Inseln vertrieben werden und die Stadt Breda in Nordbrabant 1625 von dem spanischen General Spinola erobert wird, wie es Velazquez zehn Jahre später in dem Prachtgemälde *Las Lanzas* dargestellt hat.

Die spanische Flotte, der spanische Soldat – sie hatten noch immer die Qualitäten aus der Konquistadorenzeit, während Richelieu sein Land erst mühsam zur Einheit wenigstens nach außen führen mußte. Den großen französischen Sieg von Rocroi über die Spanier und deren nun endlich veraltende Schlachtentechnik hat der große Kardinal nicht mehr erlebt. Er war ein Jahr vor diesem Triumph gestorben.

Ist für die Deutschen, die Niederländer und die Spanier einigermaßen erfaßbar, was sich durch Richelieu zwischen ihren Ländern und dem von ihm geführten Frankreich begab, so hat sich seine innerfranzösische Wirksamkeit in die Tiefen der Vergangenheit entfernt. Überstrahlt vom kalten Licht des Sonnenkönigs, steht der Mann, der die Grundlagen dieser absoluten Königsmacht geschaffen hat, heute nicht viel farbiger oder plastischer vor uns als jene absichtlich im Grau verharrende Eminenz, als die sein treuer Diener und Handlanger, der Père Joseph, zum Begriff wurde.

Das mag seinen Grund vor allem darin haben, daß die Motive der Außenpolitik selbst bei einem so verschlossenen Mann, wie der Kardinal es war, bald zutage traten, ja – wie man heute sagt – transparent wurden, während sich sein innenpolitischer Kurs in Widersprüchen verhüllte. Oder war es kein Widerspruch, die Protestanten im eigenen Land zu bekämpfen, in Deutschland aber tatkräftig zu unterstützen? War es nicht ein Widerspruch, das katholische Spanien zu bekriegen und dabei die Waffenhilfe des ketzerischen England anzunehmen, ohne Rücksicht auf die starke spanisch-katholische Partei, die *Devoten,* in der Umgebung der Königin? Und war es nicht eher ein Taschenspielertrick denn große Politik, als Richelieu, an der Schwelle des Untergangs und königlicher Ungnade gewärtig, den wankelmütigen dreizehnten Ludwig im letzten Augenblick doch noch zu sich herüberzog an jenem 10. November 1630, der seither *La Journée des Dupes,* der Tag der Hereingelegten, heißt? Siegesgewiß hatten Richelieus Gegner sich decouvriert und die Köpfe so unvorsichtig gereckt, daß der Kardinal sie nun mit der Gewißheit abschlagen lassen konnte, dabei keinen Unschuldigen zu treffen.

Wäre es nicht ein Kardinal, von dem wir sprechen, so müßte das Hin und Her dieser Parteinahmen und Täuschungen, dieses Verrats an Bundesgenossen und die halben Zusagen an die weniger entschlossenen

Gegner mehr an einen Tanz erinnern denn ans Regieren. War es die lange Belagerung von La Rochelle wert, die fünfzehn Monate blutiger Kämpfe mit einem Dammbau gegen den Hafenverkehr und mit zahllosen Grausamkeiten erbitterter Belagerungs-Scharmützel, daß die besiegten Protestanten danach zwar Festungen aufgeben mußten, aber überall im Land die Festungen ihres Glaubens errichten durften? In ihnen beteten sie und pflegten jenes Gemeindeleben, von dem wir wissen, daß es die Jünger Calvins enger zusammenschmiedete als der gemeinsame Dienst mit der Waffe!

Längst war Maria von Medici, die Frau, die ihn groß gemacht hatte, die erbitterte, weil sich verraten fühlende Feindin des Kardinals geworden, hatte ins Ausland fliehen müssen und sah von dort aus nun zu, wie ihre Freunde dem Unerbittlichen in die Hände fielen, in Kerkern schmachteten, gefoltert wurden oder starben wie Louis de Marilac, Maréchal de France, einer der besten Armeeführer, die Frankreich besaß. Daß er zwei Jahre zuvor für Frankreich gegen die Protestanten so viele Siege errungen hatte, war in dem Augenblick vergessen, da er sich gegen den Kardinal wandte . . .

Die Herzogin von Chevreuse (1600–1679), eine Gegnerin Richelieus und Hauptakteurin in einem ehrgeizigen Intrigenspiel, das dem in sie verliebten Comte de Chalais das Leben kosten sollte. – Zeitgenössischer Kupferstich.

Man ist versucht, zu simplifizieren, wie es der ältere Dumas tat, um das Intrigengespinst des Kardinals und seiner Gegner einem größeren Publikum interessant zu machen, denn Politik in den Grenzen der praktischen Vernunft waren die Tanzfiguren des großen Kardinals eben nicht mehr. Und wenn wir auch ahnen, daß ihm dann und wann das Parkett zu glatt wurde, die Figuren zu kompliziert gerieten, so waren es doch stets die anderen, die stürzten. Man kann heute lesen, daß Richelieus Handlungsweise »ein beinahe vollkommenes Beispiel positiver, oder auch machiavellistischer Politik« sei, in der höhere Ideen und Gedankengänge keine Rolle spielten, keine Bedeutung erlangten (Michel Mourre). Dennoch ist diese Feststellung von höchster Warte nur die halbe Wahrheit, weil sie eine beherrschende Idee ausklammert: die Vorstellung, die der herzogliche Kardinal aus alter Familie von sich selbst, seiner Bedeutung, seiner Macht und dem historischen Auftrag seines Geschlechtes hegte und pflegte. Seine hauptsächlichsten Gegner nämlich hätten ihn zu soviel Kunstfertigkeit keineswegs genötigt, weder Gaston d'Orléans, der Bruder des Königs, der an allen Intrigen gegen Richelieu so lange teilnahm, als ihm dies nicht allzu gefährlich erschien, noch die Herzogin von Chevreuse, deren Intrigen für einen Richelieu um so leichter zu durchschauen waren, als sie sich stets durch Bettgeschichten ankündigten – und was wäre in Frankreich offenkundiger als eben diese!

Gerade vor diesem Hintergrund erscheint uns der Kardinal als der Perfektionist, der nicht die inferioren Zeitgenossen verblüffen, sondern die hohen Ansprüche befriedigen will, die er selbst an sich stellt. Es gibt dafür untrügliche Anzeichen. Das kleine Spiel, das war die weltliche Entmachtung der Protestanten, über die hinaus kein Schuß Pulver mehr fiel. Nicht, weil ein Richelieu für die *Religion prétendue reformée,* wie sie von königlicher Seite genannt wurde, irgendwelche Sympathien gehabt hätte. Sie waren nur eben alle verrannte Idealisten, echte Gläubige, mit dem Erreichten, dem Recht der Religionsausübung, ohnedies vollkommen glückliche Menschen, deren Machtblindheit dem Kardinal nur ein Lächeln abnötigen konnte.

Das größere Spiel bestand darin, die alten, machtgewohnten, kriegerischen und seit jeher unbeugsamen Familien aus der Reserve zu locken, ihnen Zeit und Ort der Auseinandersetzung so aufzuzwingen, daß der Kardinal siegen mußte. Für dieses Ziel riskierte Richelieu gelegentlich sogar Handlungen, die man als menschlich, als mitleidig mißdeutet hat, wie die Anfänge der Affaire Chalais.

Henri de Talleyrand, Comte de Chalais, französischer Edelmann aus Nantes, war *Maître de la Garderobe du Roi,* also Inhaber eines jener Ehrenämter, wie sie in den alten Familien erblich waren, Ämter, die ihre Inhaber in die Nähe königlicher Huld brachten. Verrückt nach der schönen Herzogin von Chevreuse, ließ sich der junge Chalais in eine Intrige gegen den

Kardinal einspinnen, wurde verhaftet und sah dem Tod ins Auge, als Richelieu ihm das Angebot machte, fortan für ihn zu arbeiten und damit sein Leben zu retten. Chalais sollte den Spion im Haus des Gaston d'Orléans machen und diesen entsprechend den Wünschen des Kardinals beeinflussen. Die Reize der Chevreuse siegten natürlich, Chalais fiel um, und der feige Gaston d'Orléans, dem als einem Bruder des Königs allenfalls herrschaftliches Exil drohte, gab sich dazu her, vor dem Tribunal des Kardinals den Hauptankläger gegen Chalais zu machen. In einem in

Gaston d'Orléans (1608–1660), der Bruder Ludwigs XIII., einer jener zwischen falschem Ehrgeiz und feiger Unterwürfigkeit schwankenden gefährlichen Intriganten. – Kolorierter zeitgenössischer Stich.

Bis Anna von Österreich (1601–1666) schließlich 1638 einen Sohn gebar, galt Gaston d'Orléans als Thronfolger. Richelieu befürchtete, daß Annas Sohn bei der nicht unumstrittenen Vaterschaft als illegitimer Prinz verstoßen werden könnte und sein Widersacher Gaston d'Orléans das Erbe antreten würde. – Anna von Österreich nach einem Gemälde von Peter Paul Rubens.

allen Teilen peinlichen, ja skandalösen Prozeß wurde der junge Graf zum Tod verurteilt und am 19. August 1626 hingerichtet.

Richelieu hatte den ihm hoffnungslos unterlegenen Verliebten stets im Visier, er hatte ihn zu seinem Werkzeug gemacht, zu einem Lockvogel, und der Prozeß kompromittierte alle Gegner des Kardinals deutlicher als ihn selbst, obwohl doch er das Todesurteil verhängen und vollziehen ließ: Gaston d'Orléans verlor an Geltung in den eigenen Reihen, die Herzogin von Chevreuse scheiterte mit einer Intrige und war als Lebedame mit politischen Hintergedanken bloßgestellt, die Gegner des Kardinals mißtrauten einander und lieferten sich gegenseitig ans Messer, nicht einmal, sondern immer wieder, in jeder der vielen Affairen der zwanzig Jahre bis zum Tod des Kardinals 1642. Man fragt sich, auf welche Weise er die Adelsopposition aus ihren Verstecken geholt hätte, wären nicht die Herzogin von Chevreuse und einige ihrer Mitstreiter und Mitstreiterinnen in der Meinung, gegen den Kardinal zu kämpfen, nolens volens zu seinen Verbündeten geworden.

Es darf über all dem nicht verkannt werden, daß dieser Machiavelli im Kardinalspurpur eine ungeheure Komplikation zu bekämpfen hatte, die einem Premierminister unserer Tage vermutlich nur vorübergehend Kopfzerbrechen bereiten würde: Der König hatte gegenüber den Frauen ein, behutsam ausgedrückt, spezielles Verhältnis, was wenig ausgemacht hätte, wäre nicht die junge und lebhafte Königin Anna, eine spanische Habsburgerin und darum Anne d'Autriche genannt, durch dieses Verhalten zutiefst und immer wieder aufs neue gekränkt worden. Nach einer euphorischen Phase der Feste und Vergnügungen kurz nach der Eheschließung kehrte Ludwig XIII. wieder zu seinem Lieblingsvergnügen, der Jagd, zurück und stattete seiner Gemahlin nur die durch ihren steifoffiziellen Charakter geradezu beleidigenden Kurzvisiten in Begleitung seines Gefolges ab. »In ihrer Liebe und ihrem Stolz verletzt, unternahm Anna von Österreich fortan im vertrauten Einverständnis mit ihrer Freundin, der Herzogin von Chevreuse, einen gnadenlosen Kampf sowohl gegen die Königinmutter als auch gegen Richelieu, die sie für den Riß des ehelichen Bandes verantwortlich machte und für die Abwendung des Königs. Sie hatte keine Mühe, unter den Unzufriedenen in ihrer Umgebung treue Parteigänger zu finden, und fortan wurde der Hof eine Stätte der Intrige und der Ausschweifungen, in der Verschwörungen entstanden, zersprengt wurden und sich neu bildeten, und das bis zum letzten Tag Ludwigs XIII. Der König aber begann dieses ganze Milieu zu hassen, aus dem ihm mehr Ärger entstand als aus den Kriegen gegen die Protestanten und gegen Spanien zusammengenommen.«

Die Sätze stammen von Emile Magne, einem hervorragenden Gelehrten der älteren französischen Schule, den wohl niemand verdächtigen wird, den geheimen Schlüssel zu den Skandalen jener Zeit spekulativ in einem Ehedrama zu suchen. Es war einfach gegeben, und es beschäftigte nach der Herzogin von Chevreuse niemanden so intensiv wie den Kardinal, der sich gewiß lieber anderen Dingen gewidmet hätte.

Leichtfertiger als Richelieu suchte die Chevreuse die Lösung in der primitivsten Form und versuchte, der jungen Königin den damals berühmtesten Lebemann des westlichen Europa zuzuführen, nämlich George Villiers, Ersten Herzog von Buckingham und Günstling des männerliebenden Königs Jakob I. von England. Buckingham, »one of the handsomest men of the world, generous and brave« (»Encyclopaedia Britannica«), wäre vielleicht an der Stelle Ludwigs XIII. tatsächlich ein Erfolg geworden; die katholische Habsburgerin aber war durch die taktlose Öffentlichkeit, die Buckingham seinem Liebeswerben gab, ebenso verletzt wie Ludwig XIII. und Richelieu.

George Villiers, Herzog von Buckingham, der berühmteste Lebemann seiner Zeit, der in aller Offenheit um die Gunst der Königin von Frankreich warb. – Zeichnung von Peter Paul Rubens.

Kränkendste Kontrollen gegen Anna waren die Folge mit dem Höhepunkt der Affaire von Val-de-Grâce: In diesem alten, von ihr sehr geförderten Kloster mußte sich Anna 1637 beleidigenden Verhören durch Richelieus Minister unterziehen, und als sie im Jahr darauf ein Kind gebar, machte Ludwig XIII. überdeutlich, daß dieser Neuankömmling nicht seines Blutes sei. Angesichts der Unberechenbarkeit des Königs zog damit für Richelieu eine große Gefahr herauf, denn ein illegitimer Prinz hätte im Fall von Ludwigs Tod das Erbe nicht antreten, auch keinen Regentschaftsrat motivieren können. Thronerbe wäre dann Richelieus Dauergegner, der schwache, von seiner Adelskamarilla leicht zu lenkende Gaston d'Orléans geworden. Es gibt Schilderungen aus der Kammerdiener- und Kutscherperspektive über alles, was der große Kardinal anstellte, um nach einem ersten, dauernd von der Verstoßung bedrohten Prinzen einen zweiten einwandfreien Thronfolger zur Verfügung zu haben. Ob seine Bemühungen Erfolg hatten, ist bis heute ungewiß.

Da wir heute wissen, was Richelieu trotz seiner schwachen Gesundheit nicht einplanen konnte: seinen Tod kurz vor, nicht nach dem Tod des Monarchen, können wir feststellen, daß unserer braven Liselotte von der

Eines der bekanntesten Opfer Richelieus wurde der jugendliche Marquis de Cinq-Mars. – Marquis de Cinq-Mars, Porträt aus der Schule von Le Nain.

Pfalz und der Pfalz selbst viel erspart geblieben wäre, hätte man dem späteren Sonnenkönig nicht *à tout prix* noch zu einem Halbbruder verholfen. Der Unbekannte, dem Frankreich seinen glanzvollsten Monarchen verdankt, war zwar offensichtlich nicht so schön wie Buckingham, überragte den bisexuellen Schönling aus London jedoch erheblich an Intelligenz und Charakter. Ludwig XIII. aber schrieb gerade im August 1638, wenige Tage vor der Niederkunft der Königin mit dem späteren Sonnenkönig, an seinen Premierminister die offenherzigsten Briefe über seine Abneigung gegen das ganze weibliche Geschlecht.

Was uns heute wie ein Satyrspiel erscheint, hatte in den Zeiten des Erbkönigtums konkrete politische Bedeutung; Richelieu hatte nicht jahrzehntelang eine Adelsopposition bekämpft und sich mächtige Clans für immer zu Feinden gemacht, um dann am Fehltritt einer Königin zu scheitern. Und Anna von Österreich *war* ein echtes Problem, beinahe in dem Maß wie später eine andere Habsburgerin, nämlich Marie Antoinette. Anna hatte, was die Franzosen mehr charmant als dezent *la cuisse légère* nennen, und sie blieb dabei so lange, daß Richelieus Schüler und Nachfolger Mazarin sie schließlich heiraten mußte, um vor ihren Eskapaden sicher zu sein. Was der italienische Emporkömmling tat, obwohl er Kardinal war, bot sich Richelieu noch nicht als Ausweg an, da die Königin ja noch einen Gemahl hatte, ganz zu schweigen von Richelieus hoher Auffassung des eigenen Amtes und der eigenen Person. Seine Herkunft von Offizieren und Marschällen ist freilich in der Innenpolitik des großen Kardinals wenig sichtbar geworden; sein militärisches Interesse und sein Engagement in Feldzügen oder vor Festungen wirkten damals noch nicht absonderlich und lassen sich mit dem geistlichen Stand durchaus vereinbaren, zogen in jenen Zeiten doch sogar die Päpste an der Spitze ihrer Truppen in den Kampf. Lediglich die seltsame Duldsamkeit gegenüber seinen weiblichen Gegnern zeigt uns den Kardinal ritterlich, denn diese Duldsamkeit ist kein priesterlicher Zug. Die Priester des Jahrhunderts haben Hexen zu Tausenden verbrennen und eine Beatrice Cenci foltern und hinrichten lassen. Gegenüber der Herzogin von Chevreuse, der Comtesse de Soissons, den Damen de Hautefort, de Lafayette und anderen, die von Anna auf ihre Seite gezogen werden, erweist sich Richelieu als duldsam bis zur eigenen Gefährdung, Folge sehr hoher Selbstachtung oder einer sich akzentuierenden Hemmung. Auch von Richelieu sind, freilich plausibel bei einem Kardinal, nur sehr spärliche Kontakte mit dem anderen Geschlecht bekannt. Daß die große Kurtisane Marion de Lorme ihn zweimal besuchte und dafür insgesamt 160 Pistolen (= Louisdor) erhielt, macht das weitere Fehlen solcher Informationen nur noch auffälliger.

Nicht minder rätselhaft als diese Unterscheidungen, wie sie der Kardinal trifft, ist der Umstand, daß ihm Ludwig XIII. selbst dort nicht in den Arm fällt, wo seine eigensten Interessen betroffen sind. Richelieu schont die Damen, die zwischen ihm und dem König stehen, läßt aber die Günstlinge die volle Härte seiner Staatsführung spüren, und das, obwohl die Jünglinge, die sich um den Königsbruder scharen, nachdem sie Gefährten des Königs gewesen waren, es an Gefährlichkeit mit einer Chevreuse natürlich nicht aufnehmen können.

Obwohl nicht das am höchsten gestellte Richelieu-Opfer, ist der Marquis de Cinq-Mars doch zweifellos die bekannteste Figur aus dem Lager der Gegner des großen Kardinals geworden, der besonderen Tragik wegen, die immer über dem Tod eines glanzvollen jungen Ritters liegt und über dem jähen Sturz aus der königlichen Gunst in die Kerker, unter das Richtschwert. Henri Coiffier de Ruzé d'Effiat, Marquis de Cinq-Mars, war der zweite Sohn des Marschalls d'Effiat und, als er dem König vorgestellt wurde, ein Blondin von siebzehn Jahren mit einem sinnlichen Mund und einem Blick, aus dem man die verschiedensten Gelüste lesen konnte. Ludwig und Cinq-Mars waren sogleich unzertrennlich; der junge Mann wurde bald Oberstallmeister, erhielt also einen der höchsten Hof-

Ränge, und schließlich wurde das stille Fräulein von Hautefort auf ihre Güter zurückgeschickt mit der wohl etwas verblüffenden Begründung: »J'ai donné mon coeur à Monsieur de Cinq-Mars.« In den auch von Burckhardt zitierten, also durchaus ernstzunehmenden »Mémoires de Montglat« wird dieses Bekenntnis Ludwigs XIII., er habe sein Herz dem Herrn von Cinq-Mars geschenkt, gleich ins rechte Licht gerückt: Für einen Mann, der ohnedies nur platonisch liebe, lägen die Liebe zu einem Mädchen und jene zu einem jungen Mann eben näher beisammen als für normal empfindende Naturen. Auch spätere Zeugnisse, Briefe aus der Ära Mazarin, beweisen, daß Ludwig XIII. niemals zu irgendjemandem eine stärkere Neigung gefaßt habe als eben zu Cinq-Mars – und doch rettete er ihn nicht. Der junge Marquis und der älteste Sohn des bedeutenden Historikers und Ratsmitgliedes de Thou wurden am gleichen Septembertag des Jahres 1642 in Lyon hingerichtet, weil sie des geheimen Einverständnisses mit Spanien beschuldigt wurden und der Mitwisserschaft spanischer Intrigen gegen Richelieu und gegen Frankreich überführt werden konnten. Alfred de Vigny hat aus Cinq-Mars den romantischen Helden gemacht, den die ganze Nation seither liebt, hat sich aber – von dieser Überhöhung einer tragischen, aber nicht sehr starken Persönlichkeit abgesehen – sorgfältig in die Memoiren der Epoche eingearbeitet und über sein Verfahren auch Rechenschaft gegeben, so daß man seinem großen, zu Recht berühmten Roman dieser Zeit mit besserem Gewissen folgen kann als den bei uns bekannteren Werken des älteren Dumas.

Den größten Namen auf der Liste der Opfer hat allerdings nicht dieser junge Heros, sondern der verdiente Heinrich II., Herzog von Montmorency, einer der tapfersten Männer und stärksten Charaktere seiner Zeit. Montmorency hatte sich durch seinen persönlichen Einsatz in vielen Schlachten den Marschallstab verdient, ließ sich aber, wie ein großer Teil des alten französischen Adels, auf die Seite Gaston d'Orléans ziehen, ging also zu den Gegnern des Kardinals über. Bei Castelnaudary besiegt, wurde Montmorency von Gaston d'Orléans feige im Stich gelassen und fiel, über und über von Wunden bedeckt, Richelieu in die Hände. Seine Frau, eine Orsini und Verwandte der Maria von Medici, wurde gefangengesetzt, um in den Prozeß nicht eingreifen zu können; die Bitten des Adels und des Volkes für Montmorency blieben ungehört: Er wurde 1632 in Toulouse hingerichtet.

Seine Witwe ging ins Kloster, nachdem sie ihrem Mann ein berühmtes Mausoleum *(La chapelle ardente)* errichtet hatte. Daß Ludwig XIV. sie im Kloster besuchte, kann als ein freilich arg verspäteter Akt der Abbitte des Königtums aufgefaßt werden; er galt zweifellos weniger der Orsini-Prinzessin als Montmorency, darf sich doch diese Familie die ältesten Barone Frankreichs nennen (ein Montmorency kämpfte bereits an der Seite von Hugo Capet).

Über diesen berühmten Opfern und ihren tragischen Schicksalen wird meist vergessen, daß durch Richelieu zwar eine Nation groß wurde, aber ein ganzes Volk viel zu leiden hatte, getreu dem Grundsatz: Gott schütze uns vor großen Zeiten. Energische Politiker brauchen große Mittel, und sie verbrauchen sie auch. In einem wohlgeordneten Land lassen sich solche Lasten zumindest anfänglich noch verteilen. Frankreich aber war, trotz straffer Führung, in seiner administrativen und fiskalischen Organisation noch dem Mittelalter näher als unseren Zeiten, und das Steueraufkommen litt nicht nur unter den langwierigen Hugenottenkriegen, sondern auch an dem untauglichen System der Finanzpacht. Das Recht der Eintreibung war gleichsam untervermietet, und da Richelieu nur sah und nur verwenden konnte, was tatsächlich bei ihm oben ankam, wurde der Druck unten

Der schlachtenerprobte Heinrich II., Herzog von Montmorency, der einem der ältesten Geschlechter Frankreichs entstammte und als Gegner Richelieus 1632 auf dem Schafott endete. – Der Herzog von Montmorency nach einem Gemälde von J. Bellange.

immer stärker, vor allem auf jene Landschaften, die sich etwa durch ihre Parteinahme für den Protestantismus bei König und Kardinal so unbeliebt gemacht hatten, wie die Normandie.

Die Aufstände gegen die *taille,* eine grausame, nur den nichtprivilegierten Ständen auferlegte Steuer, endeten in Frankreich erst, als die große Revolution die unpopuläre Abgabe durch andere, gerechtere ersetzte. Unter Richelieu war die *taille* kaum weniger umkämpft als die Religion, nur daß sich für diesen Krieg gegen die Ärmsten die Geschichtsschreibung vergleichsweise wenig interessierte. Die Aufständischen wurden *Croquants* (Zerlumpte) oder *Va-nu-pieds* (Barfüßige) genannt, Bezeichnungen, die nach der blutigen Niederschlagung der Revolten zu Schimpfworten wurden. Aber das kleine Volk auf dem Land kam ja keineswegs nur durch das Schwert um, wenn besiegte Aufständische zusammengehauen wurden; schon die sogenannte normale Sterblichkeit lag in der ärmsten Schicht der französischen Bevölkerung dreimal so hoch wie in den Städten oder in den Schlössern. Mit anderen Worten: Die durchschnittliche Lebenserwartung eines Landarbeiters oder eines Kleinbauern war erschreckend niedrig.

Es wäre sehr einfach, zu sagen, der große Kardinal habe eben die beherrschende politisch-militärische Aufgabe über alles gestellt, er durfte sich weder durch Intrigen in seinem gewaltigen Werk behindern lassen noch durch die Tatsache, daß so manche Landschaft die ihr aufgebürdete Last schier nicht mehr tragen konnte. Aber wir besitzen glücklicherweise auch Beispiele von Staatsmännern, die mit gleicher Energie und gleich schwierigen Ausgangspositionen antraten und nicht dieser gnadenlosen Härte bedurften, um sich durchzusetzen und ihr Werk durchzuführen: etwa der Marques de Pombal in Portugal, Lord Clarendon in England, Oxenstierna in Schweden und schließlich auch Olivarez. Warum Richelieu die jedem großen Politiker unerläßlichen Talente für den fruchtbaren Kompromiß fehlten, warum er seinen Erfolg in der Gnadenlosigkeit, der unbedingten Härte suchen mußte, das ist eine Frage, die nur ein Psychogramm beantworten könnte.

Bis dahin werden wir vor vielem, was dieser große Mann tat, nur fassungslos dastehen, so unter anderem auch vor seinem Wüten gegen Mauern. Sind im glücklicheren Frankreich die auf ihn zurückgehenden Ruinen nur ausnahmsweise stehengeblieben (während die Cromwell-Ruinen in Irland Legion sind), so stoßen wir doch in einst blühenden Städten wie Loudun auf diesen sinistren Zerstörungstrieb, ja sogar in der engsten Heimat des Kardinals im Loire-Tal: Dort erwarb der mächtig Gewordene das Schloß Champigny-sur-Veude und ließ es abreißen, weil es prächtiger gewesen war als das benachbarte Schloß der Familie Richelieus. Selbst der Papst mußte lange bitten, um wenigstens die Sainte-Chapelle zu retten . . .

Kardinal Richelieu nach einem Triple-Porträt für ein geplantes Denkmal. – Ölgemälde von Philippe de Champaigne.

Wie so mancher im tiefsten Herzensgrund amoralische Mensch begann der Kardinal erst sehr spät an sich zu zweifeln und nach jener Versöhnung mit dem Sittengesetz zu suchen, das auch die Mächtigen ja niemals wirklich vergessen. Es gibt auch Anzeichen dafür, daß Père Joseph, ein Leben lang das zweite Ich des Gewaltigen, in seinen letzten Lebensjahren aus seiner submissesten Reserve heraustrat und die zwei Männer nicht nur vertraute, sondern auch offene Gespräche miteinander führten. Aus ihnen wuchs der Gedanke einer Akademie-Gründung zur Pflege und Überwachung der französischen Sprache, wie sie schriftlich, also vor allem in der Literatur, zutage trat. Da auch Frankreich aus verschiedenen Sprachprovinzen, zum Teil mit sehr starken Eigentraditionen, zusammengeschmolzen war, kam dieser Gründung besondere, zukunftsweisende und einigende Bedeutung zu, und man darf sagen, daß die private Institution gleicher Zielsetzung, die Richelieu 1637 vorfand, diesem gewaltigen Aufgabenbereich kaum gewachsen gewesen wäre. Richelieus Nachfolger Mazarin wird, ebenfalls kurz vor seinem Tod, eine ähnliche Stiftung ins Leben rufen, die, noch deutlicher auf die geistige und sprachliche

Eingliederung neuer französischer Provinzen wie des Artois ausgerichtet, die Tendenzen der *Académie Française* fortführt.

Die Académie, Richelieus Privattheater im heutigen Palais Royal, und seine Ermutigungen einzelner Schriftsteller und Maler ergänzen die Rechtfertigungsschriften des Kardinals, seine lange Zeit in ihrer Echtheit angezweifelten Memoiren und sein *Testament politique.* Alfred de Vigny, Victor Hugo, Dumas und Bulwer haben sich dadurch nicht täuschen lassen. Aldous Huxley hat sich mit Joseph le Clerc du Tremblay beschäftigt, wie Richelieus Graue Eminenz vollständig hieß, und mit der Tragödie des in Loudun verbrannten angeblichen Hexers Urbain Grandier, einem Justizmord, den Richelieu wider besseres Wissen nicht verhinderte . . .

Der zweite Kardinal

Jules Mazarin, der fast allmächtige Minister

Im Königreich Frankreich gab es keine geistlichen Fürstentümer wie bei uns Köln, Mainz oder auch Salzburg. Die politischen Begabungen des französischen Klerus kamen darum in hohem Maße dem Königtum und der Königsmacht zugute. In einer Zeit, in der die besten Köpfe der Kirche dienten und die Bildung weitgehend ein Reservat der Geistlichkeit war, half damit so mancher scharfsinnige Prälat der Krone, die Herrschaft zu festigen. Unter ihnen – sie waren meist Kardinäle, aber auch Erzbischöfe und Bischöfe – gab es naturgemäß sehr unterschiedliche Charaktere, und wenn auf den verworfenen Kardinal Dubois der strenge Kardinal Fleury folgte, dann war das eine Ablösung höllischer durch himmlische Herrschaftsprinzipien. Zu Beginn der eindrucksvollen Reihe geistlicher Superminister aber stehen ein Begründer und ein Fortsetzer, nämlich die Kardinäle Richelieu und Mazarin, der erste und der zweite nach Bedeutung, Kraft, Ansehen und Wirkungen und gemeinsam die Schöpfer des absoluten Königtums in Frankreich.

Unter all diesen großen Herren, den Kardinälen aus fürstlichem Geblüt und Bischöfen, die später Fürsten wurden, befindet sich auch ein Mann, der mit dem simplen P. für Pater oder Père in die Geschichte eingegangen ist, der Kapuzinerprovinzial Joseph le Clerc du Tremblay, genannt *le Père Joseph.* Er hatte in seinen letzten zwanzig Lebensjahren als rechte Hand Richelieus Frankreichs auswärtige Politik geleitet und, als einziger unter diesen großen Polit-Prälaten, allen Anfechtungen der Welt widerstanden und bei allem Zwang zur Geheimdiplomatie, ja zum Ränkespiel in strenger Askese priesterlich gelebt.

Dieser Mann, dem seine nach außen gewandte Tätigkeit gestattete, sich von der rücksichtslosen Innenpolitik seines Vorgesetzten weitgehend zu distanzieren, wurde zum Urbild der grauen Eminenzen, ohne Bischof zu sein, und bekam einen Nachfolger, der in allen Eigenschaften sein Gegensatz war, ausgenommen jene flexible und findige Intelligenz, die so viele Diplomaten aus dem geistlichen Stand auszeichnet. Dieser Nachfolger war Giulio Mazarini, ein Italiener aus vom Vater her sizilianischer Familie. Ortensia Buffalini, seine Mutter, entstammte hingegen einem nicht sehr bekannten, aber untadelig adeligen Geschlecht aus Mittelitalien.

Das Vorurteil gegen Italiener im allgemeinen war in Frankreich schon damals sehr stark und gegen Sizilianer noch stärker; als Mazarini später Mazarin hieß und ein beinahe allmächtiger Minister geworden war, behaupteten zahlreiche Schmähschriften – die sogenannten *Mazarinaden* –, sein sizilianischer Großvater sei Jude gewesen und habe mit Hüten gehandelt. Stimmt das, so hätte man in Mazarin wieder einen Beweis dafür, daß aus dem Zusammentreffen sehr unterschiedlicher Familien, Traditionen und Erbmassen oft höchste Begabungen entstehen, aus der scharfen jüdischen Intelligenz, wie sie sich im harten sizilianischen Daseinskampf zu behaupten wußte, und aus dem adeligen Haus der

Eine der sogenannten *Mazarinaden*, jener zahlreichen Schmähschriften gegen Kardinal Mazarin, hier über seine Exilzeit. Zweimal mußte der Lenker der französischen Politik fliehen, als die Fronde – die Opposition des Parlaments, dann die der Aristokratie – durch Barrikadenkämpfe und Rebellion dem königlichen Absolutismus den Kampf ansagte. Aus der Niederlage der Fronde 1653 ging das absolutistische Regiment gestärkt hervor.

Buffalini, die unter dem Schutz des mächtigen römischen Clans der Colonna standen.

Bei seinem ersten historischen Auftritt jedenfalls verrät Giulio Mazarini nicht nur Scharfsinn, sondern auch Wagemut, nicht nur Ehrgeiz, sondern auch Sinn für wirkungsvolle Inszenierungen, ja für Grandezza. Als im Oktober 1630 ein Erbschaftsstreit um eine norditalienische Herrschaft zu offenen Feindseligkeiten zwischen Frankreich und Spanien zu führen droht, ist der päpstliche Hauptmann Mazarini am Zustandekommen einer gütlichen Einigung maßgeblich beteiligt. Das aber ist ihm nicht genug – er bringt die Friedensbotschaft hoch zu Roß, das Pergament schwenkend, just in dem Augenblick, da die feindlichen Armeen sich vor den Mauern der Stadt Casale bereits aufeinander zu bewegen. Und erst Mazarinis lauter Ruf: »Der Friede . . . der Friede!« verhindert den Zusammenprall der ersten Schlachtreihen.

Mazarinis päpstlicher Herr ist von dem Ereignis so begeistert, daß er ein großes Bild dazu malen läßt; Frankreich aber, dessen Interessen dieser Frieden dient, ist auf den Achtundzwanzigjährigen aufmerksam gewor-

Kardinal Jules Mazarin (1602–1661), der seit 1643 leitender Minister war und gemeinsam mit seinem Vorgänger Richelieu als Schöpfer des absoluten Königtums in Frankreich gilt. – Jules Mazarin, eigentlich Giulio Raimondo Mazarini, seit 1659 Herzog von Nevers, nach einem Gemälde von Philippe de Champaigne.

den. Frankreich, das ist Richelieu, der Kardinal aus dem herzoglichen Geschlecht, ein Mann völlig anderer Herkunft also, aber mit ähnlichen Grundsätzen. Und da sich die Interessen der Kirche und die Frankreichs damals nicht kreuzen, sondern einander ergänzen, kann Mazarini zugleich dem Papst *und* Richelieu dienen. Er wird Diplomat, er verläßt die Feldlager und schlägt die geistliche Laufbahn ein, ohne daß man ihn je zum Priester weiht. Wozu auch erst Priester werden, wenn man, dank Richelieu, schon mit achtunddreißig Jahren Kardinal werden kann?

Es ist die Zeit, da Latein und Französisch die Sprachen der Regierungen, der Kirche, der Diplomaten und der Friedensschlüsse sind. Wer Bildung, Geschick und Sprachkenntnisse besitzt, ist über die Grenzen erhaben. Mazarini wird Mazarin, der Sizilianer und spanische Untertan wird Franzose und wirkt als Diplomat gegen Spanien und gegen Habsburg, so wie später der Prinz Eugen für Habsburg gegen Frankreich kämpfen wird und der Maréchal de Saxe für Frankreich gegen den Kaiser. Vaterländer gibt es zwar, aber auf der hohen Ebene der Minister und Marschälle scheinen sie noch nicht allzufest zu binden. Für Spanien mag Mazarin ein Abtrünniger sein, für Frankreich einer der vielen allzu gerissenen Italiener, die in Paris soviel Wind machen; für die Habsburgerin auf dem französischen Thron, Anna von Österreich, kommt er eben recht, weil sie mit ihm Spanisch sprechen kann, die zweite Sprache jenes großen Reiches, das sich vom Atlantik bis zum Schwarzen Meer erstreckt.

Wenn ein König oder eine Königin über Glück oder Unglück, Aufstieg oder Ungnade eines Staatsdieners entscheiden, ergeben sich mitunter blitzschnelle Karrieren. Maria von Medici, Witwe des ermordeten vierten Heinrich, hatte eine kluge und intrigante Kammerfrau, die Leonora Galligai. Der Gatte dieser Kammerfrau, der italienische Abenteurer Concino Concini, beherrschte bald gemeinsam mit Leonora die abergläubisch-unsichere Maria, brachte Macht- und Ehrenstellen an sich und bereicherte sich so unmäßig, daß der junge Ludwig XIII. neben ihm geradezu armselig dahinlebte. Als Concini 1617 auf einen Geheimbefehl des Königs hin erschossen wurde, hatte er mehr als eine Million Livres bei sich. Seine verhaßte Herrschaft war zu Ende, aber das französische Vorurteil gegen die Italiener hatte sich nun so sehr gefestigt, daß Mazarins Aufstieg zum Ersten, ja zum schier allmächtigen Minister doch als Beweis seiner außergewöhnlichen Geschicklichkeit gelten darf. Die Empfehlung des sterbenden Richelieu, Mazarin zu seinem Nachfolger zu machen, hätte allein nicht mehr genügt. Ludwig XIII. war nach allem, was ihm Concini angetan hatte, mißtrauisch geworden, hatte er doch neben Richelieu auch nicht viel zu sagen gehabt. Er hätte sich einem Mazarin nicht so ohne weiteres in die Hand gegeben – da aber starb, kurz nach Richelieu, auch Ludwig XIII., und die innige Freundschaft zwischen Mazarin und der Königin-Witwe durfte beginnen.

Das vieldeutige Wort hat in diesem Zusammenhang eine durchaus positive Bedeutung, denn Anna von Österreich war beim Tod ihres Gatten eine lebenslustige Vierzigerin und bedurfte in höchstem Maß der Führung. Die beiden Söhne, die sie in Ludwigs XIII. letzten Lebensjahren geboren hatte, waren einander höchst unähnlich, so daß die Ärzte schon damals von verschiedenen Vätern raunten. Nach turbulenten Jahren selbst an ruhigeren und erfüllten Zeiten interessiert, vertraute sich Anna von Österreich, Regentin von Frankreich, dem etwas jüngeren Kardinal rückhaltlos an, ja es gilt heute als sicher, daß die beiden eine Geheimehe schlossen. Mazarin wiederum wandte mit echt italienischer Herzenswärme und Kinderbegeisterung dem späteren vierzehnten Ludwig größte Aufmerksamkeit zu und erzog ihn zweifellos besser, als dies Ludwig XIII. getan oder auch nur gekonnt hätte. Als Vater des Sonnenkönigs (geb. 5. September 1638) kommt jedoch Mazarin, wie man aus seinen Reisen errechnet hat, nicht in Frage, abgesehen davon, daß sich seine Freundschaft mit Anna wohl erst nach 1640 zur Liebesbeziehung entwickelte. Andererseits war es für Mazarins Aufstieg zur wirklichen Macht unerläßlich, daß Anna einen Sohn gebar, daß ein Dauphin vorhanden war, sonst

Concino Concini und Leonora Galligai waren ein geradezu klassisches Intrigantenpaar von schrankenlosem Ehrgeiz am Hofe der Maria von Medici. Ludwig XIII. ließ 1617 Concini erschießen und seine Leiche an einen Galgen hängen (Bild). Leonora Galligai, die Kammerfrau Marias von Medici, wurde der Ketzerei angeklagt und enthauptet.

wäre die Herrschaft nach dem Tod Ludwigs XIII. an dessen jüngeren Bruder Gaston d'Orléans übergegangen. Daß Ludwig XIII. seinen kleinen Sohn nicht mochte und wohl auch am besten wußte, warum, spielte danach keine Rolle mehr . . . Die Herrschaft Mazarins an der Seite der Anna von Österreich hatte demnach von vornherein zwei Gegner: den Königsbruder Gaston und das Herzogshaus Vendôme, das von Heinrich IV. und dessen schöner Mätresse Gabrielle d'Estrées abstammte; es handelte sich also um Gegner von Qualität.

Man kann mit einigem Recht sagen, daß Ludwig XIII. diese für Mazarin wie für Anna gleich schwierige Situation selbst geschaffen hatte. Zwar war er auf die Bitte eingegangen, die Richelieu auf dem Sterbebett geäußert hatte, eine Bitte, die Mazarin der Gunst und dem Vertrauen des Königs empfahl; als es aber dann für Ludwig XIII. ans Sterben ging, als die Minute letzter Wahrheit gekommen war, da ließ auch dieser gehemmte Mann alle Rücksichten fahren und rächte sich vor den versammelten Großen seines Reiches für eine Ehe der Betrügereien, der großen und kleinen Sünden, für eine Existenz, die ihn als den meistbetrogenen König der französischen Geschichte dem Gespött jenes Volkes preisgab, für das der *Cocu* ohnedies die unentbehrliche Komödienfigur ist. Es war der 20. April 1643, Ludwig hatte nur noch die Kraft zu leisen Worten, aber sie waren um so deutlicher: Anna wurde nicht zur Regentin für die minderjährigen Söhne bestimmt, sondern erhielt lediglich eine einzige Stimme in einem Regentschaftsrat, der seine Beschlüsse mehrheitlich fassen sollte. Sie hatte fortan also nicht einmal ein Vetorecht!

Damit war von dem Augenblick an, da Anna und Mazarin sich über diesen letzten Willen des Königs hinwegsetzten, die Adelsrevolte vorgezeichnet, wenn auch Ludwig, dem Reich zuliebe, nicht soweit gegangen war, die Legitimität der beiden Söhne öffentlich in Frage zu stellen; für jeden Kundigen hatte er dies mit der öffentlichen Verurteilung der Witwe ohnedies deutlich genug getan.

Noch im gleichen Jahr kam es zu der *Cabale des Importants.* So nennt die französische Forschung den Attentatsversuch einer Gruppe um die Herzogsfamilie Vendôme. *Important* heißt wichtig, die Opponenten und Kritiker Mazarins und seiner Königin nahmen sich also wichtig, gingen mit unheilschwangeren Mienen umher und wurden so lange nicht ernst genommen, bis Mazarin nur durch einen Zufall einem Anschlag entrann.

Die Vendôme, die Guise und Madame de Chevreuse, die ausgedehnten Besitz südlich von Paris hatte, taten sich zusammen, dangen Mörder und postierten sie an der Straße, die Mazarin nehmen wollte, um bei einem Monsieur de Longueil zu Abend zu essen. Alles war für den Anschlag vorbereitet, dem der Kardinal wohl kaum entronnen wäre, da sprang im letzten Augenblick Gaston d'Orléans, der Bruder des Königs, der die Küche bei Longueil besonders schätzte, zu Mazarin in den Wagen. Das

Blut eines Bourbonen aber sollte keinesfalls vergossen werden; eilig abgefertigte Boten zerstreuten die Mördergruppe, und die um ihren Lohn Betrogenen plapperten tags darauf soviel, daß Mazarin die meisten von ihnen verhaften und sie zur Preisgabe der Hintermänner bewegen konnte. Man folterte damals nicht mit der Perfektion von heute, aber es reichte, um die großen Herren und Damen zu kompromittieren und die Verbannungsdekrete zu rechtfertigen, wobei natürlich nur aus Paris verbannt wurde: Auf seinem Schloß durfte jeder ungekränkt weiterleben. Nur der Gefährlichsten, der intriganten Madame de Chevreuse, wurde, da ihr Schloß Dampierre zu nahe an der Hauptstadt lag, bald darauf eine ihrer Besitzungen im Anjou als Aufenthalt angewiesen.

Damit hatte Mazarin fünf Jahre Ruhe gewonnen, fünf wichtige und schwierige Jahre, die letzten des Dreißigjährigen Krieges. Wir wissen, daß Frankreich gerade in der letzten Phase dieses großen Krieges entscheidende militärische Erfolge erzielte: Bernhard von Weimar hatte mit französischem Geld gekämpft, und nach seinem plötzlichen Tod siegten die Feldherren Turenne und Wrangel für Mazarin. Trotz dieser Erfolge wurde der italienische Kardinal in Frankreich nicht wirklich populär. Es gelang ihm nicht, den Lebensstandard der Bevölkerung zu heben und die Kriegsausgaben durch straffere Verwaltung der öffentlichen Gelder aufzufangen. Zugleich bereicherte er sich selbst in einem die Bevölkerung empörenden Maß, in dem er, der ja alle Regierungsmaßnahmen lange im voraus kannte, mit Hilfe von Verwandten und anderen Strohmännern hemmungslos spekulierte. Auch daß er Emeri, einen Italiener, zum obersten Steuereinnehmer gemacht hatte, war unklug und richtete den Volkszorn gegen die zwei Fremden, die das ganze Geld – wie die kleinen Leute annahmen – untereinander aufteilten. Das Parlament, damals eher ein juristischer Beirat der Krone als echtes Machtinstrument, protestierte gegen neue Steuern und erzwang die Entlassung Emeris. Aber als Mazarin wenige Wochen später dann zwei prominente Parlamentsräte verhaften ließ, kam es in Paris zur offenen Revolte, und der Hof mußte sich in das leicht zu verteidigende Schloß St. Germain zurückziehen.

Die Wechselfälle des Kampfes gegen die Fronde (1648–53) interessieren heute nicht mehr, bewiesen aber immerhin, daß der geringschätzige Name, der sie mit den steinschleudernden Pariser Straßenjungen verglich, keineswegs zutraf. Mazarin und Anna hatten das Glück, die besten Feldherren auf ihrer Seite zu haben, zunächst den in vielen Schlachten gegen Spanien siegreichen und hochberühmten Prince de Condé und, als dieser sich auf die Seite der Opposition schlug, den jüngeren und hochbegabten Turenne, der zum Schrecken so vieler deutscher Gaue wurde. Die uns heute am stärksten anrührende Gestalt dieses gewaltigen Bürgerkrieges aber ist eine Frau, nämlich Anne Marie Louise d'Orléans, Herzogin von Montpensier, also eine Dame königlichen Geblüts; die Tochter des

Anne Marie Louise d'Orléans, Herzogin von Montpensier, bekannt auch als die *Grande Mademoiselle* und als künftige Gemahlin Ludwigs XIV. im Gespräch, war an der Fronde des Adels maßgeblich beteiligt. – Gemälde von Pierre Bourgignon.

Königsbruders Gaston war somit eine Cousine ersten Grades des jungen Ludwigs XIV., aber dennoch als seine künftige Gemahlin im Gespräch. *La Grande Mademoiselle,* wie sie bei den französischen Historikern heißt, war einundzwanzig Jahre alt, als der Aufstand in Paris losbrach, und ganze fünfundzwanzig, als sie durch den Feuerbefehl an die Kanonen der Bastille höchstpersönlich den nun für sie und die Fronde kämpfenden Condé rettete. Mazarin kommentierte diese Aktion mit dem bekanntgewordenen Wort, damit habe sie den (ihr zugedachten) königlichen Gatten getötet.

Mazarin war klug genug, sich so lange im Ausland aufzuhalten und nur aus der Ferne durch Geheimkuriere auf Anna einzuwirken, bis das Volk einsah, daß unter dem Kardinal immerhin Ordnung geherrscht habe und ihn im Februar 1653 wieder nach Paris zurückrief, ja freundlich empfing. Trotz Turenne war es ein Sieg Mazarins und seiner starken Intelligenz, denn jedes Volk zieht selbst hohe Steuern einer völlig chaotischen Lage

Allegorie auf den jungen König Ludwig XIV., die ihn in triumphierender Pose als Sieger über die Fronde zeigt.

vor. Die Franzosen verbanden mit dem Kardinal immerhin die Erinnerung an eine funktionierende Verwaltung. Der Sieg, den das Königtum damit errungen hatte, vollendete in gewissem Sinn das von Richelieu begonnene Werk. Da das geschlagene Parlament nun an die Kette gelegt wurde, da der aufmüpfige Provinzadel den Kürzeren gezogen hatte, waren zwei Fliegen mit einer Klappe geschlagen: Die *Noblesse de Robe,* die zur Demokratie neigenden Juristen der großen französischen Städte, hatten ebenso zurückstecken müssen wie die *Ancienne Noblesse,* die großen alten Familien. Mazarin hatte in diesen Kämpfen weniger Blut vergossen, weniger Adelsburgen geschleift, weniger Stadtmauern niedergerissen als Richelieu, weil ihm schließlich ein Verbündeter von besonderem Wert zuwuchs: Ludwig XIV. war auf dem Höhepunkt der Auseinandersetzungen großjährig geworden und hatte sich entschlossen an die Seite Mazarins gestellt.

Wer immer nun sein Vater war – der Marschall Josias von Rantzau oder Graf Rivière –, *ein* Urgroßvater war auf jeden Fall der mit bedeutenden Anlagen zur Herrschaft ausgestattete Philipp II. von Spanien, und seine Großmutter mütterlicherseits war eine Habsburgerin aus Wien. Wie nur wenige seiner Vorgänger schon in jungen Jahren von seiner Position erfüllt, ja beinahe von einer Sendung überzeugt, neigte Ludwig XIV. dem

Kardinal und dessen Familie sogar deutlicher zu als seiner eigenen Mutter und stellte sie in schrecklichen Szenen bloß. Hingegen fügte er sich allem, was Mazarin von ihm verlangte, in einem verblüffenden Maß auch dann noch, als er ihn schon mit einem Federstrich hätte in die Wüste schicken können.

Diese starke Bindung eines sonst herrischen und unabhängig urteilenden jungen Menschen an seinen Präzeptor erklärt sich nicht vollständig aus der Tatsache, daß der vierzehnte Ludwig die Königin Anna so wenig achten konnte wie sein Vorgänger. Es kam gewiß hinzu, daß der Verzicht auf Vater *und* Mutter zweifellos auch für einen jungen König ein sehr schweres Los gewesen und als solches auch empfunden worden wäre. Mazarin lebte, als Ludwig die Verhältnisse seine näheren Umgebung bewußt wahrzunehmen begann, bereits unter einem Dach mit Anna von Österreich, eine Maßnahme, die mit einer gewissen Kränklichkeit des Kardinals begründet worden war (19. November 1643). Und daß Mazarin nicht nur ihr langjähriger Geliebter war, sondern ihr auch in heimlicher Ehe angetraut, das haben uns neben Liselotte von der Pfalz mindestens sechs weitere Zeitgenossen versichert.

Der kluge und mächtige Kirchenfürst war also eine Vaterfigur in voller Funktion, und da er schließlich, dank eines Finanzzauberers wie Nicolas Fouquet, zumindest die Duldung der Pariser erlangt hatte und alle ihm wichtigen Persönlichkeiten mit vollen Händen am eigenen Reichtum teilhaben ließ, war Mazarin die glanzvollste Erscheinung, war er das natürliche Vorbild für den jungen König. So mancher hätte aus dieser intimen Bindung auf gefährliche Weise Kapital geschlagen; Mazarin begnügte sich mit Geld. Zwei seiner berühmt-berüchtigten Nichten, junge Damen mit dem Familiennamen Mancini, wurden die ersten Freundinnen des jungen Königs: zunächst die strahlende Olympia, dann die gefühlstiefere, ihren Ludwig hingebungsvoll liebende Marie. Da sie durch aufopfernde Pflege in einem flandrischen Feldlager Ludwig das Leben gerettet hatte und von ihm seither mit gleicher Ausschließlichkeit geliebt wurde, hätte Mazarin gar nichts tun, sondern nur den Dingen ihren Lauf lassen müssen, und Marie wäre Königin von Frankreich geworden. Er aber verbannte die eigene Nichte ins düster-feuchte Brouage und nötigte Ludwig die politische Heirat mit Maria Theresia von Spanien auf, einer degenerierten Zwergin mit Buckel und geringen Geisteskräften. Ein Sizilianer, dem die Ehre der eigenen Familie über alles geht, degradierte seine Nichten zu Konkubinen, um Frankreich zu dienen, das diese Verbindung mit dem spanischen Erbfeind brauchte.

Um die Heirat und den Frieden zustandezubringen, inszenierte Mazarin – angeblich, ohne daß Ludwig eingeweiht worden war – die *Comédie de Lyon:* Der ganze Hof benahm sich so, als solle der junge König einer

Marie Mancini (1639–1715), die im Privatleben des jugendlichen Königs Ludwig XIV. eine bedeutsame Rolle spielte.

Prinzessin aus Savoyen zugeführt werden, woraufhin dann Spanien nichts Eiligeres zu tun hatte, als seine Infantin anzubieten, was angesichts der vielen Kriege zwischen den Nachbarn in Madrid höchst unpopulär war. Das Ergebnis, die Heirat mit Maria Theresia, war eine der schwärzesten Stunden im Leben des Sonnenkönigs, der Pyrenäenfriede von 1659 aber der letzte große Erfolg des Kardinals Mazarin, weil der Vertrag im Norden das Artois, im Süden das Roussillon an Frankreich brachte.

Die Tragödie der Marie Mancini, die Ludwig XIV., aber auch dem Mädchen beinahe das Herz gebrochen hätte, ist keine jener amourösen Anekdoten, die man erzählen kann oder auch nicht. Sie beweist nämlich das volle, das rücksichtslose Engagement Mazarins für sein neues Vaterland und für den jungen Mann, den er als sein Geschöpf ansehen darf, und sie zeigt zugleich die Grenzen seines Wirkens, die Gefahren seiner allzu intellektuellen Regie. Wegen Marie Mancini wäre Ludwig dem Kardinal um ein Haar entglitten; Fluchtpläne waren geschmiedet, geheime Verbündete gesucht und gefunden worden, ein durchaus unbourbonischer, weit eher rantzauischer Geist der Auflehnung wurde plötzlich in dem jungen König wach. Er triumphierte schon drei Monate nach Mazarins Tod in Ludwigs zorniger Aktion gegen Nicolas Fouquet, den steinreichen Günstling des Kardinals und Herrn von Schloß Vaux-le-Vicomte.

Marie ehelichte einen Colonna, also einen Fürsten aus dem Haus, wo Mazarins Vater Stallmeister und eine Art Majordomus gewesen war; Olympia aber heiratete ins Haus Savoyen und wurde der Welt gleich zweimal in Erinnerung gerufen, als man schon meinte, die erste Geliebte des Sonnenkönigs vergessen zu dürfen: Sie wurde die Mutter des Prinzen Eugen, und sie war eine der am stärksten kompromittierten Damen in der Giftaffaire des französischen Hofes, deren vollständige Aufklärung Ludwig wohl vor allem Olympia zuliebe verhinderte.

In Frankreich ging die Saat des Kardinals politisch wie kulturell so reich auf, daß man das Wort von den Früchten, an denen man eine politische

Eine politische Ehe, die Mazarin lanciert hatte: Ludwig XIV. heiratete im Juni 1660 die Infantin Maria Theresia (1638–1683), die Tochter Philipps IV. von Spanien. Am französischen Hof hatte sie keinerlei politischen Einfluß.

Laufbahn erkennen könne, gewiß zum höheren Ruhm des kleinen Kardinals aus Italien zitieren darf. Kein Herrscher Europas übernahm ein solchermaßen gefestigtes Land wie Ludwig von Mazarin, kein katholischer Würdenträger der Zeit behandelte die Hugennottenfrage ruhiger und vernünftiger als Mazarin, und kaum jemand erkannte früher als Mazarin die Bedeutung der Wissenschaften und der Forschung für den modernen Staat. Schon 1643, am Vorabend der schweren innenpolitischen Auseinandersetzungen, begründete der Kardinal in Paris die Bibliothek, die seinen Namen bis heute trägt, die erste öffentliche Bibliothek Frankreichs, deren Grundstock Mazarins eigene Büchersammlung bildete. Heute verfügt sie über mehr als 400 000 Bände und verdankt ihren Ruhm vor allem dem reichen alten Kernbestand aus den Zeiten des Kardinals.

Aus diesem Schatz wertvoller Werke, die in ihren Themen weit über Politik und Religion hinausgreifen, läßt sich aber auch der Reichtum dieses Geistes und des Menschen Mazarin begreifen, der mit seiner Sippe – und welcher Sizilianer wäre ohne sie zu verstehen – , der mit der Schar seiner munteren Nichten in diesem großen Jahrhundert Frankreichs urplötzlich Bedeutung und Macht gewinnt. Daß dies möglich war, daß es so vor sich ging zwischen Kardinalspurpur und königlichem Eros, das kennzeichnet das *Grand Siècle* nicht minder als den großen Kardinal.

Frankreich im Zeitalter Ludwigs XIV.

Der Hof und das große Jahrhundert

Für die meisten von uns ist das achtzehnte Jahrhundert, die Epoche der Aufklärung, Frankreichs große Zeit; die Franzosen hingegen verstehen unter dem *Grand Siècle* die Herrschaft des Sonnenkönigs, die 1715 zu Ende ging. Das Jahrhundert des Lichts wird überstrahlt vom Glanz eines Hofes, der diesen Begriff und das ganze höfische Leben überhaupt erst ausgeprägt hat. Mit der außerordentlichen Stärkung der Zentralgewalt, wie sie unter Ludwig XIV. einsetzt, wird der Hof im Louvre zu Paris und später im neugebauten Schloß von Versailles in einem Maß zum Mittelpunkt des politischen, gesellschaftlichen und geistigen Lebens der Nation, wie es vorher nie der Fall gewesen war. Königsmacht und Absolutismus erscheinen auf einem glanzvollen Höhepunkt, in dem die einen den Triumph der Ordnung sehen, die anderen den Untergang des Staates, und seltsamerweise haben beide Parteien sowohl recht als auch unrecht: Der Hof ist im Guten wie im Schlechten, was der Souverain aus ihm macht.

Als Ludwig XIV. die düsteren Mauern des Louvre, des feuchten Seine-Schlosses im Herzen von Paris, aufgibt und sein Leben im Schloß von Versailles beginnt, eine gute Wagenstunde von Paris und auf einer Anhöhe gelegen, die dem dreizehnten Ludwig nur für ein kleines Jagdschloß geeignet zu sein schien, da hat Frankreich, vielleicht ohne es zu ahnen, die letzten Rostspuren des Mittelalters von seinem Schild geputzt. Ludwig XI., jener tüchtige, aber gewalttätige König, der aus den Provinzen ein geschlossenes Königreich schmiedete, er zog noch durch die Lande, residierte da und dort und führte sogar seine wichtigsten Gegner mit sich, gefangen in Käfigen, um sie täglich vor Augen zu haben. Die Hugenottenkriege und die Adelsaufstände der Fronde hatten diese Einheit noch einmal gefährdet, aber nun, nach Jahrzehnten überlegener Machtpolitik unter dem Kardinal Richelieu, herrschte der innere Frieden so unverrückbar, daß selbst die große Revolution von der Metropole ausgehen und keine neuen Grenzen innerhalb des Landes schaffen wird: Frankreich liegt Paris zu Füßen, und Paris, das heißt nun, seit dem 6. März 1682, Versailles.

Es war ein Gedanke, würdig des großen Kardinals und seiner Politik, den Adel von seiner Erde und seinen Gütern zu lösen und nach Paris zu holen. Den ersten Schritt dahin hatte Richelieu noch gewaltsam getan. Niemand anderer hat in Frankreich soviele Burgen niederbrennen, soviele Befestigungen schleifen lassen wie er. Nie mehr sollte es eine Macht geben, die dem König zu trotzen wagte. Der zweite Schritt war, für diesen in Fehden gegeneinander und in Zusammenrottungen gegen den König bis dahin allzu aktiven Adel neue Beschäftigungen zu finden, ohne daß Frankreich dazu Kriege ohne Ende führen mußte. In Spanien gab es die *Reconquista,* die Rückeroberung der einst christlichen Halbinsel, die Verdrängung der Mauren und danach das Ausschwärmen des spanischen Adels, der ebensowenig arbeiten durfte wie der anderer Länder, weit

Das Jagdschloß Ludwigs XIII. in Versailles inmitten seiner Gärten vor der Erweiterung zum prunkvollen Palast, die der nachfolgende Ludwig XIV. befahl. Eine Ansicht von Osten, wie sie sich im Jahre 1668 bot. – Ausschnitt aus einem zeitgenössischen Gemälde von Pierre Patel.

hinaus in die Neue Welt, über die Ozeane. Die Deutschen und Österreicher kämpften im Südosten gegen die Türken, die Engländer auf allen Meeren gegen die Spanier. Die Franzosen hatten unter dem großen König, der im engen Europa Landgewinne zu erzielen wünschte, zwar auch genug Schlachten zu schlagen. Aber dies alles überglänzte nun der Hof, an dem mitzuleben ungleich mehr einbringen konnte als ein Sieg im fernen Flandern: der gewaltige Hof mit seinem verlockenden Treiben, in dem die alten Familien durchaus überflüssige Funktionen übernahmen, Hofämter, die in der Familie blieben, die eifersüchtig gehütet wurden und neben den Herren und Damen vor allem den Ehrgeiz befriedigten, diese stetige Quelle adeliger Unruhe. »Gott«, sagte Bossuet, »verwies uns zwar die Eitelkeit und zürnte dem Reichen, der sich an seinen Besitztümern berauscht; aber die Höfe der Könige, die wollte Gott glanzvoll und prächtig, auf daß sie den Völkern Ehrfurcht einflößten.«

Wenn das tatsächlich Gottes Willen war, so hat ihn kein Herrscher unseres Kontinents getreulicher erfüllt als Ludwig XIV. Und er wußte auch ganz genau, was er tat, denn er hat in einem Entwurf zu seinen Memoiren ausgeführt, wie sehr es ihm gefiel und nötig erschien, daß der König der ständige Mittelpunkt der allgemeinen Aufmerksamkeit war, daß man sich nur von ihm Glück, Aufstieg und Ruhm erwartete und daß man seine eigene Geltung daran zu messen begann, wie nahe man am Thron lebe, wieviel königliche Anteilnahme man für das eigene Schicksal und die eigene Familie zu erreichen imstande sei.

Solch enge Verflechtung zwischen dem Souverän und den großen und alten Familien des Landes braucht nicht in den Ruin zu führen; Friedrich der Große, aber auch noch Franz Joseph I. kannten den gesamten Adel und führten ihn väterlich, was ja die Strenge nicht ausschloß. Damit aber hätte der Sonnenkönig sich nicht zufrieden gegeben. Er brauchte nach dem Rezept des Kardinals Richelieu, das dessen Nachfolger Mazarin noch verfeinert hatte, einen Adel, dessen Schicksal der König war, einen Adel, der mehr von seinem König abhing, als selbst der kleine Bauer oder der Bürgersmann. Diese nämlich gingen ihrer Arbeit nach und lebten von ihr; die Herren aus den großen Familien jedoch vernachlässigten ihre Besitzungen, die Basis ihres Vermögens, sie erflehten, wenn sie ruiniert waren, königliche Dotationen, oder sie sanierten sich durch reiche Heiraten. Ihre normale, althergebrachte Grundbesitzer-Existenz wurde jedoch in der Regel geopfert.

Bei aller Bewunderung für die Institution dieses Musterhofes, dieser glanzvollsten und exemplarischen Ausprägung des Begriffes *la cour,* hat doch auch schon relativ früh die Kritik eingesetzt. Sie schritt von den

Ludwig XIV., der »Sonnenkönig«, nach dem im Jahre 1701 entstandenen berühmten Gemälde von Hyacinthe Rigaud.

lächerlichsten Äußerlichkeiten, von der übertriebenen Etikette und der absurden Ämterwirtschaft bis zur Institution selbst vor, und die schärfsten Kritiker des höfischen Lebens in Versailles kamen aus den Reihen der großen, unabhängig gebliebenen Familien, die einfach zu reich gewesen waren, um sich durch den Hofdienst zu ruinieren. D'Argenson, der allmächtige Polizeichef von Paris, Marquis mit zahlreichen mehr oder minder dunklen Geldquellen, hatte den Hof das Grab der Nation genannt, und der Herzog von Croy warf dem Hof vor, die Nation zu verschlingen. Der Herzog von Saint-Simon, Patenkind des Sonnenkönigs und Pair von Frankreich, hat uns auf beinahe zehntausend Memoirenseiten das schonungslose Gemälde einer Gesellschaft überliefert, die lediglich politisch als Elite zu verstehen ist. Die dramatische Verdichtung dieser allzu breiten Materialiensammlung hätte Saint-Simons Zeitgenosse Molière zweifellos zustandegebracht, hat es aber vorgezogen, sich mit Advokaten und Apothekern zu beschäftigen. Der Sonnenkönig, der mit Molières Vater herzlich befreundet war, hätte den Sohn ohne Zaudern in die Bastille werfen lassen.

Eine Hofgesellschaft, der bis heute – zuletzt von Norbert Elias – versichert wird, sie sei die Elite der Nation, bespiegelt sich mit Vorliebe in Memoiren. Die Herren unterbrachen gelegentlich ihren Hofdienst, um, wie einst die Ritter der Tafelrunde, ein paar kriegerische Lorbeeren einzuheimsen, zumindest bis etwa 1700. Danach sorgten dann der Prinz Eugen und Marlborough dafür, daß die Lorbeeren der anderen Seite zufielen. Die Damen aber sahen und notierten, liebten und intrigierten, kämpften um Ehren des Tages und Unehren der Nacht und fanden dies alles der Aufzeichnung würdig. Gilt auch das achtzehnte Jahrhundert als die große Zeit der Anekdote, so verfügen wir doch schon in den zwei Bänden von Tallemant des Réaux, im Monsteropus Saint-Simons, in den Aufzeichnungen des Herzogs von Noailles und den maliziösen Berichten d'Argensons über den Kern einer Faktenflut, die im ganzen sich einzuverleiben ein Dachkammerdasein mit Lebensrente voraussetzen würde.

Von einem gewissen Interesse ist bis heute der Tageslauf in Versailles geblieben; um Historientreue bemühte Filme wie jene der Angélique-Serie haben ihn uns nahe gebracht, aber auch die Rückschlüsse, die der Tageslauf hinsichtlich eines königlichen Charakters zuläßt, verdienen unsere Aufmerksamkeit. Der Hofmann Primi Visconti gibt uns ein erstes, kurzes Resümee, wenn er von Ludwig XIV. sagt: »In seiner Lebensführung befleißigt er sich großer Regelmäßigkeit. Er erhebt sich stets um acht Uhr morgens, bleibt von zehn bis zwölf Uhr im Rat und begibt sich dann erst zur Messe. Dieser wohnt stets auch seine Familie mit der Königin bei. Um ein Uhr mittags besucht er die Favoritin und weilt bei ihr etwa eine Stunde; danach diniert er in Gesellschaft der Königin und seiner Familie

Jean Racine (1639–1699)

Jacques Bénigne Bossuet (1627–1704)

Molière (1622–1673)

unter den Augen des Hofes. Im weiteren Tagesverlauf fallen Promenaden vor, mitunter auch eine kurze Jagd, oft aber begibt er sich noch einmal in den Rat. Sobald die Dämmerung einbricht, scheint der Arbeitstag zu Ende. Seine Majestät unterhält sich mit den Damen, beteiligt sich an einem Spiel oder geht in die Komödie oder zum Ball. Um elf Uhr abends, nach einem Souper, begibt sich der König abermals in die Gemächer seiner Favoritin, schläft aber schließlich im gleichen Gemach wie die Königin. Diese Aufteilung der Tages- und Nachtstunden auf Geschäfte, Vergnügungen und religiöse wie körperliche Übungen ist im wesentlichen konstant.«

Auf diesem Gerüst, dessen *concreta* uns Visconti und andere übermittelt haben, saß nun der glitzernde Flausch der Etikette, und es war nicht die eigentliche Tageseinteilung, die es ja auch an anderen Höfen gab, sondern eben dieser kunstvolle Zeremonienreigen, der Zeitgenossen und Nachwelt beschäftigte und den Unterschied zwischen Versailles und anderen, gleichrangigen Hofhaltungen in London oder Wien schuf, an denen es weit lockerer zuging (was die Formen, nicht die Sitten betraf).

Die Etikette war, für sich genommen, keine Erfindung des Sonnenkönigs, sondern des prachtliebenden und durch seine Bisexualität an derlei Pomp besonders interessierten Valois-Königs Heinrich III. Er hatte in Polen, Wien und Venedig viel offiziellen Prunk kennengelernt, ehe er den Thron Frankreichs bestieg, und hatte am 2. Januar 1585 den ersten Zeremonienmeister des französischen Hofes bestellt, »damit künftig alle Dinge bei Hofe mit jener besonderen Ordnung durchgeführt und beibehalten würden, die geeignet ist, Würde und Glanz der königlichen Größe deutlich werden zu lassen«. Ludwig XIV. hat in seinen Memoiren (II, 15) dieser kurzen Formel die Philosophie des Absolutismus hinzugesellt, wenn er ausführt: »Die Völker (sic!), über die wir herrschen, vermögen den Dingen nicht auf den Grund zu gehen und urteilen eben darum im allgemeinen nach jenen Äußerlichkeiten, die sie sehen, und fast stets machen sie Respekt und Gehorsam gegenüber Höherstehenden von diesen Eindrücken abhängig. So wie es für das Volk wichtig ist, daß es nur von einem Einzigen beherrscht werde, so muß es auch erkennen können, daß dieser Einzige deutlich über alle anderen erhoben ist, daß niemand anderer mit ihm verwechselt werden könne. Es würde dem ganzen Staatswesen schaden, seinem Haupt auch nur das kleinste Zeichen seiner Überlegenheit zu entziehen.«

»Auch nur das kleinste Zeichen . . .« – damit war der ganze sublime Zirkus gerechtfertigt, der noch hundert Jahre nach dem Sonnenkönig die aus dem legeren Wien an die Seine gekommene Erzherzogin Marie Antoinette bis zur Weißglut reizen wird, jene wohlgeregelte Aufeinanderfolge von minutiösen Handlungen, deren jeder auch bestimmte Personen in der Hof- und Adelsrangfolge zugeteilt waren, ob es nun um das Lever des Königs ging, für das er ein eigenes Staatsbett aufsuchte, oder um die Mahlzeiten. Der Mann mit dem von schwarzem Samt umhüllten, von einem Elfenbeinknopf gekrönten Zeremonienstock wurde zu einer der wichtigsten Persönlichkeiten des Hofes und fehlt im Grunde auch heute, in modernen Regierungen, nicht völlig, nur daß man inzwischen das Wort »Zeremonie« durch das diskretere »Protokoll« ersetzt hat. Im *Ancien Régime* war die Würde aus gutem Grund fast stets in einer Familie geblieben, in der die geheimen Ratschläge vom Vater auf den Sohn weitergeflüstert wurden, im Clan der Dreux-Brézé – bis hin zu Henri-Evrard, Marquis de Dreux-Brézé, der 1789 mit seiner eiskalten Würde die unerfahrenen Abgeordneten des dritten Standes schockierte. Aus der Emigration zurückgekehrt, regelte er noch das Begräbnis Ludwigs XVIII. und die Inthronisierung Karls X.

Die Etikette erfaßte alles, von jenen historischen Vorgängen, die wir eben erwähnten, über routinemäßig Wiederkehrendes wie die Einführung der Gesandten bis hinab zum Alltäglichen, etwa dem Auftragen der Speisen. Mit feststehenden Formeln begann täglich das Diner, das Klopfen an die Küchentüre, die Worte, die dabei gesprochen und die Schüsseln, die benützt wurden, alles war geregelt. Und *la Nef,* die schiffsförmige, aus Email und Gold kunstvoll gefertigte Schüssel für Duftkissen und Servietten, mußte als Symbolgegenstand des Mahles von allen Vorübergehenden, selbst von den Prinzessinnen, ebenso gegrüßt werden wie das Bett des Königs, ob er nun darin lag oder nicht. Bei festlichen Mahlzeiten stand *la Nef* am Kopfende der Tafel, also neben Seiner Majestät; vierzehn Leibgardisten umgeben die Tafel, ein fünfzehnter bewacht die vorgewärmten Servietten in der Emailschüssel, ein sechzehnter marschiert vor jenem Edelmann her, der dem König nachschenkt, und zwar jedesmal. Hinter der Serviettenschüssel aber steht (!) der Groß-Almosenier des Viertels und hebt den Deckel, so oft ein bestimmter Edelmann Seiner Majestät eine Serviette zu reichen für nötig befindet.

Die Etikette, so fein sie auch ausgeklügelt war, erwies sich dennoch bisweilen als inkonsequent und führte dann zu besonderen Komplikationen des höfischen Alltags. So war es Vorschrift, daß Kardinäle in Versailles stets begleitet werden mußten, man konnte sie also nicht einfach verabschieden. Prinzessinnen hingegen sollten wegen ihrer hohen Würde

Folgende Doppelseite: Das in ganz Europa bewunderte und vielfach imitierte Schloß von Versailles, seit 1682 königliche Residenz, nach einem Gemälde von Jean-Baptiste Martin im Jahre 1722. Dieses »Schaufenster Frankreichs« (Nancy Mitford) wurde maßgeblich von den Architekten Louis Le Vau und Jules Hardouin-Mansart gestaltet sowie von dem königlichen Gärtner André Le Nôtre und von Charles Le Brun, der für die prachtvolle Innenausstattung und die Dekorationen zuständig war. Die Bauarbeiten begannen 1661, der Komplex war 1689 im wesentlichen abgeschlossen.

grundsätzlich niemanden zur Tür begleiten. Was aber sollte geschehen, wenn ein Kardinal eine Prinzessin besuchte? Man fand den für so manchen Kirchenfürsten gewiß reizvollen Ausweg, daß die Prinzessinnen Kardinäle ausschließlich im Bett empfangen durften; das enthob sie eo ipso der Verpflichtung, den Gast hinauszugeleiten . . . Das Signal, sich zu erheben und zu gehen, empfingen die Herren Kardinäle dadurch, daß die Prinzessin im Gespräch zweimal hintereinander die Anrede *Eminenz* einflocht. Die Etikette erfaßte also nicht nur die Vorgänge und die Gegenstände, sondern auch die Sprachregelung, und man kann sich vorstellen, daß so mancher Abgesandte jener Länder, die damals als unterentwickelt galten, die allergrößten Schwierigkeiten hatte, auf dem glatten Parkett von Versailles gut aufzutreten und nicht als bäuerisch zu gelten. Vor allem die

Ein Fest am Hofe von Versailles, der durch Ludwig XIV. zum strahlenden Mittelpunkt des politischen, gesellschaftlichen und geistigen Lebens in Frankreich wurde. – Kupferstich aus einem Almanach von 1682.

Der König als Förderer der Wissenschaften: Ludwig XIV. besichtigt die 1667 gegründete *Académie des Sciences,* deren Arbeiten ihm von Colbert präsentiert werden. – Zeitgenössischer Kupferstich von Sébastien Leclerc.

alten Haudegen, die schließlich auf Diplomatenposten abgeschoben wurden, mußten da manchen Fluch unterdrücken.

Andererseits wurden bis in die Zeiten des Zweiten Kaiserreichs hinein jene Ausländer in Paris besonders geschätzt, die, wie man hier sagte, angenehme Manieren hätten, das heißt, sich unter den besonderen Verhältnissen an der Seine mit Sicherheit und Anstand zu bewegen verstanden. Selbst Napoleon, der von manchen als ein Rauhbein angesehen wird, verzieh Metternich allerlei, seiner Eleganz und gesellschaftlichen Sicherheit wegen; ähnliche Sympathien schlugen dem Baron von Staël-Holstein, dem dänischen Geschäftsträger Baron Gleichen und jenen deutschen Schöngeistern entgegen, die wie Melchior Grimm, Schlabrendorf oder Alexander von Humboldt sich in Paris auch gesellschaftlich gut zurechtfanden, ja sich dort heimisch zu fühlen begannen.

Das weist auf gewisse positive Züge an der Etikette und an dem strengen Hofreglement hin, nämlich auf die Tatsache, daß man sich auf

Der König empfängt 1664 in Fontainebleau den päpstlichen Gesandten (oben; Gobelin nach einem Entwurf von Charles Le Brun). – Unten: Ludwig XIV. mit Gefolge und Leibgarde am Invalidendom (Gemälde von Jean-Baptiste Martin).

eine Ordnung, und sei sie noch so kompliziert, immer noch leichter einstellen kann als auf eine Gesellschaft, die ihre lokal abgeschliffene Tradition als das Nonplusultra der Lebensart ansieht, wie etwa der Wiener Adel rund um das Erzhaus. Das zweite Positivum des höfischen Lebens nach Versailler Muster ist ein wenig überraschend und auch nur auf dem Hintergrund des Jahrhunderts zu verstehen. Die Etikette schuf der Frau ein hohes Maß an Gleichberechtigung und sicherte ihr eine Beachtung, auf die sie außerhalb von Versailles damals noch sehr wenig Anspruch hatte. Lesen wir etwa Rétif de la Bretonne, den großen Realisten der Epoche, so ergibt sich vor allem für die Ehefrau das Bild beinahe völliger Rechtlosigkeit, und zwar in allen sozialen Schichten. Auch die adelige Dame war weniger durch das Recht geschützt als durch die Macht ihrer Familie, die sie in Auseinandersetzungen mit dem Gatten unterstützen konnte. Vergegenwärtigen wir uns, wie ein Marquis de Sade oder auch der Graf Mirabeau – also Provinzadel – mit eigenen und fremden Ehefrauen umspringen konnten, dann verstehen wir, wie wichtig die Etikette für die Emanzipation werden mußte. Sie räumte der Frau im Herzen Frankreichs, am Ort aller Entscheidungen und unter den Augen des Königs, eine Position ein, die jener des Mannes durchaus ebenbürtig war, nur daß es sich eben um andere Gebiete des Auftretens handelte.

Es gibt verschiedene aktenmäßig belegte Fälle, in denen Ludwig XIV. dieses Prinzip der weiblichen Gleichgeltung auch außerhalb von Versailles anwandte, ganz einfach, weil er nicht bei Hof und in der Stadt Paris mit verschiedenen Ellen messen konnte. Hatte bis dahin die simple Beschwerde eines Ehemanns genügt, die Frau in eine Heilanstalt oder ein Kloster einweisen zu lassen, so verlangte der König fortan in allen Fällen, die bis zu ihm drangen, die genaue polizeiliche Prüfung der Fakten. Nicht nur einem Arzt namens Pazzy wurden genaue Ermittlungen auferlegt und ein Familienrat anempfohlen, sondern auch einem Höfling aus der später berühmten Juristenfamilie Berryer und einem Marquis de la Tour du Pin. In all diesen und anderen Fällen war den Frauen vorgeworfen worden, was ihre Männer als ihr selbstverständliches Recht ansahen, nämlich der Ehebruch. Insofern erweist sich das königliche Interesse an einem gewissen Gleichgewicht der Tugenden und der Laster zwischen den Geschlechtern als der Beginn einer Revolution, die freilich zunächst unbemerkt blieb.

Allenfalls registrierte man ganz unten ein verändertes Klima, bei den Prostituierten und den um eine Stufe über ihnen stehenden *femmes soutenues,* also den in Paris sehr zahlreichen ausgehaltenen Frauen, die mit jenen Männern, die sich's leisten konnten, in freier, aber oft sehr dauerhafter Verbindung lebten. Hier scheint die von Ludwig XIV. zur Institution erhobene Mätressenwirtschaft den König auch gegenüber seinen Untertanen zu einiger Duldsamkeit veranlaßt zu haben. Bis dahin hatten freie Verbindungen, die Skandal machten – wie etwa, wenn eine Demoiselle de la Ferté mit ihrem Kutscher lebte –, Gefängnis für den sozial schlechter Gestellten nach sich gezogen; fortan wurden selbst die Klagen von Nachbarn sehr genau unter die Lupe genommen, ob das irreguläre Paar tatsächlich und merklich gegen die guten Sitten verstoße. Das galt sogar für die leichten Mädchen, die man bis dahin – auf Grund solcher Anzeigen aus der Nachbarschaft – bis zu zehnmal im Jahr zum Wohnungswechsel gezwungen hatte. Und die beliebten Einweisungen in geschlossene Anstalten oder in Klöster, die drohten nun auch den Ehemännern, weil die Hofgesellschaft ja sah, welche Rolle die Frauen spielten, welche Funktionen den Hofdamen ebenso wie den Höflingen zugewiesen waren und wie selbstverständlich die Dame neben den Herrn getreten war, obwohl sie keinen Degen führte.

Und dazu muß man nun allerdings sagen, daß der Sonnenkönig allen Grund hatte, Toleranz am Sittlichen zu üben und dem ganzen schwachen Geschlecht jene Reverenzen zu erweisen, die es sich durch eine neue und

Linke Seite: Die graziöse Leichtigkeit des höfischen Lebensstils spricht aus der allegorischen Darstellung der Gärten von Versailles, die Jean Cotelle malte. – Rechte Seite: Maria Theresia von Spanien , die Gemahlin Ludwigs XIV. (1638–1683; links), und Francoise Athénais de Rochechouart, Marquise de Montespan (1641–1707), die lange Zeit die offizielle Favoritin des Königs war.

besondere Art des Staatsdienstes verdient hatte. In einem in Europa und in christlichen Zeiten bis dahin unbekannten Maße beeilten sich die an den Hof gezogenen und von ihm und durch ihn lebenden großen Familien, ihre Töchter, aber auch die jungen Frauen, dem absoluten Herrscher als Opfer darzubringen, ganz so, als sei Ludwig XIV. jener Minotaurus, der nur zu besänftigen war, wenn man ihm Jungfrauen zuführte. Es war, genau genommen, ein Skandal, aber es wurde eine Selbstverständlichkeit in diesem geschlossenen Zirkel, in dem ein Blick des Monarchen, ein Lächeln, ein Wort zum Ereignis wurden. Die Sympathie oder auch die Dankbarkeit des Königs reichten durchaus hin, das Glück einer Familie zu machen, reichlicher und nachhaltiger als der Schlachtenruhm. Darum verzeichnet die Geschichte von Versailles auch nur sehr wenig Gattenproteste, und noch seltener trat ein *père noble* auf, die Figur, ohne die so manche französische Komödie gar nicht denkbar wäre, um die Ehre der Tochter soweit möglich wiederherzustellen. Der Hof von Versailles und seine Etikette, das war eben keine Komödie – auch wenn es so aussah –, sondern bitterer Ernst. Es ging nämlich um Aufstieg oder Verfall in Ungnade nicht nur für einzelne, sondern für ganze Sippen, und es ging zeitweise sogar um Leben und Tod, zumindest für den großen Personenkreis, der in die *affaire des poisons* verwickelt war, den gigantischen, nie völlig durchgeführten Giftmordprozeß der Jahre 1677 bis 1680. Mindestens zwei der Opfer und mindestens zwei der Täterinnen waren Frauen, die der König selbst intimsten Umgangs gewürdigt, ja die er geliebt hatte;

Herzoginnen, Prinzen und andere Standespersonen wurden unter der schweren Anklage des Giftmords, der satanischen Praktiken, der Teufelsmessen und des versuchten Anschlags auf das Leben des Königs selbst verhaftet.

Der oft beschriebene, bis heute noch nicht in allen Verästelungen bekannte Skandal ist nur auf dem Hintergrund einer höfischen Hackordnung denkbar, wie sie mit der Etikette gegeben war. Voranzukommen, aufzusteigen war in diesem lückenlosen und wohlgeordneten System eben nur möglich, wenn der Tod eingriff oder aber die Zauberei. Die Montespan konnte nur *Maîtresse en titre* werden, wenn der strahlend jungen und schönen La Vallière zumindest soviel zustieß, daß sie den Platz räumte. Und die einst wunderschöne Olympia Mancini, eine der ersten Geliebten des jungen Ludwig, konnte die Nachsicht ihres Gatten, des Grafen von Soissons, nur nützen, wenn Magie ihr den Weg freimachte. Es war wohl mehr wegen Olympia Mancini, der Mutter des Prinzen Eugen, daß der König den größten Teil der höchste Hofkreise belastenden Dokumente vernichten ließ. Und er hatte dabei das Glück, daß der die Untersuchung führende Polizeileutnant La Reynie nicht so schwatzhaft war wie der Marquis d'Argenson in der nächsten Generation.

Bei solchen Belastungsproben, in der Giftaffäre, aber auch beim Einbruch der Pocken in die bourbonische Erbfolge, erweist sich die Etikette, erweist sich das ganze strenge Reglement als ein Stützkorsett für eine moralisch aus den Fugen geratene Gesellschaft – aber nicht nur für sie. Auch als die furchtbare Seuche dem König nacheinander zwei Thronfolgerpaare weggenommen hatte, auch als er sah, daß auf sein strenges Regime eine lockere Regentschaft für den kleinen Urenkel würde folgen müssen, auch da blieb Ludwig XIV. starr und aufrecht, hielt seine Arbeitszeiten ein und gestattete sich selbst kein Nachgeben. Der Hof, den er zu einer Hochburg des Adels mit einem ganzen Geflecht von Wehrgängen und Falltüren ausgebaut hatte, hielt nun ihn selbst und wurde zum dauerhaftesten Instrument auch der Königsmacht.

Der Regent und sein König

Frankreich unter dem Szepter Philipps II. von Orléans

Wir alle kennen ihre Briefe, diese unschätzbaren Zeugnisse eines unabhängigen Verstandes, eines Frauenherzens am rechten Fleck, diese Stimme der Vernunft inmitten von Raubkriegen, Hofintrigen und einer sich selbst ad absurdum führenden Etikette. Drei Männer treten uns aus diesen Briefen immer wieder entgegen: der Sonnenkönig, der mächtige Schwager, der für die Deutsche an seinem Hof eine unleugbare Vorliebe hegte; *Monsieur*, Bruder des Königs und Gatte der Liselotte, eine ebenso bizarre wie traurige Figur, wenn auch nicht ohne Geistesgaben, und schließlich Liselottes Sohn, Philipp II., Herzog von Orléans, der spätere Regent, der Mann, der Frankreichs Geschicke vom Tod des Sonnenkönigs an acht Jahre lang lenkte, bis Ludwig XV. großjährig gesprochen werden konnte, es aber noch längst nicht war. Im selben Jahr 1723, am 2. Dezember, starb der Herzog.

Liselotte beharrt darauf, daß ihr Sohn ein edler und hochbegabter Fürst und lediglich schlecht beeinflußt sei; sie hängt an ihm mit dem Recht der Mutter, dem Sohn vieles nachzusehen, und sie verschließt die Augen vor Dingen, die sie einige Jahre zuvor, am Hof des Sonnenkönigs, noch sehr präzise und in drastischen Worten zu verurteilen wußte. Aber so gern ihr die Geschichtsschreiber sonst folgen, weil diese kluge Frau auch in der Regel gut unterrichtet war, in der Beurteilung des Regenten scheint niemand auf seine Mutter gehört zu haben. Er ist bis heute die meistgeschmähte Figur unter allen Persönlichkeiten, die je Frankreich regierten; selbst der pathologisch grausame elfte Ludwig hat vor einigen Jahren eine Ehrenrettung erfahren, und weder Franz I. noch Heinrich IV. hat man jemals ihre vielen Mätressen vorgeworfen.

Ich möchte mir nun keineswegs den Ruf eines besonders emsigen Saubermachers oder Reinwaschers erwerben, vor allem, da meine Arbeiten über Attila und über Geiserich verschiedentlich so aufgefaßt wurden; aber im Fall des Herzogs Philipp von Orléans scheint mir doch eine gewisse Begriffsverwirrung zu herrschen. So anziehend es sein mag, sich mit seinen Amouren zu beschäftigen, so abscheulich es ist, daß unter seinen Geliebten auch seine eigene Tochter war, so haben ihn all diese Zerstreuungen offensichtlich nicht gehindert, Frankreich besser zu regieren als irgendein anderer zwischen Heinrich IV. und Napoleon Bonaparte. Und wenn man bedenkt, daß er einen bankrotten und hochverschuldeten Staat übernahm, ein hungerndes Volk und eine von Niederlagen demoralisierte Armee, dann möchte man beinahe meinen, daß ohne den Sohn der Liselotte die Französische Revolution schon ein Menschenalter früher ausgebrochen wäre.

Die dynastischen Verhältnisse Frankreichs in seinem großen Jahrhundert, dem *Grand Siècle*, waren so verwirrt, daß man sie bei aller Ehrfurcht am besten in Form einer Monsterkomödie darstellen würde. Ludwig XIII. war seit seiner Unterleibsoperation im September 1630 impotent, eine

Herzog Philipp II. von Orléans und der minderjährige König Ludwig XV. bei einer Unterredung im *Cabinet de travail* des Regenten. – Nach einem Gemälde aus dem 18. Jahrhundert.

Tatsache, die nach seinem Tod durch die Autopsie bestätigt wurde; die Ärzte sahen, *qu'il ne pouvait avoir d'enfant*. Andererseits waren von seiner Frau, der Anna von Österreich, Liebschaften in nicht geringer Anzahl bekannt, unter denen die mit dem Herzog von Buckingham die berühmteste wurde, während sie die Beziehung zu Mazarin sogar durch eine heimliche Ehe bestätigte.

Ludwig XIV. und sein jüngerer Bruder, am Hof *Monsieur* genannt und der Vater des Regenten, waren also von unbekannten und wohl verschiedenen Vätern gezeugt. Bei Ludwig neigt die Forschung einer diskret CDR genannten Persönlichkeit zu, einem Comte de la Rivière aus der Suite der Königin, bei *Monsieur* ist Mazarin der bestbezeugte Kandidat, da er 1639 nach dreijähriger Mission in Rom nach Paris zurückkehrte und der Vater des Regenten im September 1640 zur Welt kam. Diese Großvaterschaft würde die hohen geistigen Gaben Philipps II. von Orléans erklären, zu denen durch die Mutter noch ein bemerkenswerter Tatsachensinn, Arbeitskraft und eine gewisse Ritterlichkeit kamen, Eigenschaften, die sich bei Mazarin, dem verschlagenen Parvenu aus Italien, und in seiner ganzen Sippe nirgendwo finden. Nicht geerbt hat Philipp II. von Orléans die sehr bekannten homosexuellen Neigungen seines Vaters, und seine Manieren waren wesentlich besser als die von Vater und Mutter zusammen; darin war er bereits ein Grandseigneur des achtzehnten Jahrhunderts.

Ludwig XIII. und Ludwig XIV. waren so stark voneinander unterschieden, daß sich der große Gelehrte Raspail die Mühe machte, dies in einer eigenen Studie über ihren Körperbau und die Physiognomie festzuhalten. Und *Monsieur,* der jüngere Bruder des Sonnenkönigs, hatte mit diesem wiederum keinerlei Ähnlichkeit; er war zart, schwarzhaarig und mit seinem kleinen Mund so feminin, daß ihn seine Mutter stets »Mein kleines Mädchen« nannte, während der spätere Sonnenkönig blond, blauäugig und schon als Knabe von kräftiger Statur war. Wir wissen nicht, ob Philipp II., der spätere Regent, sich über diese Dinge Gedanken gemacht hat. Er wandte sich schon als junger Mann deutlich vom Hof und den dort herrschenden Intriganten ab und suchte sein Glück im Krieg, was angesichts der endlosen Affairen um die Mätressen, die Giftmischereien und die Grundstücksspekulationen eher für den jungen Prinzen spricht als gegen ihn.

Er war erst siebzehn Jahre alt, als er sich 1691 bei der Belagerung der Stadt Mons auszeichnete. 1692 bewies er bei der Einnahme von Namur große persönliche Tapferkeit und wurde in Steenkerke, beim Sieg der Franzosen über die Engländer, erheblich verwundet (3. August 1692). Damit war er nun in der französischen Nordarmee sehr populär geworden: ein Prinz von Geblüt, der sich in den Schlachten hervorragend

Ein Meister der Geheimdiplomatie war Guillaume Dubois (1656–1723), der von einem bettelarmen Kleriker zum einflußreichen Erzieher Herzog Philipps II. von Orléans und schließlich zum Kardinal und ersten Staatsminister aufstieg. – Kupferstich nach einem Gemälde von Hyacinthe Rigaud.

bewährte. Als er im Juli 1693 beim Sieg von Neerwinden wahre Wunder an Bravour und Geschicklichkeit vollbrachte, so daß die Truppe *ihm* zujubelte und nicht dem König, hielt Ludwig XIV. es für angezeigt, diesen jungen Schlachtengott keinen weiteren Ruhm mehr sammeln zu lassen, und entfernte ihn für einige Zeit aus der Armee, ein Vorgang, den man heute »Wegloben« nennt.

Philipp war zu diesem Zeitpunkt bereits verheiratet, und zwar mit einer natürlichen Tochter Ludwigs XIV. von der opulenten Montespan. Auch diese Heirat beweist, daß im kleinen Kreis der Eingeweihten und Nächstbeteiligten niemand Ludwig XIV. und seinen *Monsieur* genannten Bruder für vollbürtige Geschwister hielt, die Blutsverwandtschaft zwischen dem (späteren) Regenten und seiner Frau wäre in diesem Fall viel zu eng gewesen. Dennoch überrascht die Ehe zwischen einem Prinzen von Geblüt und einem weiblichen Bastard vor allem, weil Philipp ganz andere Partien hätte machen und auch sein Vermögen erheblich hätte vergrößern können. Es ist eine Eheschließung, die, obwohl schon im Jahr 1692 vorgefallen, auf die künftige Regentschaft abzuzielen scheint oder doch auf eine Rolle in unmittelbarer Nähe des französischen oder spanischen Throns, auf den ja auch Ansprüche erhoben wurden.

Der Mann, der dem jungen Prinzen den Gedanken eingab, eine Tochter des Königs und der Montespan zu heiraten, sollte nach dieser ersten Einflußnahme noch sehr viel mehr an Macht gewinnen. Es war ein Kleriker mit dem Allerweltsnamen Dubois, bettelarm aus der Provinzstadt Brive gekommen, eine lange Zeit geradezu elende Kreatur; seine Studiengelder verdiente er sich durch niedrigste Dienste für andere Seminaristen, und die Sonne des Glücks ging für ihn erst auf, als er in die Dienste des Hauses Orléans trat.

In seiner Mittelstellung zwischen der Bibliothek und der Hauslehrerfunktion gewann Dubois starken Einfluß auf den Prinzen Philipp, um den sich die Eltern – wie in großen Adelsgeschlechtern Frankreichs noch lange danach üblich – überhaupt nicht kümmerten. Hochintelligent, aber völlig bedenkenlos, gab er seinem Schüler jene Antworten, die der suchende Verstand Philipps sich aus Büchern nur mühsam hätte zusammenklauben können, und wurde schnell der Vertraute seines Zöglings. Dubois visierte offensichtlich von Anfang an viel höher als Philipp, der sich als gesunder junger Mann mehr für den Krieg interessierte als für die Macht, und der sich im Feld bewähren wollte, nicht in jenen Positionskämpfen bei Hofe, in denen es ihm allerdings nützen konnte, eine Tochter des Sonnenkönigs zur Frau zu haben.

Diese Tochter aber war es, die Philipps Leben dann doch eine Wendung in ihrem Sinn gab. Mit allen Ressentiments der unehelichen Geburt behaftet, von maßlosem Ehrgeiz verzehrt, trieb sie ihren eher an den Feldzügen, den Künsten und den fremden Ländern interessierten Gatten schon früh dazu, sich um einen Thron zu bemühen. Vermutlich hatte sie ihre Hand im Spiel, als er trotz der Eifersucht des Sonnenkönigs im Jahr 1706 wieder ein Kommando erhielt.

Denn inzwischen war – im Jahre 1701 – der Spanische Erbfolgekrieg ausgebrochen, eine Auseinandersetzung, in die ganz Europa einbezogen war, so daß Philipp II., Herzog von Orléans, zunächst in Italien kämpfte, dann aber in Spanien, wo er 1707/08 ganz Aragon und Katalonien eroberte und schließlich das befestigte Lerida erstürmte. Damit hatte er gezeigt, daß er aus einem anderen Holz geschnitzt war als der spätere Philipp V. von Spanien, jener Enkel des Sonnenkönigs, für den Frankreich diesen blutigen Krieg führte. Aber Ludwig XIV. ließ es nicht dazu kommen, daß sich Philipp von Orléans an die Stelle seines Enkels setzte, sondern rief seinen *soi-disant* Schwiegersohn wieder einmal von den Stätten seines Ruhmes weg, um ihn in die Wüste zu schicken.

Philipp blieb von Versailles verbannt, las viel, beschäftigte sich mit den Künsten und experimentierte auf dem Gebiet der Chemie, was ihm – nach der bekannten Serie von Giftmorden am französischen Hof – natürlich den Vorwurf eintrug, Rivalen auf diese Weise aus dem Weg geräumt zu haben. Sie starben damals allerdings auch wie die Fliegen, woran freilich weniger die experimentierenden Fürsten Schuld trugen als die Ärzte selbst. Schon Ludwig XIV. wäre auf seinem ersten flandrischen Feldzug an einer simplen Erkältung gestorben, hätte nicht seine damalige Geliebte, die Mazarin-Nichte Marie Mancini, alle Ärzte davongejagt und ihn mit Hausmitteln kuriert. Henriette, die erste Frau von *Monsieur,* starb an Gift, und Ludwig XIV. geriet in Lebensgefahr, als die Montespan seiner Liebe zu ihr durch Aphrodisiaka Auftrieb zu geben versuchte. Sohn und Enkel des Sonnenkönigs waren an den Pocken gestorben, das Reich ohne Erben, eine Situation also, als deren Nutznießer Philipp von Orléans erschien und die man darum als von ihm herbeigeführt ansah.

1712 erreichte das Kesseltreiben gegen Philipp seinen Höhepunkt, vor allem wohl, weil nun mit dem 1710 geborenen Urenkel des Sonnenkönigs immerhin ein Thronerbe der direkten Linie vorhanden war und der Hof es wagen konnte, gegen die Seitenlinie der Orléans aufzutreten. Ludwig selbst schien an Philipps Schuld nicht zu glauben, aber er verbot ihm immerhin, sich öffentlich gegen die Anschuldigungen zur Wehr zu setzen. Den entscheidenden Vertrauensbeweis und damit die Rehabilitierung erhielt Philipp von Orléans nie: Das Testament des Sonnenkönigs setzte Philipp als ranghöchsten Prinzen von Geblüt zwar als Präsidenten des Regentschaftsrates für den minderjährigen Ludwig XV. ein, doch sollte die tatsächliche Macht in den Händen des Herzogs von Maine liegen, der wie Philipps erste Gattin ein Bastard von der Montespan war.

Selbst bei gleichen Anlagen wäre Philipp von Orléans gegen seinen Widersacher im Vorteil gewesen, denn er war wegen der Eifersucht des

Sonnenkönigs fern vom Hofe aufgewachsen, hatte sich früh im Feld bewährt und hatte in Dubois einen Erzieher von diabolisch-machiavellistischem Zuschnitt. Maine hingegen war eine Molluske des höfischen Daseins, und er hatte keinen Dubois als Erzieher, sondern die Maintenon.

Diese Frau war mit dem Dichter Scarron verheiratet gewesen, einer der stärksten literarischen Begabungen seiner Zeit, der jedoch als Mensch und Ehemann sehr zweifelhafte Eigenschaften besaß. Wenn die Forschung auch annimmt, daß er trotz seiner Geldverlegenheiten seine Frau nicht gerade prostituierte, so ist doch sicher, daß sie neben ihm Schlimmes erdulden mußte, vor allem, als Elend, Alkohol und Krankheiten seine Potenz weitgehend gemindert hatten und die schöne Frau zu demütigenden Sexualtechniken gezwungen wurde. Dies muß erwähnt werden, weil es im Zusammenhang mit ihrer hugenottischen Herkunft ihre Umkehr erklärt, die Wendung zu prüder Bigotterie und den Renegatenhaß, der für viele Tausende französischer Hugenotten so verhängnisvoll werden sollte.

Die Maintenon, dem Sonnenkönig heimlich angetraut, Erzieherin seiner Kinder und nun auch seine Gemahlin, hatte dem alternden Monarchen die Höllenstrafen so grell vor Augen geführt, die ihm wegen seiner Ausschweifungen drohten, daß er, um nicht selbst zu brennen, lieber das Edikt von Nantes aufhob (1685), die Dragoner gegen die Hugenotten einsetzte (Dragonaden) und jene, die nicht abschworen oder auswanderten, auf die Galeeren schickte. Frankreich verlor durch den Einfluß der Witwe Scarron auf den altersschwachen König Hunderttausende arbeitsamer und kenntnisreicher Männer mit ihren Familien. »Durch die Aufhebung des Edikts von Nantes hat Frankreich sich selbst das Herz und die Eingeweide aus dem Leib gerissen« (Edgar Quinet), damit Ludwig XIV. trotz all seiner Sünden in Frieden sterben konnte.

Nach dem Tod des Sonnenkönigs am 1. September 1715 sollte nun das Lieblingskind dieser Erzieherin, die sich inzwischen als Königinwitwe von Frankreich fühlte, gegen einen Feldherrn antreten, der neben seinen militärischen Tugenden noch ein brillante Intelligenz besaß und dazu jene Unbedenklichkeit, wie sie ihm Dubois eingeimpft hatte. Das Ergebnis war nicht zweifelhaft, und ein einziger Tag entschied alles. Beim Herzog von Maine waren die Portieren noch nicht beiseitegeschoben, das Tageslicht noch nicht ins Zimmer gedrungen, als Philipp II., Herzog von Orléans, schon ganz Paris durch die Garderegimenter hatte besetzen lassen. Die Truppen waren kriegsmäßig gerüstet, jeder Mann verfügte über zehn Schuß scharfer Munition, aber Philipp beruhigte die alarmierten Räte des Parlaments durch sein persönliches Erscheinen in ihrer Mitte. Im engen Zusammenwirken mit dieser Körperschaft, die im wesentlichen aus kleinem Juristenadel gebildet war, sicherte sich Philipp binnen weniger Tage die Macht für die nächsten acht Jahre. Der Herzog von Maine blieb völlig

Die Marquise de Maintenon (1635–1719), die mit Ludwig XIV. jahrzehntelang in morganatischer Ehe lebte, nach einem zeitgenössischen Gemälde. Ihren Schützling, den Herzog von Maine, hatte Philipp II. von Orléans in einem Handstreich ausgeschaltet und sich selbst für die Zeit der Regentschaft die Macht gesichert.

untätig, die Marquise de Maintenon zog sich nach Saint-Cyr zurück, wo sie ein Heim für Töchter verarmter Adelsfamilien gegründet hatte.

Nach allen Gerüchten, die über Philipp umliefen – und die Maintenon hatte ja tatsächlich genug davon in die Welt gesetzt – gab in diesem Augenblick niemand einen Sou für das Leben des fünfjährigen Königs. Ein kränkliches Kind konnte auf hundert Arten zu Tode kommen, und wer sollte dem nunmehrigen Herrn Frankreichs den Prozeß dafür machen? Ludwig XV. selbst hat später wiederholt betont, daß der Regent ihn ohne nennenswertes Risiko hätte töten können, und daß der Umstand, daß der königliche Knabe am Leben blieb, eigentlich allein schon hinreiche, um alle Gerüchte, Behauptungen und Anwürfe gegen Philipp zu entkräften.

Tatsächlich verkennt man den Charakter des Regenten völlig, wenn man ihm, der sein Leben wiederholt für Frankreich gewagt hat, einen Königsmord zutraut. Bei allem Leichtsinn und ungeachtet aller Ausschweifungen, die gar nicht geleugnet werden sollen, hatte Philipp zu seinem Souverän durchaus das Verhältnis eines Ritters, eines ersten Paladins und Sachwalters des Reiches. Alle seine politischen Aktionen zielten vom ersten Augenblick darauf ab, das durch militärische Niederlagen und Mißwirtschaft gefährdete Erbe nicht nur zu bewahren, sondern zu mehren, und wenn Philipp auch mit großer Umsicht dafür sorgte, daß ihn die Maintenon und die Bastarde nicht an diesem wichtigen und notwendigen Vorhaben hindern könnten, so geschah ihnen allen doch absolut nichts: Erst nach dem Tod des Regenten, als Ludwig XV. bereits, vom Kardinal Fleury beraten, selbst regierte, wurde der unfähigen und anmaßenden Nachkommenschaft des Sonnenkönigs energisch das Handwerk gelegt.

Die Maintenon freilich und ihr zärtlich umsorgter Liebling, der wie ein Riesenbaby verhätschelte fünfundvierzigjährige Herzog von Maine, planten Mord und Landesverrat, verbanden sich insgeheim mit Spanien und legten dem Regenten durch eine Adelsverschwörung in der Bretagne eine Schlinge: Sobald er sich von Paris entfernt habe, um die Bretagne zu befrieden, sollten dort gelandete spanische Truppen ihn gefangennehmen und die Schweizer des Herzogs von Maine in Paris die Macht ergreifen.

Es war der Maintenon durchaus zu gönnen, daß diese feingesponnene Intrige dadurch aufflog, daß ein spanischer Abbé im Bordell der Gourdan darüber redete. Daß Dubois davon sofort erfuhr, beweist, daß er über eine

Am 12. September 1715 ließ Philipp von Orléans das Testament Ludwigs XIV. durch das Pariser Parlament für ungültig erklären und sich als alleiniger Regent bestätigen. – Das zeitgenössische Gemälde von Pierre-Denis Martin zeigt die Szene, wie der fünfjährige Ludwig XV. die Saint Chapelle in Paris nach der feierlichen Sitzung verläßt.

nahezu perfekte Überwachungsorganisation verfügte. In einer zweiten Aktion, die an Schnelligkeit und Präzision seiner Machtergreifung nicht nachstand, deckte der Regent die Verschwörung auf, die in der Geschichte den Namen des spanischen Gesandten Cellamare führt. Dubois aber hatte sich durch diesen Dienst als unentbehrlich erwiesen, und sein Geheimdienst, der erste, den es je in Frankreich gab, war in seiner Nützlichkeit bestätigt. Der Herzog von Maine kam in milde Haft, versöhnte sich später aber mit dem Regenten.

So war am Ende auch Dubois kein Verräter, Unhold oder Versucher? Die gute Liselotte hatte, als ihr Sohn sich im September 1715 glücklich bei ihr einfand, den eben bestätigten Regenten schwören lassen, daß er Dubois kein Amt geben werde. Und wirklich mußte der seinem jungen Herrn in mephistophelischer Freundschaft ergebene Arztsohn aus Brive bis 1722 warten, ehe er Staatsminister wurde, bis zum letzten Augenblick gleichsam, denn am 10. August 1723 ereilte ihn der Tod und am Ende des gleichen Jahres dann den Regenten. Die Politik der *Régence* freilich ist ohne ihn nicht denkbar. Sein Werk war das Bündnis mit England, er und Philipp trugen die enge und fruchtbare Zusammenarbeit mit Großbritannien, die im Verein mit deutschen Bündnissen dem von den Kriegen des Sonnenkönigs ausgebluteten Land den Frieden sicherten und den Wohlstand wiederkehren ließen. Dubois stürzte durch die Aufdeckung der Cellamare-Verschwörung nicht nur die Geheimregierung von Saint-Cyr, sondern vor allem seinen mächtigsten politischen Widersacher, den spanischen Premierminister Kardinal Alberoni. Und daß Dubois selbst schließlich auch Kardinal wurde, hat zwar dem berühmten Kulturhistoriker Johannes Scherr noch hundert Jahre später einen Entsetzensschrei entlockt; aber da dieses hohe Amt neben und nach ihm auch ein Tencin und ein Bernis erhielten, ist der Vorgang nicht eben von katastrophaler Einzigartigkeit.

Der zweite Mann, dessen Scheitern man dem Regenten gern anlastet, ist John Law (1671–1729) aus Edinburgh mit seinem Papiergeld- und Aktienschwindel. Finanzmagier dieser Art operierten meist mit Lotterien; einem von ihnen ging selbst Friedrich der Große auf den Leim und schwitzte dann Blut, weil er den Hauptgewinn nicht hätte ausbezahlen können. Law arbeitete seriöser und klüger als Calzabigi, Zanovich und wie sie alle hießen. Der Weg, das Geld für koloniale Erschließungsaufgaben durch Aktien zu beschaffen, war und ist auch durchaus legitim, nur eben eine Langzeit-Investition. Die *Compagnie des Indes Occidentales* hätte auf lange Sicht genauso sichere Gewinne erwirtschaftet wie andere Ausbeutungsgesellschaften; aber die lebenslustige Gesellschaft der *Régence* übertrieb eben in allem. Die Spekulation trieb die Kurse in schwindelerregende Höhe, etwas, wofür weder die *Compagnie,* noch Law, noch der

Der schottische Nationalökonom John Law (um 1671–1729), der mit der Gründung einer privaten Notenbank und privilegierter Handelsgesellschaften ein Spekulationsfieber in Frankreich auslöste. Es wurde durch die Neuausgabe von Aktien und Banknoten angeheizt, bis schließlich eine erste große Papiergeldinflation das Land 1720 in eine schwere Finanzkrise stürzte. – Zeitgenössischer Kupferstich.

Regent etwas konnten. Auf einem Kurs von 20 000 für 200 konnten die Aktien nicht bleiben, sie mußten fallen, und die Gegner Laws, die Bankiers der alten Schule, sorgten denn auch dafür, daß sie fielen.

Law selbst rettete nur einen Bruchteil seines Vermögens nach Brüssel, wohin er zuerst floh, und dann nach Venedig, wo er seinen Lebensabend in dürftigen Verhältnissen zubrachte. Seine Ideen waren zweifellos nicht auf persönliche Bereicherung gerichtet, sondern sollten ein monetäres System begründen, das in seiner überwältigenden Neuheit die Menschen unvorbereitet fand. Einige wohlinformierte und hochgestellte Persönlichkeiten der *Régence,* vor allem Dubois und die Mätressen des Regenten, erwarben sich vor dem Umkippen der Spekulation immerhin beträchtliche Vermögen. Finanzminister, Generalsteuerpächter und ähnliche Chargen haben vor der *Régence* den großen Galgen von Montfauçon in nicht geringer Zahl geziert; John Law belastete seinen Herrn dadurch, daß er entrann . . .

Nun bliebe noch von dem zu sprechen, was den Regenten, seine Tochter, Dubois, Law und viele ihrer Freunde jung oder relativ jung

Der Regent Herzog Philipp II. von Orléans im Kreis seiner Ratgeber. – Nach einem Gemälde aus dem 18. Jahrhundert.

sterben ließ, was diesem hektischen Jahrzehnt seinen Stempel aufdrückte: der Wahnsinn der Ausschweifungen. Das Ausmaß, in dem sich diese Gesellschaft geschlechtlichen und alkoholischen Orgien hingab, ist im ganzen *Ancien Régime* einzigartig und findet eine Parallele einzig am Hof Karls II. von England (1660–1685), also in der Rückkehr der Stuarts auf den Thron. War das Haus Orléans aus gleichen Gründen von solch einem Rausch befallen, oder war es der Parvenu Dubois, der nicht genug kriegen konnte?

Es ist schwer, wenn nicht unmöglich, darauf eine schlüssige Antwort zu geben, vor allem, da wir es ja mit einem durchaus begrenzten Phänomen zu tun haben: Der ganze Kreis um die berüchtigten Soupers des Regenten zählte kaum mehr als zweihundert Personen. Soziologische Erwägungen kommen also nicht zum Tragen, es gab keinen Niedergang der Gesellschaft, sondern lediglich eine orgiastische Clique. Auch politisch waren die Soupers irrelevant. Es ist bekannt, daß politische Themen bei diesen Abenden streng verpönt waren, daß zwei herkulische Türsteher niemanden einließen, gleichgültig, wer sich an den Türen des *Palais Royal* präsentierte, und daß die *Roués,* also die Gefährten des Regenten bei diesen Ausschweifungen, von Dubois abgesehen, keine Machtpositionen erhielten. Die Vorgänge haben also auch historisch nur eine begrenzte Bedeutung, aber sie sind aus dem Charakterbild des Regenten nicht zu tilgen, und sie bildeten das Betätigungsfeld einer bedeutenden, vielleicht der bedeutendsten Frau der *Régence:* der Madame de Tencin.

Claudine Alexandrine Guérin de Tencin, in deutschen Nachschlagewerken oft fälschlich als Marquise bezeichnet, entstammte dem kleinen Adel aus dem Raum Grenoble, der schon manche schöne Frau nach Paris entsandt hatte. Claudine freilich schickte man zunächst ins Kloster von Mont Fleury, wo ein Offizier namens Destouches sie heimlich besuchte. Der Skandal stieß sie ins Leben zurück, die unehelichen Kinder verschiedener Väter setzte sie (wie übrigens auch Rousseau) aus: Die sinnreiche Einrichtung einer Tor-Lade, in die man die Neugeborenen legen und danach die Türglocke betätigen konnte, rettete dem französischen Volk einen seiner größten Denker, den Tencin-Sohn d'Alembert.

Immerhin zweiunddreißig Jahre alt, als Philipp von Orléans die Regentschaft übernahm, war die Tencin dennoch eine der schönsten, bestimmt aber eine der geistvollsten Frauen der *Régence* und nacheinander oder auch nebeneinander die Geliebte der damals wichtigsten Männer: des Polizeiministers Graf d'Argenson (der an Nonnen gewöhnt war, weil es von ihm abhing, welches Kloster die lukrativen Lotterien veranstalten durfte), des britischen Schriftstellers, Politagenten und Wüstlings Viscount Bolingbroke in seinem Pariser Exil, des Regenten selbst und vor allem und immer wieder des Kardinals Dubois. Sie muß aus einem guten Holz geschnitzt gewesen sein, denn sie lebte noch bis 1749, wurde also 67 Jahre alt, und das, obwohl sie eine Weile in der Bastille geschmachtet hatte. Das war 1726, also nach dem Tod des Regenten, als ein von ihr ruinierter Staatsrat sich in ihrer Wohnung entleibt hatte.

Die Tencin hatte zwei große Lieben: die eine war die Macht, die andere war ihr Bruder. Macht und Geld verschafften ihr die Beziehungen zu Dubois, zu Law (den sie lancierte), zum Regenten. Ihren Bruder, einen eher friedlichen, dem guten Essen ergebenen Prälaten, machte sie sich sexuell hörig und peitschte seinen Ehrgeiz so lange immer wieder an, bis er nach diplomatischer Verwendung in Rom endlich sogar (1742/51) französischer Premierminister wurde . . .

Der 1686 vollendete Spiegelsaal des Versailler Schlosses, ein Zentrum höfischer Begegnung.

Die Mittel, mit denen die Tencin sich die herrschende Crew der *Régence* unterwarf, waren nicht neu. Ehe sie in den Kreis der Lüstlinge trat, waren die Ausschweifungen relativ monoton; der Gipfel der Originalität wurde etwa damit erreicht, daß man eine widerspenstige Baronesse von Lakaien entkleiden ließ und mit überreifem Käse all die Gegenden verschmierte, die sie der *Assemblée* vorenthalten hatte. Die Tencin kultivierte und raffinierte die Genüsse. Sie gestaltete ganze Programme, indem sie mit Hilfe von Balletteusen und jungen Schauspielerinnen erotisches Theater inszenierte. Der Regent entdeckte dabei nicht nur, daß literarische und sexuelle Genüsse einander potenzieren konnten, er geriet auch an die kleine Emilie, ein schlichtes Theaterkind, das weniger von ihm verlangte und mehr für ihn tat als die hochgeborenen Damen. Allerdings war es wohl auch die Tencin, die durch das Beispiel ihrer eigenen inzestuösen Beziehung zu ihrem Bruder die Hemmungen verminderte, die den Regenten und seine schöne Tochter, die Herzogin von Berry, voneinander trennten. Die Berry war eine der fröhlichsten Teilnehmerinnen an den Orgien, und in einer dieser wirren Nächte muß der Regent wohl an sie geraten sein, im kupplerischen Dunkel, das den Inzest begünstigte. Doch kann es keinem Zweifel unterliegen, daß Philipp seine Älteste tiefer und anders liebte, als man sein Kind liebt, und als sie, erst vierundzwanzigjährig, völlig verbraucht noch vor ihm starb, brachte dies schon das Ende seiner Unbeschwertheit.

Fortan, in den letzten drei Jahren der *Régence*, kommt in seine Ausschweifungen ein melancholischer Zug. Wie so mancher andere der großen Lüstlinge kann er zwar die Frauen nicht mehr entbehren, aber aus dem großen Spektakel wird das intime Duo, aus der Raserei wird Zärtlichkeit; Don Juan, der die Frauen gesucht hat, beginnt viel zu spät nach der eigenen Seele zu suchen.

Das war die Phase, in der die kleine Emilie mit ihrer treuherzigen Neigung zu Philipp die Gier der hochgeborenen Damen mühelos verdrängte. Neben ihr blieben nur die kluge Tencin als Gelegenheitsgefährtin, weil sie kein Mittel scheute, sich in Erinnerung zu bringen, und die junge Herzogin von Fallari, in deren Armen der Regent schließlich sterben sollte. Fallari kennen wir aus den Briefen der Liselotte als Spieler und Schwindler, ansonsten ist dieses Herzogsgeschlecht völlig unbekannt. Die junge Duquesa jedoch war ein Geschöpf von großem Reiz. Im Wesen heiter, aber ohne Banalität, hellte sie die Melancholien des Regenten auf. Ihr Körper aber weckte noch einmal mit der orientalischen Weichheit ihrer

So stellte man sich in Frankreich die Soupers des Regenten vor.

weißen Haut alle Begierden. Seine Begeisterung für ihren Anblick kostete ihn vielleicht das Leben, denn an jenem Dezemberabend des Jahres 1723, als der Infarkt ihn ereilte, waren die beiden allein, ohne Dienerschaft, vor dem Kamin; die Fallari mußte sich erst notdürftig bekleiden, ehe sie sich in die Winterkälte hinauswagen konnte, und fand dann in der ausgedehnten Anlage des nächtlich verödeten Palais Royal weder einen Arzt noch eine andere Hilfe.

Philipp II., Herzog von Orléans und bei seinem Tod seit einigen Monaten nicht mehr Regent Frankreichs, sondern Erster Minister des dreizehnjährigen Monarchen, ist zweifellos einer der großen Wüstlinge der Geschichte, unter denen es ja schon vorher berühmte Feldherren (Gilles de Rais, Turenne) und bedeutende Herrscher (Karl II. von England, Franz I. von Frankreich) gegeben hatte. Die auf ihn folgende Generation wird nicht viel keuscher leben, weder Ludwig XV. selbst noch seine Generale Richelieu oder Soubise, und was ihnen neben den Vergnügungen an Kräften übrig blieb, hat Frankreich gewiß weniger genützt als die acht Jahre klugen Regiments, die der Herzog von Orléans seinen Leidenschaften abgewann.

Los von Frankreich!

Der Keltenbund des Marquis von Pontcallec

Malerische Buchten und lange Strände bringen der Bretagne eine alljährlich wachsende Zahl von Feriengästen; aber das Landesinnere bleibt – ganz ähnlich wie in Spanien – diesem Besucherstrom weitgehend unbekannt, und über dem Badevergnügen vergessen die meisten, was das uralte Keltenland auf dem Granitblock an Sehenswürdigkeiten und Erinnerungen zu bieten hat. Man stößt bei jeder Querfahrt von Küste zu Küste auf die dichte und gelegentlich bizarre Geschichte der Halbinsel, die ja erst seit wenigen Jahrhunderten zu Frankreich gehört. Schon etwa dreißig Kilometer nördlich des im Zweiten Weltkrieg oft genannten Kriegshafens von Lorient befindet man sich mitten im sogenannten »Rebellenland«, dessen Bewohner noch im Mittelalter ihre eigenständige Kultur, ihre Sprache und ihre Ländereien gegen den Einfluß der mächtigen Nachbarn verteidigten. Hier herrschte nicht der König von Frankreich, sondern das alte Adelsgeschlecht der Guer-Malestroit, die als Markgrafen von Pontcallec mit ihrem tragischen Untergang heute noch im bretonischen Land unvergessen sind.

Etwa um 3500 v. Chr. dürfte die Halbinsel, die heute den Namen Bretagne trägt, im Verhältnis zu anderen europäischen Siedlungsräumen stark bevölkert gewesen sein. Um 1500 v. Chr. erreicht die maritime Zivilisation, aus dem Nordseeraum kommend, ihren Höhepunkt und hinterläßt zahlreiche Megalith-Denkmäler als Zeugen. Rund tausend Jahre später siedeln hier die Kelten, die von Land her einwandern, in zahlreichen Stämmen, darunter die Veneter, die später dann in ihren Kämpfen gegen Caesar (56–52 v. Chr.) hartnäckig einer Romanisierung Widerstand leisten. Um 470 setzt, diesmal aus England und Irland, eine zweite keltische Einwanderungswelle ein. Bis ins 7. Jahrhundert flüchten die Kelten von ihrer Insel über den Kanal vor den eindringenden Angeln und Sachsen. Daher wohl auch die Bezeichnung »Britannia« für die Halbinsel, wie sie schon bei Gregor von Tours Erwähnung findet. Als Sprache herrscht – schon aus den Siedlungsnamen erkennbar – das unzweifelhaft aus dem Keltischen abgeleitete Bretonisch vor.

In den kommenden Jahrhunderten verteidigt die christlich gewordene Bretagne ihre Unabhängigkeit gegen die Franken (8. und 9. Jahrhundert), gegen die Normannen (9. und 10. Jahrhundert) und gegen das Haus Plantagenet (12. und 13. Jahrhundert). Harte Erbfolgekriege (1341–1364) verhindern die De-facto-Abhängigkeit von der französischen Krone und reduzieren sie auf einige symbolische Akte. Noch 1489 soll eine Heirat der Herzogin Anna von Bretagne mit dem Habsburger Maximilian die politische Eigenständigkeit der Bretonen gegenüber Frankreich demonstrieren, doch dieser Herausforderung kann Paris nicht tatenlos zusehen. Eine Ehe Annas mit dem Habsburger würde eine Umklammerung Frankreichs von Westen her bedeuten. Da diese Heirat lediglich auf dem Wege der Prokuration geschlossen ist, Maximilian aber, in politischen und militärischen

König Karl VIII. (1470–1498) ging mit Anna von Bretagne eine Ehe ein, zu der sie aus politischen Gründen gezwungen worden war. Der Herrscher verstarb allerdings bereits in jungen Jahren.

Geschäften festgehalten, mit seiner (zweiten) Gattin nicht zusammenkommen kann, nutzt Frankreich die Gunst der Stunde. Ein Heer belagert Rennes, während die Überredungskünste der Diplomaten zu suggerieren suchen, Annas Heil liege allein in einer Verbindung mit der Krone Frankreichs. Die so zweifach Bedrängte willigt schließlich ein. Als Gattin König Karls VIII. gibt die Fünfzehnjährige ihr Ja-Wort.

Im Dezember 1490 wird die Bretagne der französischen Krone einverleibt. Und als Karl 1498 kinderlos stirbt und damit die direkte Linie des Hauses Valois endet, heiratet sein Nachfolger Ludwig XII. in zweiter Ehe die Königswitwe und Herzogin des begehrten Landes. Was 1490 in nuce schon angelegt war, wird 1532 noch einmal kodifiziert: Unter Garantien für alte Privilegien und überlieferte Verwaltungsreformen wird die Bretagne Frankreich endgültig eingegliedert, und seither herrscht zwischen Rennes und Paris, wenn man so sagen will, ein bewaffneter Friede. Keiner anderen Provinz gewährt die französische Krone so viele Sonderrechte, und die Bretonen revanchieren sich, indem sie sich im Dienst für den König als Soldaten von besonderer Tapferkeit auszeichnen. Vor allem zur See stellen sie ihren Mann. Wenn Frankreich im 17. und 18. Jahrhundert

Grabmal in der Kathedrale von Saint Denis: König Ludwig XII. (1462–1515) und seine Gemahlin Anna von Bretagne (1477–1514).

England und Holland einigermaßen die Stirn bieten kann und auch auf den Weltmeeren eine Rolle zu spielen versucht, so verdankt es dies insbesondere den Korsaren der bretonischen Häfen und den Entdekkungsreisenden aus den alten Seefahrergeschlechtern der Bretagne von Cartier bis Kerguelen.

Nicht immer aber ließ sich dieser tüchtige, in einem kargen und rechtschaffenen Leben hart gewordene Adel auf die Seefahrt ablenken; vor allem in wirtschaftlichen Notzeiten, die das arme Land oft heimsuchten, wurden die eingesessenen Herrenfamilien zu den natürlichen Sprechern und Vorkämpfern der Bretonen gegenüber Paris, und weil sich die reichsten Familien, wie etwa die Rohan, aus diesem Streit heraushielten (da sie längst im engsten Umkreis der Krone zu Macht und Ansehen gelangt waren), rückten weniger bekannte, wenn auch alteingesessene Familien in diese Führungspositionen auf. Das war so in der Steuerrevolte von

1675/76, *La Révolte du Papier timbré* genannt, die durch Verrat endete und dann grausam vergolten wurde, und das wiederholte sich im Kampf gegen den Keltenbund des Marquis von Pontcallec, eines Mannes, der trotz seiner Jugend als eine der imposantesten Erscheinungen des bretonischen Adels jener Zeit gelten darf.

Die letzten Jahre des »Sonnenkönigs« Ludwig XIV. brachten Frankreich militärische Niederlagen und hohe Kriegskosten. Diese hatten auch in der Bretagne zu neuen Steuern und verstärktem staatlichem Druck geführt, nur daß der bretonische Adel eben nicht so reich war wie der im französischen Binnenland, der sich vor allem in der Normandie und in der Ile de France auf ertragreiche Ländereien stützen konnte. Etwa viertausend Familien mit rund fünfundzwanzigtausend Menschen zählten sich um 1710 zum Adel der Bretagne; aber beinahe ein Drittel von ihnen war zu arm, um irgendwelche Steuern zu entrichten, ja einige wurden wegen des Fehlens aller Besitztümer aus den Adelsregistern gestrichen und dem dritten Stand zugeschrieben, ungeachtet der alten Nobilität: die La Roche-Derrien, die de Launay und selbst Zweige so berühmter Familien wie die Gasnou-Montfort oder du Plessis-Coëtloqueret.

Auf dem Höhepunkt dieser Krise starb Ludwig XIV. im Herbst des Jahres 1715, und die Macht ging an Philipp von Orléans, den Sohn der Liselotte von der Pfalz, der sich die Regentschaft für den fünfjährigen Ludwig XV. in einer blitzschnellen Aktion gegen die illegitime Bourbonen-Nachfolge sichern konnte. Philipp, der Regent, erwies sich in der Folge als ein Staatsmann von großem Geschick, der die schwindelerregende Verschuldung Frankreichs auf eine angemessene Summe reduzierte, die auswärtigen Beziehungen in Ordnung brachte und den Frieden sicherte. Aber er war wie so mancher Hochbegabte ein ausschweifender Mensch, und sein scharfsinniger Berater, der Kardinal Dubois, war es nicht minder. Die beiden tüchtigen Sünder hatten also die Erzkatholiken gegen sich, den Clan der frömmelnden Maintenon – die zwar selbst als Mätresse aufgestiegen war, sich aber als Witwe des Sonnenkönigs ansah – und die illegitimen Kinder, die sie ihm zwar nicht geboren, aber aufgezogen hatte und auf dem Thron und in den verantwortlichen Positionen sehen wollte. Zu schwach, um gegen den geschickten Regenten und die ihm vertrauende Armee aufzutreten, verband sie sich heimlich mit dem katholischen Spanien. Diese Verschwörung trägt in der Geschichte den Namen des Fürsten Cellamare, eines Neapolitaners, der als Botschafter Spaniens in Paris die Fäden knüpfte.

Dem unzufriedenen und kampftüchtigen bretonischen Adel war dabei eine wichtige Rolle zugedacht. Mit Hilfe spanischer Gelder, Hilfstruppen und Waffen sollte in der Bretagne eine Erhebung gegen die Hauptstadt beginnen, deren militärische Anfangserfolge den Regenten zwingen würden, sich dorthin zu begeben. Philipp von Orléans war als mutiger

Der Gegenspieler von Kardinal Dubois war Kardinal Giulio Alberoni (1664–1752), der als Ratgeber und Minister der spanischen Krone eine ehrgeizige, aber auch abenteuerliche Außenpolitik vertrat. – Zeitgenössischer Kupferstich.

Feldherr bekannt; man durfte annehmen, daß er bei ernsten Schwierigkeiten persönlich an die Front eilen würde. Damit war nicht nur die Möglichkeit gegeben, ihn fern von Paris gefangenzunehmen, sondern vor allem in Paris selbst einen Staatsstreich in die Wege zu leiten und von Saint-Cyr aus, wo die Maintenon residierte, das Schloß von Versailles als Zentrum der Königsmacht wieder in die Hand zu bekommen.

Die Überlegungen hinter dieser Intrige sind dynastisch, also für unsere Zeit reichlich verschlungen: Spaniens König Philipp V. ist ein Bourbone und Enkel des Sonnenkönigs, somit näher am Thron als der Regent Philipp aus dem Hause Orléans, der nur ein Neffe des Sonnenkönigs (Sohn des Königsbruders) ist. Philipp V. werde – nach geglückter Verschwörung – die Krone Frankreichs zwar annehmen, zugleich aber die Macht an einen der illegitimen direkten Nachkommen des Sonnenkönigs übertragen. Dafür war der Herzog von Maine ausersehen, Sohn der Montespan, aber Liebling der Maintenon, ein schlaffer, früh verbrauchter Fünfziger, den sein ehrgeiziges Weib zu dieser gefährlichen Aktion gedrängt hatte.

Die sehr junge bretonische Adelsmannschaft überblickte offenbar nicht, wozu sie sich hergab und mit welchen Gespenstern – die Maintenon war achtzig – sie sich eingelassen hatte. Es war eine Welt von gestern, der die glühenden bretonischen Adeligen sich dienstbar machten: eine bigott gewordene Mätresse, und ein paar Bastarde, denen der Regent die Apanagen beschnitten hatte. Für diese Clique ohne Verdienste und ohne Zukunft waren etwa sechzig junge Bretonen bereit, die Kastanien aus dem Feuer zu holen, da ihnen nur dies eine neue Zukunft für die verarmte und abhängig gewordene Kelten-Halbinsel zu garantieren schien.

Am 13. April 1719 kam es im Wald von Lanvaux zu einer ersten größeren, wenn auch noch immer geheimen Zusammenkunft, in einem Forst also, der zum alten Märchenwald von Brozeliande gerechnet wird, dem Wald, in dem der Zauberer Merlin sein Wesen trieb und in dem die Ritter der Tafelrunde auf Abenteuer ausritten. Neben dem zwanzigjährigen Marquis von Pontcallec hießen die Wortführer de Kerlerec, de Lantivy, de Lescoët, du Couëdic, de Montlouis und de Talhouët. Dazu kam ein junger Parlamentsrat namens Lambilly aus Rennes, ein glänzender Jurist, der ebenso feurig agierte wie der Marquis.

Lambilly war es wohl, der seine Genossen mit der Versicherung beruhigte, daß es eigentlich keine Verschwörung sein könne, wenn man sich bemühe, einen Bourbonen auf Frankreichs Thron zu bringen; die langen und nutzlosen Kriege mit Spanien würden enden, Philipp V. würde einen Sohn des Sonnenkönigs, also einen unmittelbaren Nachfahren jenes großen Herrschers, an die Macht bringen, und das sittenlose Haus Orléans, die sogenannte Herrschaft der *Roués* (der Lüstlinge), sei damit endgültig vorüber. Die jungen Herren aus den alten Familien ließen sich nur zu gern überzeugen, und Lambillys im Parlament von Rennes geschulte Beredsamkeit triumphierte über alle Bedenken. Einstimmig beschloß man, daß jedes der bretonischen Bistümer drei Kommissare zu stellen habe, die ihrerseits wiederum Truppen ausheben und den bewaffneten Aufstand vorbereiten mußten. Auch wollte man sich nicht mehr insgeheim treffen, weil das doch zu eindeutig war und beobachtet werden konnte; die Jahrmärkte mit ihrem Menschengewimmel erschienen den Verschwörern günstiger und weniger gefährlich.

Das nächste Treffen am großen Jahrmarkt von Questembert brachte die erste Enttäuschung, denn es waren nur zweihundert Mann gekommen, Herren und Knechte mit guten Waffen, aber eben zu wenige. Schon zu diesem Zeitpunkt scheint der kluge Intendant von Nantes durch Späher erste Informationen erhalten zu haben; es handelte sich um Feydeau de Brou, nach dem bis heute eines der schönsten Quartiere des alten Nantes heißt (Ile Feydeau), ein rechtschaffener Mann in der ganzen zwielichtigen Zunft der Steuerpächter und Finanzsachwalter, dazu tüchtig, klug und durch seine hübsche Frau mit dem Regenten auch privat bekannt. Feydeau hatte keine Lust, den Verräter zu spielen, aber er beobachtete in der wohlbegründeten Erwartung, daß die unbesonnenen jungen Herren schon selbst jene Fehler machen würden, die sie ans Messer liefern mußten.

Ein gefährlicher Heißsporn fand sich in Hervieu de Mellac, dem Sondergesandten der Verschwörer an den spanischen Hof. Daß ein Kanzler von Weltruhm wie der Kardinal Alberoni ihn, den kleinen bretonischen Adeligen, umarmte und bei den Granden herumzeigte, daß die schönen Spanierinnen plötzlich ihr Herz für die bis dahin in Madrid reichlich unbekannte Bretagne entdeckten, das ließ Mellac jede Vorsicht vergessen. Als Alberoni ihm achttausend Mann spanischer Truppen und zwei Millionen Livres an finanzieller Unterstützung zusagte, machte Mellac sich anheischig, fünfzigtausend Bretonen unter die Waffen zu rufen. Und das war angesichts damaliger Truppenstärken eine so alarmierende Ziffer, daß die Agenten des Kardinals Dubois sie umgehend nach Paris meldeten.

Philipp von Orléans leitete Gegenmaßnahmen ein. Der Marschall von Montesquiou wurde mit dem Oberbefehl über die bei Rennes und Vannes zusammengezogenen Truppen betraut und kam eben zurecht, den Landungsversuch einer spanischen Fregatte bei Port Louis zu verhindern. Das Schiff, das offensichtlich bretonische Lotsen an Bord hatte, konnte jedoch ohne Schäden aufs Meer fliehen und auf der Halbinsel Rhuys dreihundert Mann an Land setzen. Einem Abgesandten Pontcallecs wurde zudem eine beträchtliche Summe, angeblich sechshundert Goldstücke, übergeben.

Das waren nun kriegerische Handlungen, die weder geleugnet noch ignoriert werden konnten, und so zog sich das Unheil über den Verschwörern zusammen, noch ehe sie losgeschlagen hatten. Pontcallecs festes Schloß lag am mittleren Scorff, nördlich von Lorient, und Lambilly wollte es gemeinsam mit dem Marquis und fünfzehnhundert Rebellen gegen den heranmarschierenden Marschall von Montesquiou halten. Aber statt dieser ansehnlichen Truppe fanden sich nur ein paar Dutzend Männer ein; die Truppenbewegungen hatten die Sympathisanten ebenso eingeschüchtert wie die Verschwörer selbst, und zu allem Überfluß hatte der Regent die Errichtung eines Sondergerichtshofes in Nantes angeordnet, und wo Sondergerichte tagen, da rollen meist auch schnell die Köpfe.

Ein Rebellentreffen am 6. Oktober 1719 in Lanouée, nahe der Rohan-Stadt Josselin, sollte noch einmal den Versuch machen, Hilfe für Pontcallec zu organisieren. Der Marquis selbst freilich konnte nicht mehr kommen, er hielt bereits sein Schloß verbarrikadiert und floh, als sich die Verteidigung als aussichtslos erwies, in das kleine Kloster von Lignol, fünf Kilometer von Kernascléden. Beinahe drei Monate hielt der junge Marquis sich dort verborgen, dann aber verriet ein Mitläufer namens Chémendy, der um die eigene Haut fürchtete, den Anführer, und Pontcallec wurde am 28. Dezember 1719 verhaftet.

In Nantes, der Hauptstadt der Bretagne, wurden die Verschwörer um den Marquis von Pontcallec hingerichtet. – Kupferstich von Pieter van der Aa, um 1729.

Alles war verloren; die letzten und standhaftesten der Verschwörer streckten die Waffen, die meisten auf die Zusage hin, daß ihnen nichts geschehen werde – Zusagen, welche Montesquious Offiziere im guten Glauben machten, die der allmächtige Kardinal Dubois jedoch nicht zu halten gedachte. Du Couëdic, ein alter Haudegen und Held vieler Schlachten des Sonnenkönigs, stellte sich am 30. Dezember, nach ihm ergaben sich noch Montlouis und Talhouët, während andere flohen. Vom großen Clan der Rohan hatten sich nur zwei arme Neffen an der Verschwörung beteiligt; ihnen geschah nichts.

Da inzwischen auch das spanische Schiff im Scorff gekapert worden war, verfügte das Sondergericht zu Nantes über eine Fülle von Beweisen. Es hätte ihrer allerdings gar nicht bedurft, denn Clément de Guer-Malestroit, Marquis de Pontcallec nahm alles auf sich, um seine Gefährten zu entlasten. Dennoch konnte er drei Gefährten nicht vor dem Schafott bewahren. Was im Namen Justitias stattfand, war kein Prozeß, sondern eine blutige Farce. Binnen eines einzigen Tages gelangte das Gericht von der Beweisaufnahme zum Urteil und ließ es in den Nachtstunden desselben Tages vollstrecken!

Als man die vier Verurteilten aus dem alten Schloß- und Gerichtsgebäude von Nantes hinaus auf die Place du Bouffay führte, trat der Priester auf sie zu, der sie begleiten sollte. Couëdic griff gewohnheitsmäßig nach dem großen Hut der Musketiere, um ihn vor dem Gottesmann abzuziehen, fand aber nichts mehr als seinen blanken Schädel. »Nicht einmal die Hüte haben sie uns gelassen!«, murrte er. »Wozu Hüte, *mon ami?*«, antwortete Pontcallec, »da wir doch ohnedies bald keinen Kopf mehr haben werden?«

Trotz der mitternächtlichen Stunde hatte sich eine große Menschenmenge versammelt. Der Plan, die Bevölkerung im unklaren zu lassen und erst nach den Exekutionen zu informieren, war also an der Wachsamkeit der Bretonen gescheitert, und aus dem Spalier wurden drohende Rufe hörbar: Verwünschungen gegen Paris und das Wehklagen der Frauen.

Montlouis wurde als erster hingerichtet, Talhouët war als zweiter an der Reihe. Er zog am Schafott ohne erkennbare Erregung das Wams aus, dann aber wandte er sich an die Umstehenden und rief: »Messieurs, beten Sie zu Gott für meine Seele.« Pontcallec wurde vor der Hinrichtung die rechte Hand abgeschlagen.

Die vier Leichname wurden in der Eglise des Carmes beigesetzt, und der Totengottesdienst am nächsten Tag mußte mit weißen Tüchern und Ornaten abgehalten werden, weil man fürchtete, daß die schwarzen Gehänge einer Totenmesse Unruhen hervorrufen würden. Pater Nicolas und die Familie Talhouët, die Briefe des Verurteilten aufbewahrt, haben diese Einzelheiten über die Ereignisse zwischen Dezember 1719 und März 1720 für die Nachwelt festgehalten. Auch das Volk hat den jungen Marquis nicht vergessen; *la Complainte de Pontcallec,* die Klage über Pontcallec, wurde noch lange wie eine Moritat gesungen. Sie ließe sich in ihrer getragenen Weise in unserer Sprache etwa so wiedergeben:

Saß so hoch auf seinem Schloß,
Herr von Pontcalleeec;
Wo der Scorff zum Meere floß,
gehört' ihm Weg und Steeeg.
Mit dem Schiff auf hoher See
fuhr er unentweeegt,
ohne Zoll bracht er den Tee,
der Herr von Pontcalleeec.
Doch dann ging's ihm um das Land,
nahm's dem König weeeg,
kostete ihn Kopf und Hand,
den Herrn von Pontcalleeec.

Königskinder im Schatten

Aus der Sittengeschichte des Ancien Régime

Mit der Marquise de Pompadour und der Gräfin Dubarry hatte Frankreichs fünfzehnter Ludwig die zwei bekanntesten Mätressen der Geschichte an seiner Seite und mußte es sich gefallen lassen, daß seine Persönlichkeit und seine Zeit weitgehend im Zusammenhang mit diesen Damen gesehen wurden. Erst in den letzten zwanzig oder dreißig Jahren haben die Historiker sich ernsthafter gefragt, wie es denn zu dieser unleugbaren und lebenslangen Abhängigkeit eines intellektuell und körperlich gesunden Monarchen von seiner engeren weiblichen Umgebung kommen konnte.

Dabei liegen die Fakten, die zu dieser besonderen, ein Leben beherrschenden Seelenlage führten, eigentlich offen zutage und waren, da die Kindheit eines Königs ja von vielen Menschen beobachtet wird, auch hinreichend gesichert, um einer verständnisvollen Nachwelt ein Urteil zu gestatten – und die Revision früherer, vorschneller Urteile.

Ludwig hatte neben dem Bourbonenblut eine bayerische Großmutter und eine Mutter aus dem Hause Savoyen-Sardinien. Als er 1710 zur Welt kam, war die Königswürde noch weit von ihm entfernt: Ludwig XIV. lebte noch, dazu ein Sohn dieses Königs und ein Enkel. Der Urenkel mußte demnach mit vierzig oder fünfzig Wartejahren rechnen. Die Hilflosigkeit des Jahrhunderts gegenüber selbst häufigen und bekannten Krankheiten änderte diese Lage binnen zwei Jahren. 1711 starb Ludwigs Großvater, 1712 starben innerhalb von acht Tagen sein Vater und seine Mutter an den Pocken. Der zweijährige Ludwig war damit Frankreichs ganze Hoffnung und wurde nicht erst, als der Sonnenkönig 1715 starb, mit einer Fürsorge umgeben, die sich zunächst ausschließlich auf sein Überleben konzentrierte. Wir besitzen darüber erschütternde Briefe seiner Erzieherin Madame de Ventadour an Madame de Maintenon, Briefe, aus denen auch hervorgeht, daß angesichts der katastrophalen Erbfolgesituation an eine Erziehung im üblichen Sinn nicht zu denken sei, umsoweniger, als das Kind kränkelte und mit zwei Jahren einmal dem Tode nahe war, bis zum fünften Lebensjahr schwer atmete, noch lange Zeit wenig sprach und stets übellaunig erschien. Obwohl er Madame de Ventadour *Maman* nannte und liebte, fehlte ihm jede Heiterkeit, niemand spielte mit ihm aus Angst um seine Gesundheit, und als in seinem siebenten Lebensjahr *Maman* von seiner Seite gerissen und durch den greisen und bornierten Marschall von Villars ersetzt wurde, ging auch das bißchen Sonne unter, das diese Kindheit erhellt hatte.

In einem Alter, in dem der Sonnenkönig längst die fröhlichen Nichten des Kardinals Mazarin zu Gespielinnen und bald zu Geliebten gehabt hatte, war sein Urenkel noch voll verkrampfter Abwehr gegen das andere Geschlecht. Und als man im Sommer 1724 das erste Arrangement traf, um dem Vierzehnjährigen (!) seine erste Mätresse zuzuführen, interessierte sich Ludwig nicht für die unstreitig charmante Herzogin von Epernon, sondern nur für die Jagd im Wald von Chantilly. Bei all dem beherrschte die Angst um das Leben des Thronfolgers noch so sehr alle Entscheidungen, daß die seit langem für ihn ausersehene spanische Infantin brüskiert wurde – von ihr wären wegen ihrer Jugend noch jahrelang keine Kinder zu erwarten gewesen, und niemand wußte, ob Ludwig so lange leben würde.

Diese uns heute grotesk erscheinenden Überlegungen werden verständlicher, wenn man sich klar macht, daß beim Aussterben des bourbonischen Mannesstammes die Krone an das Haus Orléans gelangt wäre, dessen Haupt, der Regent Philipp, Frankreich zwar ausgezeichnet regiert, die Nation jedoch durch seine Laster und die Finanzskandale um Law erschreckt hatte. Ludwig mußte also früh heiraten, und zwar eine Prinzessin, die ihm schnell Kinder gebären konnte. Damit schieden alle zu jungen und zu alten Prinzessinen aus und es blieben siebzehn junge Damen übrig, unter denen nach einer Absage aus England und endlosen Querelen in Frankreich selbst die ärmste und bravste Königin wurde: die

Die Gemahlin Ludwigs XV., Maria Leszczyńska (1703–1768), war die Tochter des ehemaligen polnischen Königs Stanislas Leszczyński. Im intriganten Hofleben von Versailles führte die Königin ein Schattendasein. – Maria Leszczyńska nach einem zeitgenössischen Gemälde von Gobert.

Tochter des im lothringischen Weißenburg lebenden polnischen Exkönigs Stanislas Leszczyński.

Maria Leszczyńska, für die diese Wahl eine Gnade Gottes war, hatte keine Chance, Ludwig XV. an ihrer Seite zu halten, und sie vermochte ihm auch nicht jene Wärme, jenen schützenden weiblichen Kontakt zu geben, den er seit der Entlassung von *Maman* entbehrte. Die häßliche und unterwürfige Königin hatte zwar die große Hemmung gelöst, die auf Ludwig lag; es hatte eine erfolgreiche Hochzeitsnacht und bald Nachrichten über eine Schwangerschaft gegeben, aber da ihm nun die Augen geöffnet waren, begriff er auch, was ein Hof jener Zeit einem jungen König zu bieten hatte, und das war nicht wenig. Es gehört zu den Absurditäten des Absolutismus, daß auch die größten Familien nichts dabei fanden, ihre Töchter (selbst wenn sie verheiratet waren) dem Monarchen als Mätressen zu offerieren, um die Position der Familie zu stärken.

Dennoch zählte der lange Reigen der Mätressen, den wir hier keinesfalls nachzeichnen wollen, verhältnismäßig wenig Mädchen und Frauen aus den großen Familien; diese überwogen eigentlich nur zu Beginn, als Ludwig noch nicht jene Bewegungsfreiheit hatte, die ihm später seine Fischzüge in ganz Paris gestattete. Das hat seine Ursache zweifellos in Ludwigs geringer Selbstsicherheit. Anders als der Sonnenkönig, der auch von seinen Mätressen Glanz erwartete, wandte sich Ludwig XV. bald nach den Schwestern aus dem Hause Nesle jungen Geschöpfen bürgerlicher oder kleinbürgerlicher Herkunft zu, und dieser Umstand erschwert nicht nur die Suche nach seinen illegitimen Nachkommen. Er hat vermutlich auch deren Zahl über das reale Maß hinaus anwachsen lassen, denn wer wollte nicht gerne von einem König abstammen . . .

Beginnen wir mit dem einzigen unehelichen Kind, das Ludwig XV. ausdrücklich anerkannt hat – womit nicht gesagt sein soll, daß er die anderen ignorierte. Aber es ist ein großer Unterschied, ob man sich schon ins Taufregister eintragen läßt, wo sich der Name Louis de Bourbon natürlich einigermaßen auffällig ausnimmt, oder ob man später insgeheim durch Geldzuwendungen, durch eine hohe Mitgift oder durch die Verleihung eines Regiments für solch ein Kind sorgt.

Der Fall von Louis-Aimé, Abbé de Bourbon (1762–1787) ist denn auch der eindeutigste von allen uns überlieferten; es gibt Briefe Ludwigs an die junge Mutter am Tag nach der Geburt, und es gibt vor allem den kurzen Lebensweg jenes Abbés, der ein angenehmer Mensch gewesen sein muß und nicht dumm gewesen sein kann, weil ihn einige der besten Köpfe des Jahrhunderts, nämlich der Kardinal de Bernis und der (spätere) Fürst Talleyrand mit ihrer Freundschaft ausgezeichnet haben. Und er starb wie sein Vater an den Pocken, die er sich auf dem gleichen Weg wie Ludwig XV. in einer unbedachten Liebesstunde zugezogen hatte, weil Neapel, wo er damals weilte, von der Seuche heimgesucht war.

König Ludwig XV. (1710–1774) hinterließ zahlreiche illegitime Söhne und Töchter aus den Verbindungen mit Mätressen, die er sich aus dem Pariser Bürger- und Kleinbürgertum zuführen ließ. Dieser Umstand erschwert nicht nur die Suche nach diesen Nachkommen, er hat vermutlich auch deren Zahl über das reale Maß hinaus anwachsen lassen. Denn wer wollte nicht gerne von einem König abstammen . . . – König Ludwig XV. nach einem zeitgenössischen Gemälde.

Wenn ein Bourbone zwei Jahre vor dem Ausbruch der großen Revolution stirbt, so läßt sich schwer sagen, daß ihn die Pocken um eine große Karriere gebracht haben; Madame Campan ist jedoch in ihren unschätzbaren und gerade durch ihre Naivität bezaubernden Memoiren davon überzeugt, wenn sie schreibt: »Monsieur l'abbé de Bourbon war sehr schön, es war eine vollkommene Ähnlichkeit mit seinem Vater, und er erfreute sich der vielfachen Gunst von Prinzessinnen und anderen hochgestellten Damen. Seine Karriere in der Kirche war gesichert, weil Ludwig XVI. sich seiner besonders annahm. Die Abtei von Saint Germain des Prés war ihm ebenso zugesichert wie das Bistum Bayeux und der Kardinalspurpur. Er hätte also, auch ohne ausdrücklich unter die Prinzen von Geblüt aufgenommen zu sein, eine sehr schöne Existenz gehabt.«

Während über den Ort dieses Todes – Rom oder Neapel – eine gewisse Unsicherheit herrscht, ist uns die Mutter des Abbés besser und sicherer bekannt als die meisten anderen Mätressen Ludwigs. Es handelt sich um Anne Coppier aus Grenoble, die nach der Mode der Zeit einen etwas schöneren Namen erhielt, als der König zu ihr in Beziehung trat. Roman,

Königliche Freizeitgestaltung im galanten Zeitalter: Ludwig XV. auf einer Landpartie mit den Schwestern de Nesle. Für seine erotischen Abenteuer bevorzugte der »Vielgeliebte« bald nicht mehr Damen aus Hofkreisen, sondern Mädchen von bürgerlicher und kleinbürgerlicher Herkunft.

der dritte Vorname ihres Vaters, wurde zum Adelsprädikat de gesetzt, und die sympathische junge Frau, schön, selbstbewußt, nicht intrigant und nicht geldgierig, konnte als Mademoiselle de Romans die Nachfolge der Damen antreten, die vor ihr das Bett des Monarchen geteilt hatten. Man kann in den Memoiren Casanovas eine Menge über sie lesen, da dieser große Frauenkenner natürlich behauptet, sie im damals noch sehr provinziellen Grenoble entdeckt und durch ein Horoskop zur Reise nach Paris ermutigt zu haben, und man findet sie gelegentlich unter den sogenannten *Petites Maitresses* dieses Königs genannt, was zweifellos falsch ist. Sie hat sich nicht nur stets geweigert, in den Hirschpark zu ziehen, sie hat dem König auch viel mehr bedeutet als die flüchtigen Amouren, die ihm der Kammerdiener Lebel zuführte. Dies beweist nicht nur jener Brief, den Ludwig eigenhändig zu ihrer glücklichen Niederkunft schrieb, sondern auch das, was er für die Mutter und für das andere Kind tat, das er von der Romans hatte. Schon in dem Brief vom 13. Januar 1762 sagt der König: »Die Taufe sollte noch heute abend, ziemlich spät vorgenommen werden oder aber morgen zu sehr früher Stunde. Sie können dem Pfarrer unter dem Siegel des Beichtgeheimnisses anvertrauen, von wem dieses Kind ist . . . Die Paten sollten sichere Personen aus Ihrem Gesinde sein. Der Name, auf den das Kind zu taufen ist, lautet *Louis-Aimé, fils de Louis de Bourbon* usf.«

Freilich konnte an einem Hof wie dem von Versailles nichts geheim bleiben. Marie Antoinette, Erzherzogin und Dauphine de France, erfuhr alles, ihre Vertraute, die Campan, notierte alles, und der köstliche Barbier, ein interessierter Bürger, der auch die kleinsten Ereignisse jener Jahre verzeichnete, weiß sogar, daß die Romans darauf bestanden habe, ihrem Kind selbst die Brust zu geben, daß sie also die damals übliche Amme ablehnte – Details, über die wir uns nicht zu wundern brauchen, ist doch die heutige Hofberichterstattung in manchen Wochenblättern an ähnlichen Einzelheiten genau so reich wie Barbiers Tagebuch und andere Quellen der Epoche. Darum ist es ebenso erstaunlich wie bedauerlich, daß über die Tochter, die Ludwig XV. von der Romans geboren worden sein soll, so wenig Greifbares in den Korrespondenzen und Skandalchroniken der Zeit zu finden ist.

Die Geburt des späteren Abbé de Bourbon und die erste und letzte Anerkennung eines unehelichen Kindes durch Seine Majestät haben das Mädchen aus der gleichen Verbindung wohl in den Schatten gedrückt. Das geschah wohl auch, weil die Romans zwar eine Frau von Geist war, aber die heimlichen Hoffnungen – bei Hof und bei den Parisern –, daß sie die Pompadour entthronen würde, dann doch nicht erfüllen konnte. Die kluge Marquise entthronte vielmehr die Romans: Sie führte jene Phase im Leben Ludwigs, die seine Biographen *Le règne des petites filles* nennen, unbeirrt weiter. Ludwigs Attachement an die Romans, ihr Haus in Passy und die Anerkennung eines Kindes aus dieser Verbindung hatten der Pompadour zweifellos manche schlaflose Nacht bereitet, zu einer Katastrophe aber wurde diese Panne nicht. Die Herrschaft der kleinen Mädchen war der geniale Schachzug jener Frau, die den König zweifellos am besten kannte: die selbst aus einer illegitimen Verbindung stammende Jeanette Poisson (Fisch), spätere Marquise de Pompadour, eine Frau von großen Gaben, aber relativ geringem Temperament, die erst durch den (späteren) Kardinal Bernis für den Hof erzogen worden war und seither einen bravourösen Abwehrkampf gegen die willigen Damen aus Adelskreisen führte. Ihr Instrument in diesem Kampf waren nicht die sexuellen Techniken, wie sie später der Dubarry sosehr zustatten kamen, sondern die Vorliebe des Königs für unkomplizierte, anspruchslose, ihn nicht fordernde Verbindungen. Den Waffengang mit den großen Damen, wie ihn der Sonnenkönig oder auch Heinrich IV. ihr Leben lang mit bemerkenswerter Ausdauer betrieben, nahm Ludwig nur ausnahmsweise an. Was er suchte, waren eben die kleinen Mädchen, die zu ihm aufblickten, und diese lieferte ihm Lebel mit der stillschweigenden Unterstützung durch die allmächtige Marquise.

Während also hochgeborene Damen wie die Comtesse d'Esparbès oder die Marquise de Séran nur sehr begrenzte Erfolge errangen und nach wenigen Nächten wieder in die Reihen der Hofdamen zurückkehrten, machte Seine Majestät den vorher von der Polizei und von Lebel eingehend geprüften jungen Mädchen aus dem Pariser Volk ein Kind nach dem anderen. Was Ludwig für diese namenlosen Bastarde tat, blieb ihm überlassen, er brauchte keine großen Partien für sie zu arrangieren, keine nennenswerte Mitgift zu bezahlen, und die paar tausend Livres, die er leicht locker machen konnte, waren in dem Milieu, aus dem zum Beispiel die Guerbois oder auch die Fouquet herkamen, schon das große Glück – das, was mit ehrlicher Arbeit ein Leben lang nicht zu erreichen gewesen wäre. Auch hier aber, unter den Mädchen vom Hirschpark, gab es eine Ausnahme, nämlich die kleine Louison O'Morphi, die dem König zwei Kinder schenkte, Kinder, die er nicht nur um der Mutter willen liebte und die er auf ihrem Lebensweg förderte.

Zwischen Mai und Juli 1754 gebar die damals sechzehnjährige Louison O'Morphi eine Tochter, die einen jener verräterischen Phantasienamen erhielt, um die sich der König in solchen Fällen stets selbst bemühte. Sie hieß Agathe-Louise de Saint-Antoine de Saint-André, erhielt eine ausgezeichnete Erziehung im berühmten Kloster von der Présentation und heiratete am 27. Dezember 1773 René Jean Mans de la Tour du Pin, Marquis de la Charce, einen jungen Herrn aus einer der ältesten Familien Frankreichs. Dieser Verbindung, die ohne königliche Vermittlung unmöglich gewesen wäre, ging ein Scharmützel voraus, das einen sehr wesentlichen Zug zum Charakterbild des Königs beiträgt. Er hatte sich Agathe-

Unbeschwerte Lebens- und Sinnenfreude spiegeln sich in den zahlreichen amourösen Darstellungen aus der Zeit Ludwigs XV. – »Die Schaukel«, ein Gemälde von Jean-Honoré Fragonard aus dem Jahre 1767.

Louise, als sie heranwuchs, wiederholt nach Versailles bringen lassen, aber auch zur Dubarry, wenn er bei ihr weilte. Er hatte sich, ohne seine Vaterschaft offen einzugestehen, mit dem Mädchen herzlich angefreundet und blühte in ihrer Gegenwart stets auf, weil sie offenbar wirklich ein liebenswürdiges Geschöpf war, unbefangen-fröhlich wie ihre Mutter, nur eben besser erzogen. Angesichts dieser königlichen Sympathien und vor allem, da sie natürlich Agathe-Louises Herkunft kannte, begehrte die Dubarry diese illegitime Königstochter als Frau für ihren Neffen Adolphe du Barry.

Die Verbindung schien logisch, hatten doch schon seit tausend Jahren in allen großen Familien natürliche Töchter natürliche Söhne geheiratet oder doch Herren aus anrüchigen Verbindungen. Und Adolphes Vater war eine der übelsten Figuren des Jahrzehnts, praktisch ein adeliger Zuhälter, der aus einer Spielsalondirne die Comtesse Dubarry gemacht hatte. Seither beutete er nur noch die nun gegebenen weitreichenden Verbindungen aus, erbettelte dem ruinierten südfranzösischen Grafengeschlecht der du Barry neue Besitzungen und wurde wegen seiner eigenen Ausschweifungen nur *le Roué,* der Wüstling, genannt. Obwohl Ludwig wußte, daß der Sohn dieses Monstrums weit besser geraten sei als der

Vater, riskierte er einen der gefürchteten Zornesausbrüche seiner Mätresse und verweigerte Adolphe die Hand von Agathe-Louise. Er wollte die Tochter, die er liebte, eben nicht in jenes Milieu geraten lassen, in dem sie vielleicht auch bald ein Opfer des Roués geworden wäre. Die Entscheidung brachte freilich beiden kein Glück. Adolphe, Vicomte du Barry, fiel 1778 in einem Duell in Bath; Agathe-Louise starb sogar schon früher, am 6. September 1774, in ihrem Stadtpalais in der Rue des Saints-Pères. Unter den wenigen Dokumenten über Agathe-Louise und ihre Ehe befindet sich eine Korrespondenz, aus der hervorgeht, daß auf eine Mitgift in unbekannter Höhe 60 000 Livres aus der königlichen Privatschatulle angewiesen wurden, und daß der junge Marquis gleich nach der Hochzeit ein eigenes Regiment erhielt.

Noch teurer kam den König der Sohn aus der Verbindung mit der schönen O'Morphi zu stehen. Damit dieser Sohn schon bei der Geburt einen unverdächtigen Adelsnamen trage, hielt man Ausschau nach einem Provinzadeligen in bedrängter finanzieller Situation, an denen offensichtlich kein Mangel herrschte, und stieß auf die Beaufranchet d'Ayat, die von ihrem Gütchen in der Auvergne einen Jahresertrag von ganzen 800 Livres erwirtschafteten (eine Handwerkerfamilie in Paris brauchte im Jahr etwa das Dreifache). Beaufranchet d'Ayat tat seinem König den Gefallen, in der Schlacht von Roßbach im November 1757 zu fallen, so daß man sich bei der Taufe des Kindes keinerlei Zwang mehr anzutun brauchte. Als Pate fungierte Charles de Rohan, Prince de Soubise und Pair de France, ein Herr, der im Rang unmittelbar nach den Prinzen von Geblüt kam und sich für den Sohn eines Herrn Beaufranchet aus der Auvergne niemals interessiert hätte . . .

Dieser Sohn ist nun eine jener Gestalten, von denen man kaum begreift, daß sie nicht schon Romane und Dramen angeregt haben, daß bis heute kein Autor dieses einzigartige Sujet entdeckte, das obendrein in einem der meistgelesenen Memoirenwerke der Weltliteratur – nämlich bei Casanova – mit aller Deutlichkeit vor uns ausgebreitet wird. Louis Charles de Beaufranchet d'Ayat wird nämlich Offizier, ja General, er spielt eine sinistre Rolle bei der Hinrichtung seines Neffen, nämlich Ludwigs XVI., und er tritt erst dann in den Schatten neuer Zeiten, als sich seine Herkunft doch nicht mehr verleugnen läßt – der Vorzug, einen König zum Vater zu haben, hat sich nun in das Gegenteil verkehrt.

Die Karriere Beaufranchets kündigte sich geradezu brillant an: Königlicher Page 1771, Leutnantspatent 1774, als er gerade sechzehn Jahre alt ist(!), eine eigene Kompanie 1788. Im September 1792 ist er bei Kellermanns Sieg von Valmy so tapfer und umsichtig, daß ihn der spätere Herzog von Valmy zum *Chef d'état-major* macht, also zum Stabsoffizier. Gerade das aber wurde ihm gefährlich, denn nun kannte ganz Frankreich den Namen, und wenn auch inzwischen die Revolution die Familien vertrieben hatte, die bei Hof ein und aus gegangen waren, so mußte es doch ein paar Kundige gegeben haben, die zurückgeblieben waren. Am 30. Juli 1793 erhielt der General nämlich aus heiterem Himmel den Befehl, alle Funktionen niederzulegen und sich einen Aufenthaltsort zu suchen, der zwanzig Meilen von den Grenzen und von einer Armee entfernt sei; mit anderen Worten: Er war als Mitglied der Königsfamilie erkannt worden. Daß er nach Jahren in sehr beschränkten Verhältnissen, in denen er mit seinem unverdienten Schicksal haderte, doch wieder militärische Verwendungen erhielt und 1803 sogar Abgeordneter wurde, verdankt er dem durchaus zufälligen Umstand, daß Desaix, einer der erfolgreichsten Generale des ägyptischen Feldzugs, ebenfalls aus dem Dorf Ayat in der Auvergne stammte. Desaix machte den großen Korsen mit der besonderen Tragik Beaufranchets bekannt, und als Desaix in der Schlacht von Marengo von einer der ersten Kugeln tödlich getroffen wurde, empfand es Napoleon beinahe als Vermächtnis, den Bourbonensohn zumindest vor Verfolgung und Not zu bewahren.

Nur einer verschwindend kleinen Oberschicht war es möglich, sich einem nicht selten exzessiven Lebensgenuß hinzugeben. Versailles war eine Bühne, auf der jeder, der hier mitspielen durfte, seinen festen Part zu übernehmen hatte. Nur spärlich überdeckten indessen die Hierarchiekämpfe der Höflinge die Tatsache, daß der Absolutismus den Aristokraten längst das Rückgrat gebrochen hatte, daß sie in einem glanzvoll-blendenden Spiel nur noch die Statisten abgaben. – »Der Abschied«, ein zeitgenössischer kolorierter Kupferstich.

Die interessanteste Persönlichkeit unter den echten und angeblichen Töchtern Ludwigs XV. war die Dichterin und Revolutionsheldin Olympe de Gouges, die während der Schreckensherrschaft Robespierres 1793 hingerichtet wurde. – Zeichnung von P. Vidal aus dem 19. Jahrhundert.

Hatte Ludwig XV. zu den Müttern eine längere Beziehung, waren sie ihm menschlich näher gekommen und mehr als ein Abenteuer gewesen, dann interessierte er sich stets auch für die Kinder aus diesen Verbindungen. Das war den Müttern nicht immer willkommen, denn nach der absurd-schizophrenen Moral jener Zeit wurde es zwar durchaus akzeptiert, daß ein König Mätressen habe und ihnen Kinder mache; kaum aber endete die Liaison, dann war das Milieu der Verlassenen undiskutabel geworden, und übereifrige Beamte setzten alles daran, die Königskinder von ihren sittenlosen Müttern zu reißen und in Klöstern, Kadettenanstalten oder Waisenhäusern erziehen zu lassen. *La belle Morphise* war durch die Entfernung der Auvergne von Paris gegen dieses unmenschliche Verfahren geschützt, die Romans aber nahm mit dem ihr eigenen Mut den Kampf um ihre Kinder auf und scheute auch offene Worte nicht, wenn sie sinngemäß (in einer Eingabe) sagte, eine Frau, die dem König gut genug sei, mit ihr Kinder zu zeugen, müsse doch wohl auch als Erzieherin ihrer Kinder akzeptabel erscheinen.

Solch eine Sprache konnten die namenlosen Geschöpfe aus dem Hirschpark naturgemäß nicht riskieren, und wenn ich persönlich es auch für eine Legende halte, daß Ludwig XV. aus Sparsamkeit einzelne seiner unehelichen Kinder töten ließ, so steht doch fest, daß mindestens fünf Töchter der Obhut seiner Schwestern anvertraut wurden, eine Rente und eine Mitgift erhielten. Die Kindermorde sind aus verschiedenen Gründen mehr als unwahrscheinlich. Erstens war Ludwig tief gläubig, er war weich, faul und feige, aber doch keineswegs schlecht oder dumm, und zweitens gab es keinen Grund für solche Verbrechen, die ja doch nicht wirklich geheim bleiben konnten. Es stimmt zwar, daß sich Ludwig nur für seine Töchter interessierte, nicht für die illegitimen Söhne; aber was hinderte ihn, diese zu ignorieren? Wer konnte gegen einen König Unterhaltszahlungen einklagen? Ludwigs Kindermorde sind ebenso eine Legende aus den Revolutionsjahren wie der blutschänderische Verkehr mit dem eigenen Sohn, den man Marie Antoinette in Pamphleten und Anklageschriften vorwarf. Sogar Ludwig XV., der doch weiß Gott keinen Mangel an hübschen Mätressen hatte, sagte man nach, mit seiner eigenen Tochter Adelaide einen Sohn gezeugt zu haben. Selbst so haarsträubende Geschichten wurden ohne weiteres geglaubt, ja einer der größten Historiker Frankreichs, nämlich Jules Michelet, nahm die Möglichkeit, ohne sich von ihr zu distanzieren, in seine berühmte »Geschichte der Französischen Revolution« auf: »Man flüsterte einander ins Ohr, daß er (d. h. der Graf von Narbonne) die Frucht einer inzestuösen Beziehung des Königs mit seiner Tochter sei. Die Sache war nicht unwahrscheinlich . . . Eine Tochter des Königs, lebhaft und glutvoll, Polin wie ihre Mutter, opferte sich als eine neue Judith für das heroische Vorhaben (die Pompadour zu entthronen) . . . Sie bemächtigte sich ihres Vaters und beherrschte ihn eine Weile vollkommen, und das unter den Augen der Pompadour.«

Die Tatsache, daß Louis Comte de Narbonne-Lara (1755–1813) ein Sohn Ludwigs XV. war, wird, soviel ich sehe, in der Literatur nirgends bestritten. Er war seinem Vater aus dem Gesicht geschnitten; der Comte Narbonne und seine Frau, Hofdame von Ludwigs ältester Tochter, lebten seit Jahren getrennt, und Ludwig selbst, noch mehr aber seine Tochter Adelaide, gaben für den jungen Grafen im Lauf der Zeit ungeheure Summen aus. Eine Schuldenregelung für den eleganten Nichtstuer in Höhe von 164 000 Livres ist nur einer von vielen Posten, die in summa eigentlich nur zu erklären wären, wenn Narbonne wirklich Adelaides Sohn gewesen wäre. Und nur der Umstand, daß sie für zwei andere Söhne ihres Vaters ebenfalls große Summen ausgab – für den Abbé de Bourbon und für den Abbé le Duc – spricht für die Annahme, daß Ludwig sich der hochgeborenen Hofdame genähert habe und nicht seiner eigenen Tochter.

Narbonne ist von allen unehelichen Kindern, ja von allen Kindern überhaupt, die Ludwig XV. gezeugt hat, bei weitem die interessanteste Persönlichkeit, und seine großen Gaben sprechen eigentlich dafür, daß er nicht das Ergebnis eines Inzests ist, sondern tatsächlich die Gräfin Narbonne aus dem alten spanisch-franzöischen Geschlecht zur leiblichen Mutter hatte. Narbonne gehörte wie Mirabeau zu den Männern, die Frankreich durch eine konstitutionelle Monarchie vor dem Chaos einer ziellosen Revolution zu bewahren trachteten. Er wirkte in diesem Sinn mit Talleyrand und Madame de Staël zusammen, die beider Geliebte war,

Narbonne aber eine der stärksten Leidenschaften ihres Lebens entgegenbrachte. Als Narbonne unter Ludwig XVI. Kriegsminister wurde – er war damals erst 36 Jahre alt –, schrieb Marie Antoinette an den schwedischen Baron Fersen: »Endlich, seit gestern, ist Graf Louis de Narbonne Kriegsminister. Welcher Triumph für Madame de Staël, welche Freude für sie, die ganze Armee zur Verfügung zu haben.«

Als alle diese Bemühungen mißlangen, als die Jakobiner sich durchsetzten, verhalf die Staël ihrem Geliebten zur Flucht nach England, von wo er nach der *Terreur* zurückkehrte. Er wurde unter Napoleon General, Gesandter in Bayern und in Wien, Adjutant des Kaisers und endlich Gouverneur der Stadt und Festung Torgau, wo er 1813 dem Typhus erlag. Sein Geist, seine Eleganz und seine Geschicklichkeit in den verschiedensten Verwendungen lassen wieder einmal erkennen, wie oft aus frei gewählten Verbindungen eines Monarchen Söhne entstehen, die dem legitimen Thronfolger in jeder Beziehung überlegen sind. Keines der elf legitimen Kinder, die dem König geboren wurden, reichte auch nur im entferntesten an Narbonne-Lara heran. Hätte Ludwig XV. nicht immer wieder unbedeutende, wenn auch hübsche Frauen einer intellektuell anspruchsvolleren Verbindung vorgezogen, dann hätte man aus seiner Nachkommenschaft nicht nur die friedlich-stumpfsinnigen Abbés und die braven Töchter, sondern – ähnlich wie bei August dem Starken – mehr Erscheinungen wie den immerhin tapferen und militärisch begabten Beaufranchet und die glanzvolle Gestalt des Diplomaten Narbonne-Lara.

Die interessanteste Frau unter allen echten und angeblichen Töchtern Ludwigs, die Dichterin und Revolutionsheldin Olympe de Gouges, hat in ihren frühen Jahren stets bestritten, Ludwigs Tochter zu sein und scheint es, als man es ihr von allen Seiten einredete, nur zeitweise selbst geglaubt zu haben. Michelet und die berühmte Enzyklopädie von Firmin Didot Frères behaupteten Ludwigs Vaterschaft noch vor hundert Jahren. Olympe wäre dem schönen Mann auf dem Thron wohl angestanden, denn sie war nicht nur eine schöne Frau, sondern auch mutig und die Worte, die sie fand, als sie – neben den Menschenrechten – die Rechte der Frauen formulierte, verraten die natürliche literarische Begabung. Daß man auch dieses innerlich saubere, für eine bessere Welt glühende Menschenwesen aufs Schafott schickte, zählt mit der Ermordung der Madame Elisabeth zu den scheußlichsten Gewaltakten jener selbstzufriedenen Theoretiker, die sich im alleinigen Besitz der Wahrheit glaubten. Sie fehlen leider bei keiner Revolution . . .

Nachschrift: Da dieser Aufsatz und der über den Hirschpark das gleiche Thema behandeln und weitgehend den gleichen Personenkreis, ließen sich Wiederholungen umso weniger vermeiden, als die Aufsätze in DAMALS in der Distanz von mehreren Jahren erschienen. Ich habe dennoch nur wenig gekürzt, damit jeder Beitrag auch für sich allein gelesen werden könne.

Der Hirschpark

Ludwigs XV. vielumrauntes »Mädchenpensionat«

Nach der Eisernen Maske, die doch wohl keinen Zwillingsbruder des Sonnenkönigs dem Tageslicht entzog, und nach der angeblich erstürmten Bastille, deren Besatzung kampflos ganze sieben(!) Kerkerinsassen freigab, wäre die dritte der großen Legenden, die das Frankreich unserer Tage zerplatzen sieht, eigentlich *Le Parc aux Cerfs,* der Hirschpark, das vielumraunte Mädchenpensionat, das die Marquise de Pompadour ihrem königlichen Freund, dem fünfzehnten Ludwig, eingerichtet hatte – mit keineswegs pädagogischen Zielsetzungen. Aber je genauer man hinsah, je eifriger man forschte, um so deutlicher wurde, daß gerade der Hirschpark keine Legende ist, sondern Wirklichkeit war, und nicht zuvörderst ein Skandalkapitel der Sittengeschichte, sondern ein Stück Sozialgeschichte der Stadt Paris und des französischen Kleinbürgertums.

Um mit dem unbefangenen, dem garantiert unverdächtigen Zeugen zu beginnen, geben wir zunächst dem »Grand Larousse« das Wort, jenem herrlichen alten Lexikon, um das wir Frankreich beneiden müßten, gäbe es nicht auch bei uns noch guterhaltene Jahrgänge des alten »Meyer« zu kaufen, der seine sechste Auflage niemals übertroffen hat. In jenem »Larousse« also, der sein Alter nur durch ein zauberhaftes Jugendstil-Titelblatt von Grasset verrät, steht unter dem Stichwort *Parc aux Cerfs:* »Früheres Stadtviertel von Versailles, begrenzt von den Straßen Saint Martin, de Satory und des Rosiers, dem ein kleines Palais in der Rue Saint-Médéric seinen Namen verdankt. Es wurde 1755 von Ludwig XV. erworben, der dort seine kleinen Liebschaften *(maîtresses de passage)* unterbrachte. Es handelte sich um ein äußerlich eher unscheinbares Haus, man hatte es an der Stelle eines Schuppens für Jagdgerätschaften errichtet. Lebel, der Kammerdiener des Königs, brachte Mädchen von dunkler Herkunft oder schlichter Geburt in dieses Haus, wo sich der König eine Weile mit ihnen amüsierte, bis man sie mit einer Brautausstattung wieder wegschickte oder an einen gefälligen Mann verheiratete. Madame de Pompadour gilt als die Urheberin dieser Einrichtung, die dem König zu leicht erreichbaren Vergnügungen verhalf. Nach ihrem frühen Tod und mit dem Machtantritt der Dubarry, die sehr eifersüchtig war, wurde der Hirschpark geschlossen. Das Haus wurde 1771 verkauft.«

Hinter diesen wenigen Zeilen, die für ein so angesehenes Lexikon immerhin einen bemerkenswerten Effort an Offenheit darstellen, verbirgt sich sehr viel mehr, als der nur an den Galanterien des Jahrhunderts interessierte Leser vermuten würde. Allein schon das, was im »Larousse« als *naissance obscur* bezeichnet wird, führt sehr weit hinein ins Pariser Leben, und der *complaisant,* der gefällige Gatte solch einer Hirschpark-Insassin, der wiederum ist für die Lage des kleinen Adels jener Tage ein aufschlußreiches Indiz. Aber bleiben wir bei einer vernünftigen Reihenfolge, beginnen wir mit der Urheberin, jenem Fräulein Fisch, französisch Poisson, das zur Marquise de Pompadour aufstieg und diese Höhe nur hielt, weil sie eben immer wieder Einfälle hatte – Einfälle wie den Hirschpark zum Beispiel.

Obwohl ihre galante Mutter, selbst Mätresse eines Finanzmanns, die hübsche Jeanne-Antoinette von vornherein zur Laufbahn einer *maîtresse en titre* bestimmt hatte, fehlten dem vielversprechenden Mädchen dafür doch zwei Hauptvoraussetzungen: die Gesundheit und das Temperament. Ihre schwachen Bronchien brachten ihr eine Tuberkulose ein, die sie in mehr als zwei Jahrzehnten strapaziösen Hof- und Minnedienstes heroisch überspielte, ehe sie ihr, 43 Jahre alt, erlag. Der Mangel an Temperament hingegen hätte um ein Haar alles beendet, noch ehe es begonnen hatte, denn der bequeme König war von der ersten Liebesnacht enttäuscht; nur die guten Beziehungen der Familie Poisson zu dem allmächtigen Kammerdiener Lebel brachten Jeanne-Antoinette die Chance einer zweiten Probenacht ein, für die Mama die entsprechenden Ratschläge gegeben hatte und die denn auch ein Erfolg wurde.

Dies war an einem Rokoko-Hof wie dem des fünfzehnten Ludwig die eisenharte Wirklichkeit, Teil der Politik und damit auch der Historie. Nichts blieb geheim, alles wurde zum Ereignis, und so war es simpler Selbsterhaltungstrieb, der dieser ebenso klugen wie schönen Frau die Lösung mit dem Hirschpark eingab. Da sie selbst schon bald außerstande war, den Wünschen des Königs Nacht für Nacht nachzugeben, da sie andererseits aber zu einer wirklichen Freundin und Beraterin für ihn geworden war, hätte sie lediglich wegen dieser strapaziösen Nächte eine Position räumen müssen, wie sie weder vor noch nach ihr eine Mätresse innehatte. Natürlich wimmelte es am Hof von Versailles von schönen, gepflegten und geistvollen jungen Damen; aber die stammten eben aus großen Familien und hätten das Fräulein Poisson blitzschnell verdrängt. Es ging also darum, hübsche und appetitliche Geschöpfe zu finden, bei denen sich dieses Problem nicht ergab, und dem König die Vorteile dieses Novums klarzumachen: Die kleinen Pariserinnen ohne Namen boten ihm sexuell das, was er erwarten durfte, strapazierten ihn aber weder nervlich noch finanziell.

Ludwig XV. wäre nicht der *galant'uomo* gewesen, als der er in die Geschichte einging, hätte ihm dieses neue Spiel nicht Spaß gemacht. Er war zwar politisch – vor allem in seinen frühen Jahren – keineswegs so uninteressiert, wie man oft lesen kann, ja seine Auseinandersetzungen mit dem Klerus und dem Parlament lassen sogar ein beträchtliches Temperament erkennen. Aber zu wirklichem Engagement erwachte er doch nur dann, wenn er ein hübsches Gesicht, eine reizvolle Gestalt vor Augen hatte und herausfinden wollte, wer die Unbekannte war, wie man an sie herankommen konnte. Diesem Jagdinstinkt boten die *amours passagères* natürlich viel mehr Nahrung als die wohlbekannten Damen des Hofes, die sich – mit einer einzigen rühmlichen Ausnahme – ohnedies selbst anbo-

Jeanne-Antoinette Poisson (1721–1764), bekannt als Madame Pompadour, war die Initiatorin des vielumraunten Hirschparks. Hier konnte der König seine amourösen Eskapaden mit Mädchen aus dem Pariser Kleinbürgertum ausleben, ohne daß Madame Pompadour ihre Stellung als *maîtresse en titre* bedroht sehen mußte. – Zeitgenössisches Pastellgemälde von Maurice Quentin de La Tour.

ten. Wir besitzen köstliche Anweisungen an Lebel, die diesen königlichen Jagdeifer dokumentieren, etwa, als Ludwig einmal im Tuileriengarten ein schönes, herausgeputztes Mädchen mit einer etwas älteren Begleiterin eine Limonade kaufen sah. Die Folgerungen, die Ludwig auf Grund seiner Beobachtungen anstellte und Lebel unterbreitete, damit dieser wisse, wo er suchen solle, sind reinster Sherlock Holmes. Lebel hatte die Gesuchte denn auch bald gefunden, sie war tatsächlich in den Tuilerien spazierengeführt worden, damit der König sie bemerke, denn sie war eigens zu diesem Zwecke aus Grenoble gekommen. Dort hatte ihr nämlich ein windiger Abenteurer, der sich als Chevalier de Seingalt bezeichnete, aus dem Horoskop den Aufstieg zur königlichen Mätresse vorhergesagt. Die junge Dame ging als Mademoiselle de Romans in die Reihe der Königs-Geliebten ein, weigerte sich jedoch, im Hirschpark zu logieren. Sie gebar Ludwig den am 14. Januar 1762 getauften Louis-Aimé de Bourbon, das einzige illegitime Kind, das Ludwig anerkannt hat, den späteren Abbé de Bourbon, der 1787 in Neapel an den Pocken starb.

Der Chevalier de Seingalt, ungleich bekannter unter seinem italienischen Namen Giacomo Casanova, rühmt sich auch, nicht ganz ohne Grund, das Glück einer weiteren jungen Person gemacht zu haben, die allerdings nicht aus ungewissem Provinzadel stammte wie die Romans, sondern aus ärmlichsten Pariser Verhältnissen: Marie-Louise O'Murphy, eines von vier oder fünf Kindern eines irischen Flüchtlingspaares, die als Louison O'Morphi berühmt und bald nur noch *la belle Morphise* genannt wurde. Sie wurde am 21. Oktober 1737 getauft und muß, zum Unterschied von der Pompadour, mit einer eisernen Gesundheit begabt gewesen sein, denn sie überlebte Revolution, Konsulat und Empire und starb am 12. Dezember 1814. Als Casanova ihre Bekanntschaft machte, war sie eine schmuddelige Fünfzehnjährige, der ihre ältere Schwester, auf der Schwelle zwischen Schauspielkunst und Prostitution balancierend, soeben eingeschärft hatte, daß sie allerlei tun dürfe, daß ihre Jungfernschaft aber eine ganze Menge wert sei im verkommenen Paris. Der sparsame Venezianer begnügte sich also damit, die Kleine zu waschen und zu besichtigen, und machte einen Maler auf sie aufmerksam, und die galante Miniatur dieses schwedischen oder eher sächsischen Künstlers bekam der König zu Gesicht.

Louison O'Morphi war nicht in der Lage, Bedingungen zu stellen wie die Romans; sie zog im Februar 1753, also noch ehe Ludwig das Haus offiziell erwarb, im Hirschpark ein. Es kann sich aber auch um ein zweites Gebäude handeln, das später aufgegeben wurde. Louison war jener kindliche und noch ein wenig rundliche Typ, den Ludwig besonders liebte. Er brachte viele Abende bei ihr zu, wobei oft nichts anderes passierte, als daß er mit der frommen Irin betete. Er gab sich als polnischer

Graf aus (vielleicht, weil die Königin aus Polen stammte) und vermochte dieses Inkognito so lange zu wahren, bis die muntere Kleine auf einer Münze, die er ihr geschenkt hatte, sein Konterfei entdeckte.

Nun wurde Louison, zum Unterschied von den anderen Insassinnen des Hirschparks, sogar nach Versailles gebracht und von der Hofgesellschaft begutachtet. Sie hielt sich wacker, gab kecke Antworten und machte offenbar, daß die Strategie der Pompadour ihre Früchte trug. Warum sollte der König sich mit einer Comtesse aus einer der großen Familien einen Berg von Problemen und Ausgaben aufhalsen, wenn es im *bas peuple*, also in der Hefe der Stadt Paris, so appetitliche Geschöpfe von soviel Humor und Temperament gab?

Die Pompadour genoß diesen Triumph offensichtlich als den ihren; sie wußte, daß von der kleinen Irin keinerlei Gefahr drohte, ja sie empfahl das hübsche Mädchen sogar ihrem Lieblingsmaler, dem damals außerordentlich beschäftigten François Boucher. Man streitet heute gelegentlich darüber, welches der zahlreichen von ihm porträtierten weiblichen Hinterteile Louison zugehöre, aber daß sie sein Modell war, mitunter bekleidet, häufiger jedoch nackt, und daß sie in seinen Akademiesitzungen auch von Boucher-Schülern gezeichnet wurde, kann nicht mehr bezweifelt werden.

Ludwig liebte Louison zweifellos mit einer echten Neigung, denn daß sie etwa zwei Jahre lang im Hirschpark blieb, ist ebenso eine Ausnahme wie die glänzende Versorgung, die ihr zuteil wurde. Dies hatte seinen Grund allerdings auch darin, daß sie dem König zwei wohlgeratene Kinder schenkte, die ihrerseits wieder ein wenig Geschichte machten. Das erste war, wie uns der Herzog von Luynes in seinen wertvollen Memoiren bestätigt, ein Mädchen und kam am 10. Juli 1754 zur Welt – Louison war also erst siebzehn Jahre alt, als sie zum ersten Mal gebar. Das Mädchen erhielt den ebenso komplizierten wie geheimnisvollen Namen Agathe-Louise de Saint-Antoine de Saint-André, wurde in einem vornehmen Kloster aufgezogen und verkehrte wie selbstverständlich bei Hof. Niemand schien nach dem gefragt zu haben, was alle ohnedies wußten, und Ludwig, der an allen seinen Kindern sehr hing, verheiratete Agathe-Louise in die uralte und berühmte Familie der de la Tour du Pin. In ihrem Heiratsakt vom 27. Dezember 1773 wurde festgehalten, daß die Braut von sehr hoher Abkunft sei, daß die diesbezüglichen Dokumente jedoch aus besonderen Gründen nicht vorgelegt werden könnten. Die Mitgift wurde aus der Privatschatulle des Königs angewiesen, der Bräutigam erhielt ein Infanterieregiment . . .

Louisons zweites Kind war ein Sohn, und diese Schwangerschaft war es, die im Dezember 1755 die lange Liaison, die man kaum noch *passagère* nennen kann, beendete. Da eine Niederkunft im Hirschpark nicht ganz leicht zu bewerkstelligen war und das damit verbundene Kommen und Gehen von Ärzten und Hebammen in dem von Höflingen dicht bewohn-

Oben: 1752 malte François Boucher die damals ungefähr fünfzehnjährige Louison O'Morphi, eine der ersten und bei Ludwig XV. erfolgreichsten Insassinnen des »Mädchenpensionats« im Hirschpark. – Folgende Doppelseite: Eine Szene, in der sich das luxuriöse und galante Leben der höfischen Gesellschaft in der Spätphase des *Ancien Régime* spiegelt, schildert Carle Van Loo in seinem Gemälde »Le Déjeuner de chasse«.

ten Viertel bemerkt worden wäre, scheint der König Louison unmittelbar vor dem glücklichen Ereignis an einen *complaisant,* einen willfährigen Herrn von Stand, verheiratet zu haben: An Jacques de Beaufranchet, Seigneur d'Ayat oder d' Ayac, so benannt nach einem Weiler bei Riom, wo man noch heute ein Schloß erblickt. Beaufranchet galt als ruiniert, er hatte also praktisch keine Wahl, und Riom war angesichts damaliger Verkehrsverhältnisse tatsächlich weit, sehr weit von Paris entfernt. Trauzeuge war ein Günstling der Pompadour, nämlich der Prince de Soubise aus dem Hause Rohan, ausschweifender Lebemann im Pariser Marais, einer jener Marschälle, die Friedrich der Große dann für alle Zeiten lächerlich machte. Und gegen Friedrich kämpfte bald auch der mit 200 000 Livres sanierte Jacques de Beaufranchet. Er fiel bei Roßbach.

Die hübsche Louison, Malermodell, Königsliebchen und Mutter zweier Königskinder, war nun also Witwe und noch nicht viel über zwanzig Jahre alt; sie hatte einen untadeligen Adelsnamen, eine durch die Mitgift gerettete kleine Herrschaft und war wohl nur gehalten, sich in Paris nicht zu zeigen. Das war eine relativ milde Auflage, wenn man bedenkt, daß anderen Müttern ihrer Situation die Kinder weggenommen, die Korrespondenz geöffnet und auch die Freiheit der Bewegung aufs Äußerste beschnitten wurde. Man munkelte sogar von Kindestötungen – es gab schließlich schon eine ganze Menge illegitimer Bourbonen, und die Kassen waren durch die Kriege völlig leer.

Louisons Sohn hingegen darf, gewiß mit allerhöchster Billigung, eine Karriere im vollen Rampenlicht der Weltgeschichte machen. Seinen Geburtsakt hat man ein wenig frisiert, was schwierig war, weil der Vater so bald nach der Hochzeit fiel, aber als Louis de Beaufranchet, wie dieser Sohn natürlich hieß, sein Leutnantspatent erhielt, da ließ man die schüttere Tarnung schon fahren: Man schrieb 1771, und als Sechzehnjähriger Leutnant zu werden, das gab es im kleinen Provinzadel eben doch nur in den seltensten Fällen. 1778 finden wir ihn als Hauptmann und 1783 begegnet ihm in Fontainebleau Casanova, der ihn daran erkennt, daß Louis seiner schönen Mutter wie aus dem Gesicht geschnitten ist. Ohne ihm seine Herkunft zu entschleiern (»wozu ich mich nicht berufen fühlte«, wie Casanova es ausdrückt), trug er dem verdutzten Offizier lediglich Grüße an Louison auf und schrieb dem Hauptmann seinen Namen ins Soldbuch, damit er ihn nicht vergesse.

Beaufranchet d'Ayat, den man gelegentlich auch als Grafen bezeichnet findet, wird diesen hohen Adelsrang aber wohl kaum innegehabt haben, denn er erscheint 1790 als Mitglied eines Revolutionskomitees der Armee, wird 1792 Oberst und beginnt nun eine geradezu brillante Karriere. Bei Valmy, wo er unter anderem Goethe gegenüberliegt, zeichnet er sich so aus, daß er noch im selben Jahr zum Brigadegeneral ernannt wird.

Als am 21. Januar 1793 Ludwig XVI., nach einem Schauprozeß, mit der Guillotine gerichtet wird, haben drei verdiente Generale das Kommando über die dabei eingesetzten Truppen: Berruyer, Santerre und Beaufranchet, und es ist, wie zwei voneinander unabhängige Zeugen behaupten, nicht Santerre, sondern Beaufranchet, der jenen historischen Trommelwirbel befiehlt, in dem die letzten Worte Ludwigs XVI. untergehen, sein Volk also nicht erreichen. Auch später findet man Beaufranchet, obwohl er stets mit seinem Adelsprädikat »d'Ayat« zitiert wird, auf der Seite der Revolution, er zeichnet sich bei der blutigen Niederschlagung der Royalistenrevolte in der Vendée aus, als man plötzlich, im zweiten Jahr der Republik, an allerhöchster Stelle von seiner Abkunft hört. Nur seine Verdienste retten ihn vor dem Schafott, er wird lediglich dazu verurteilt, sich zwanzig Meilen von seinem Truppenteil zu entfernen und keine

Giacomo Girolamo Casanova (1725–1798), selbsternannter Chevalier de Seingalt, rühmte sich, daß es Louison O'Morphi nur durch seine Vermittlung zur königlichen Mätresse im Hirschpark gebracht habe. – Nach einem zeitgenössischen Porträt.

Verbindung zur Armee mehr aufzunehmen. Beaufranchet widerspricht nicht, sein Schreiben vom August 1793 an den »Citoyen Minister« ist von überraschender Fügsamkeit. Kein General reinen Gewissens würde sich auf diese Weise unterwerfen. Weiß er schon etwas? Hat Casanova doch geplaudert? Jahrelang ist Beaufranchet Dayat – so schreibt er sich nun, um den Adel zu kaschieren – völlig untergetaucht, erst im März 1798 verschafft ihm Napoleons kühner General Desaix eine Pension: Desaix, der sich in der Rheinarmee hohe Verdienste erworben hatte, stammte aus Saint Hilaire d'Ayat und kannte zweifellos die Geschichte der Beaufranchets, vermutlich sogar Louison selbst.

Damit setzte für Beaufranchet ein maßvoller Wiederaufstieg ein; er scheint nicht mehr sehr gesund gewesen zu sein, denn es bleibt bei Heimatverwendungen, er wird Abgeordneter für den Puy de Dôme und 1810 Generalinspekteur der Kavallerie-Depots, ehe er während einer Kur in Vichy am 2. Juli 1812 stirbt. So wie seine schöne Mutter den Kummer hatte, seinen Tod zu erfahren, mußte auch er wenige Jahre vor seinem Tod mit der Nachricht fertig werden, daß sein Sohn 1809 in Spanien gefallen sei. Für uns Deutsche ist interessant, daß Beaufranchet in zweiter Ehe die Witwe jenes Georg Ernst Grafen von Sayn-Wittgenstein geheiratet hatte, der ein Opfer der blutigen Septembertage der Französischen Revolution geworden war. In diesen Wochen wilden Mordens war übrigens auch seine Mutter in Gefahr geraten und als ehemalige Geliebte eines Königs von Frankreich in das berüchtigte Gefängnis von Sainte Pelagie gebracht worden. Ihre Schönheit reichte noch hin, sie zu retten. Sie heiratete als hohe Fünfzigerin den sehr viel jüngeren prominenten Revolutionär Louis Philippe Dumont, Abgeordneten aus dem Calvados, ertrug ihn aber nur genau so lange, als die Gefahr andauerte: 1796 ist sie schon wieder geschieden . . .

Es ist verständlich, wenn auch bedauerlich, daß sich die historische Forschung mit Hirschpark-Insassinnen erst dann eingehender beschäftigte, wenn diese dem König ein Kind geboren hatten. Erst die Vermischung mit dem im Lauf der Jahrhunderte recht dünn gewordenen Bourbonenblut macht all die hübschen Modistinnen, Putzmacherinnen und Fleischerstöchter für die Wissenschaft interessant. Heute denkt man darüber etwas anders und sieht in der Institution des Hirschparks auch die einzige Kontaktstelle zwischen König und Volk. Das klingt absurd und polemisch, trifft aber zu. Erst, als Ludwig schon todkrank war, benützte er eine kurze Erholungspause, um einige Bauern in der Umgebung von Paris zu besuchen. Bis dahin beschäftigte er sich, was seine Pariser betraf, lediglich mit einer nicht einmal repräsentativen Auswahl aus der weiblichen Jugend.

Das Verfahren war in allen Fällen etwa das gleiche. Die Initiative lag bei der Pompadour, die Durchführung bei dem einstigen Friseur Lebel; Kammerfrauen und Polizisten wurden bei Bedarf mit eingespannt. Die Direktiven jedoch kamen von Seiner Majestät persönlich. Ihm lag, bei seiner ahnungsvollen Furcht vor Ansteckung, vor allem an der Unberührtheit der Mädchen und am einwandfreien Lebenswandel der Familien, aus denen sie stammten. Das machte nicht selten monatelange Observation nötig, vor allem dann, wenn – wie bei den O'Murphy – vier oder fünf hübsche Töchter im Hause waren. Verdiente sich die Mutter ein wenig Geld mit einem Altwarenhandel, betrieb der Vater, dessen Unteroffiziers-Charge in Frankreich nicht anerkannt worden war, den Lebensunterhalt als Schuhmacher, so bildeten die ansehnlichen Töchter das einzige Kapital, und man mußte sich Klarheit darüber verschaffen, wie weit und in welcher Form von diesem Kapital bereits gezehrt worden war. Da die Polizei eingeschaltet wurde, bekam nicht nur Lebel die Berichte auf den Tisch, sondern auch der Minister d'Argenson, ein hartnäckiger Gegner der Pompadour, und seinen Memoiren verdanken wir die süffisanten Anmerkungen über den langsamen Fortschritt der Ermittlungen. Hin- und hergerissen zwischen Furcht und Begierde, gab der König schließlich wohl selbst das Signal, *la belle Morphise* in den Hirschpark zu bringen. Eine Kammerfrau überreichte der Mutter eine für deren Verhältnisse ansehnliche Summe, die Kleine wartete mit ihrem Köfferchen und im besten Staat

Ein zeitgenössischer Stich zeigt den Eintritt einer »Novizin« in das erotische Refugium Ludwigs XV., in das königliche »Mädchenpensionat« mit seinen keineswegs pädagogischen Zielsetzungen.

auf den Wagen, in dem Lebel saß. Alles ging geschwind, mitunter bei Nacht und ohne Livree oder Wappen vor sich, denn es gab schon damals ein paar unvernünftige Pariser, die der Meinung waren, Seine Majestät solle sich an die Hofdamen halten und die braven Bürgerstöchter in Frieden lassen.

Freilich machten diese kleinen Mädchen bei dieser Gelegenheit ihr Glück, angesichts der aus heutiger Sicht kaum mehr vorstellbaren Vermögensunterschiede. Eine Handwerkerfamilie in der Rue Saint-Antoine, einer der billigeren Gegenden von Paris, hatte für Wohnen und Essen etwa 2000 Livres jährlich zur Verfügung. Die Mitgift der Louison O'Morphi hatte jedoch 200 000 Livres betragen (nach anderen Quellen gar 400 000, was nicht glaubhaft ist, aber zeigt, was für möglich gehalten wurde). Selbst die Mädchen, die dem König keine Kinder beschert hatten, erhielten als Abschiedsgeschenk 20 000 Livres in Juwelen und ebensoviel für ihre Ausstattung. Das war der Fall bei den Beinahe-Namenlosen, von denen man nur wenig weiß, bei der Hénault, der Robert, der Nicquet. Hin und wieder gerieten die Mädchenfänger dabei an ein Mädchen von besonderen Qualitäten. »Die neue Freundin des Königs«, notiert d'Argenson, »ist eine Demoiselle Fouquet, Tochter einer Friseuse. Sie ist so hübsch und geistvoll, daß sie sehr wohl die Marquise von Pompadour verdrängen könnte« – eine Überlegung des Ministers, bei der wohl der Wunsch der Vater des Gedankens war. Die Fouquet verstand es sogar, zu malen, und wenn das Portrait aufgefunden würde, das sie von Ludwig XV. anfertigte, so hätte man zumindest eine künstlerische Antwort dieser sonst so stummen Mädchen in Händen . . .

Aber sie schwiegen, ihre Eltern schwiegen, und ohne jene alles überdauernde Polizei-Bürokratie wüßten wir von vielen nicht einmal die Namen. Sie lebten wie die Trappistinnen, wenn auch die Vorsteherin ihres Hauses im Hirschpark nicht gerade als Äbtissin bezeichnet wurde, sondern mit dem vieldeutigen Wort Intendantin. Die stumme Herrschaft der sauberen kleinen Mädchen, die ihr König mit nicht sehr sauberen Mitteln vor der Gosse bewahrte, endete, als ein Geschöpf aus der Gosse die Herrschaft in Versailles antrat: jene Jeanne Bécu, die noch drei weitere Namen trug, ehe sie einen ruinierten Grafen Dubarry heiratete, um zumindest für den König, wenn auch noch nicht für den Hof, akzeptabel zu sein. Und doch muß man sagen: Obwohl sie durch viele Hände gegangen war, ehe sie dem König einen allzu lebhaften Lebensherbst bereitete, wäre er gut beraten gewesen, ihr treu zu bleiben. Sein Seitensprung mit einer hübschen Schauspielerin brachte ihm die Pocken ein, an denen er nach qualvoller Agonie am 10. Mai 1774 starb.

Monsieur Arouet, genannt Voltaire

Opposition als Lebenskunst

Jedes Volk hat das Recht, sich selbst zu lieben und seine eigenen Tugenden und Vorzüge als die entscheidenden anzusehen; fügt es sich dann noch, daß diese Tugenden und Vorzüge in einem Mann oder in einer Frau sichtbar und überzeugend verkörpert sind, dann ist der Verehrung für diese Glücklichen in der Regel keine Grenze gesetzt. Als Voltaire im Februar 1778, etwa hundert Tage vor seinem Tod und nach Jahrzehnten des Exils, wieder in Paris einzog, bereitete ihm die Hauptstadt Ludwigs XVI. und der Marie Antoinette einen Triumph, wie er nie zuvor einem Literaten zuteil geworden war; die Stadt war wie im Taumel, man führte sein letztes Werk auf und eine Marquise drückte ihm den goldenen Lorbeer auf die Greisenstirn. Das *Ancien Régime* feierte einen der beiden Väter der Revolution, und sie starben beide sehr bald darauf, Voltaire am 30. Mai, Rousseau am 2. Juli des Jahres 1778. Diderot folgte ihnen sechs Jahre später, also auch noch Jahre vor dem Ausbruch des großen Sturmes.

Der seiner geistigen Führer beraubte Haufen der Revolutionäre, der sich in seinem Blutrausch auch noch eines Malesherbes, eines Mirabeau, eines Cazotte und anderer Liberaler entäußerte, konnte das alte Frankreich nicht durch ein neues ersetzen und schon gar nicht es vergessen machen. In seiner Spätzeit hat das *Ancien Régime,* eben weil es zur Kritik herausforderte, diese aber aus Freude am Geist tolerierte, jenen Dichtern zum Ruhm verholfen, in denen sich das verkörpert, was der Franzose als die besonderen Vorzüge seiner Nation ansieht: den lebhaften, kritischen Geist, die Eleganz souveräner Ironie und den Mut auch zu unbequemen Wahrheiten. Nach Montaigne, Montesquieu und Fénélon kulminierte die Begeisterung für die buntesten Blüten einer literarischen Opposition in der Verehrung für Voltaire, im Kult der Werke von Rousseau und in der Premiere der *Hochzeit des Figaro* von Beaumarchais. Alle drei Dichter aber waren zeit ihres Lebens die verwöhnten Söhne der alten Gesellschaft, und wenn man sie gelegentlich in die Bastille schickte oder in die Verbannung, wenn sie prozessieren mußten oder sich auf Schlösser außerhalb der königlichen Macht zurückzogen, so waren dies von der einen Seite die beinahe zärtlichen Strafen des väterlichen Königtums und von der anderen Seite das Schmollen eines Kindes, das noch weit davon entfernt ist, Feuer an das Elternhaus zu legen. Im achtzehnten Jahrhundert nahm man einander nichts so übel wie Humorlosigkeit oder sturen Ernst; man suchte die Leichtfüßigkeit und die Eleganz der chevaleresken Fortbewegung zu Pferd auch in allen anderen Lebensäußerungen, und da die Jagd beinahe der einzige Sport war, der betrieben wurde, prägten die adeligen Vergnügungen – den meisten unbewußt – auch den Umgang mit geistigen Dingen. Der Kunstgenuß und die Ideen waren das kostbare Wild, das man abends in den Salons tranchierte. »Es gibt in Paris«, schrieb Voltaire 1732 an einen jungen Schriftsteller, der bald darauf starb, »eine große Zahl kleiner Gesellschaften, an deren Spitze irgendeine Frau steht, die – wenn

François Marie Arouet, genannt Voltaire (1694–1778) im Alter von 24 Jahren nach einem 1718 entstandenen Gemälde von Nicolas de Largillière (1656–1746).

Ninon de Lenclos, die mütterliche Freundin Voltaires, die ihm in ihrem Testament einen Geldbetrag zum Ankauf von Büchern vermachte. – Jugendliches Porträtgemälde der Lenclos.

ihre Schönheit sich zum Untergehen anschickt – die Morgenröte ihres Geistes leuchten läßt . . . Wenn Sie es unterlassen, in der Reihe der Höflinge zu stehen, stehen Sie in der der Feinde, und man wird Sie zerschmettern.«

Als Voltaire dies schrieb, war er siebenunddreißig Jahre alt. Er hatte elf Monate in der Bastille zugebracht wegen eines Pamphlets, das er weder geschrieben, noch auch nur gelesen hatte, und später noch einmal vierzehn Tage, nun aber seiner eigenen Satiren wegen. Er hatte mit Tragödien, die zu Recht vergessen sind, und mit Komödien, die man durchaus auch heute spielen könnte, schnell Dichterruhm geerntet, war aus Frankreich verbannt worden und hatte in Holland die Liebe und in England die Demokratie kennengelernt. Aber trotz dieser bewegten Lehrjahre hat man den Eindruck, der junge Arouet sei eigentlich schon gewesen, was wir in ihm sehen, als er die beste Schule seiner Zeit verließ, das von den Jesuiten mit Lehrern beschickte Licée Louis-le-Grand. Was diese besten Köpfe des damaligen Europa ihm nicht vermitteln konnten oder absichtlich vorenthielten, das erfuhr und lernte er in einem seltsamen Kreis von wohlhabenden und gebildeten Epikuräern, in den ihn sein Patenonkel, der Abbé de Châteauneuf, einführte, als der spätere Voltaire gerade zwölf Jahre zählte.

Der Abbé war es auch, der zum Entsetzen des Vaters, eines wohlhabenden Notars, den Jungen mit der berühmtesten Kurtisane von Paris bekannt machte, mit Ninon de Lenclos. Im Grunde war das weitgehend ungefährlich, denn Ninon zählte inzwischen fünfundachtzig Jahre und war von der besten Pariser Gesellschaft voll akzeptiert, aber Papa Arouet, dem die Frau gestorben war, fühlte nun auch den Sohn entgleiten. Ninon starb und hatte nicht vergessen, in ihrem Testament einen Betrag, der in der Kaufkraft etwa dreieinhalbtausend Mark gleichkommt, für den jungen Arouet auszusetzen. Er habe ihr gefallen, und es sei ihr ein lieber Gedanke, daß er sich von diesem Geld nun Bücher kaufen werde.

Marguerite d'Aumard, Voltaires Mutter, war gestorben, als er sieben Jahre zählte; sein Vater starb, noch ehe Voltaire dreißig wurde. Aber er hatte inzwischen neue Mütter in adeligen Damen, die ihm ihre Börsen und ihre Schlösser anboten, und neue Väter in den feinen Herren des Temple-Kreises, wo man dem Hof mit ironischer Distanz gegenüberstand, auf gute Manieren und auf eine gewisse Freizügigkeit im Geist und in der Gesamtanlage der eigenen Existenz Wert legte.

Nach milden Verbannungen in und außerhalb Frankreichs, nach der Bastille, die einen jungen Literaten erst interessant machte, fand Voltaire die Erholung vom frühen Ruhm auf Schloß Cirey in Lothringen, wohin

Zehn Jahre lebte Voltaire bei Emilie Marquise du Châtelet auf deren Schloß Cirey. Erst ihr Tod 1749 beendete eine der eigenartigsten Mann-Frau-Beziehungen der Geistesgeschichte. – Emilie Marquise du Châtelet nach einem Stich von Petit.

sich die Häscher des fünfzehnten Ludwig nicht begeben konnten, auch wenn man ihm sein 1734 publiziertes Werk über England und die Engländer wegen deutlicher Spitzen gegen Frankreich sehr übel nahm.

Zehn Jahre auf einem Schloß, das kann für einen Pariser die Verbannung, ja das Gefängnis bedeuten. Daß es nicht so wurde, verdankte Voltaire (wie so mancher andere vor und nach ihm) der Schloßherrin, Emilie Marquise du Châtelet (1706–1749). Im siebzehnten Jahrhundert hatten einige große Abenteurerinnen und ein Halbdutzend von Mätressen das verkörpert, was man zu einem Frauenbild des Jahrhunderts zusammensetzen konnte; das achtzehnte Jahrhundert ist das erste, in dem die weibliche Vielfalt die Palette der Männer erheblich übertrifft, und das nicht nur in Frankreich. Man versuche nur einmal, aus einem Briefband jener Zeit die Schreiberinnen und die Empfängerinnen wegzudenken: Wie öde würden die Herren der Schöpfung vor sich hinraisonnieren!

Die Marquise war eine junge Frau, als sie an Voltaires Seite trat, und erst der Tod beendete eine der eigenartigsten Mann-Frau-Beziehungen der Geistesgeschichte, eine Beziehung, in der für Voltaire der geistigen Reife nun auch die menschliche folgte, in der er zum Mann wurde.

Was Voltaire bis zum Beginn dieses angenehmen Exils geschrieben hatte, war im wesentlichen formal und gedanklich hervorragende Modedichtung, ein Halbdutzend Tragödien, die nicht alle positiv aufgenommen wurden, dazu ein wenig Satire und just soviel politische Kritik an den Zuständen und Systemen seines Heimatlandes, um das Interesse an dem jungen Bonvivant wachzuhalten. Über das Jahrhundert hinaus hätte allenfalls seine Biographie Karls XII. von Schweden gewirkt; eine kunstlose, aber gedankenreiche Studie über Toleranz am falschen Objekt, war doch der junge und emphatische Schwedenkönig ein Monarch von zeitüblicher Gnadenlosigkeit und allein schon durch die grausame Hinrichtung des baltischen Diplomaten Patkul vor dem Gewissen der Welt belastet.

Dieses Gewissen aber hieß noch nicht Voltaire, und wie dieser Denker und Spötter sich zunächst einen Ruf aufbaute, danach die wirtschaftliche Unabhängigkeit und endlich den sicheren Port – das ist vollendete Lebenskunst, das ist eine Lebensführung, aus der sich der Katechismus erfolgreicher Opposition unter dem Absolutismus destillieren ließe – zumindest für ein Land, dessen Souverän seinen Kritikern intellektuell in solchem Maße unterlegen, an Manieren aber im gleichen Maße überlegen war. Selbst die Pompadour nährte an ihrem imposanten Busen undankbare Spötter wie den rundlichen Abbé de Bernis, und das ganze Glitzervolk von Versailles kannte kein größeres Vergnügen, als unehrerbietige oder gar kritische Bonmots zu kolportieren, gegen wen immer sie gerichtet waren.

Angesichts dieser zwar nicht proklamierten, aber praktizierten Toleranz aus Freude am Geist mußte ein Literat, der in Lothringen so weit vom

Lesung eines Voltaire-Dramas im Pariser Salon der Madame Geoffrin, einer der Gönnerinnen des Dichterfürsten. In der Mitte Voltaires Büste. – Gemälde von Lemonnier.

Schuß saß, ein schweres Kaliber wählen, um sich bemerkbar zu machen. Also griff Voltaire mehr aus Berechnung denn aus Überzeugung die mit Agnes Sorel reinste Lichtgestalt der französischen Geschichte an – die Jungfrau von Orléans.

Voltaires langes Gedicht auf *La Pucelle* war keineswegs der erste Angriff auf diesen Mythos, aber der erste gelungene. Voltaire gab sich den literarischen Gestus einer Parodie auf das damals vielgelesene akademische Pucelle-Gedicht von Jean Chapelain, hatte aber eigentlich die Kirche selbst im Visier. Er sah in ihr die retardierende Kraft, die Frankreichs mittelalterliche Traditionen zu bewahren und die Aufklärung an ihrem Sieg zu hindern trachtete.

Hat man solch einen Kampf einmal begonnen, dann gewinnt er sein eigenes Leben, seine eigenen Gesetze und benimmt dem Autor die Möglichkeit, in den Bereich der reinen Dichtung, der *littérature pure* zurückzukehren. Voltaires *Pucelle* war ein Vierteljahrhundert vor der ersten autorisierten Ausgabe schon in zahlreichen unter der Hand kursierenden Einzelgesängen bekannt geworden, war durch Raubdrucke vergröbert verbreitet, kurz, eine ausufernde Sensation, deren Folgen Voltaire nicht mehr überblickte. Die in ihrer Art einzig dastehende Geistfreundschaft und Lebensgemeinschaft mit der Marquise du Châtelet deckte ihm bei diesen ausgedehnten publizistischen Kämpfen nicht nur den Rücken, sie wären ohne das Dauergespräch mit dieser bemerkenswerten Frau wohl auch kaum durchzustehen gewesen. Für seine Existenzbasis hatte Voltaire freilich inzwischen selbst gesorgt: »Mit Wertpapieren, Rentenverschreibungen, Pensionen, Transaktionen verstand er ebenso meisterhaft umzugehen wie mit Versen und Reimen. Voltaire ist sicher der reichste Literat aller Zeiten gewesen.«

Dieser Satz, den Werner Langer 1949 niederschrieb, ist durch die Medienvielfalt unserer Tage freilich überholt, weil heute eine gute Kurzgeschichte, etwa von Somerset Maugham, bis zu einem Halbdutzend Verfilmungen, Fernsehaufführungen und andere Nutzungen findet. Sicher aber ist, daß Voltaire jener Rücksichten enthoben war, die noch sein Vorbild Lodovico Ariosto und die meisten seiner Zeitgenossen beachten mußten, wollten sie nicht arme Schlucker bleiben.

Statt Mäzenen zu schmeicheln, konnte Voltaire bald selbst den Mäzen abgeben, wenn die Begünstigten dies auch nicht immer verdienten: Der Literat Thiériot, dem Voltaire den Gesamtertrag seiner Englandberichte überlassen hatte, führte im Grunde ein Schmarotzerdasein auf Kosten Voltaires und Friedrichs des Großen, für den er ebenfalls den Korrespondenten machte.

Bei Hof schadete Voltaire die *Pucelle* zunächst nicht, erstens, weil der zu Entscheidungen weitgehend unfähige Ludwig XV. immerhin behaupten konnte, das skandalöse Werk sei ja noch gar nicht publiziert und man habe Voltaire schon einmal unschuldig eingesperrt, zum andern aber, weil Ludwig innerhalb Frankreichs die größten Schwierigkeiten mit dem Klerus hatte, der sich allen Verwaltungs- und Steuerreformen widersetzte und Ludwigs Mätressenwirtschaft zum Vorwand nahm, den König von den Kanzeln herab anzugreifen. So finden wir Voltaire also schon 1745 als königlichen Hof-Historiographen, wozu seine Arbeiten über den Sonnenkönig zweifellos beigetragen hatten. 1746 wählt man den nun immerhin Zweiundfünfzigjährigen in die *Académie Française*, und Ludwig macht ihn zum *Gentilhomme de la Chambre du Roi,* eine bemerkenswerte Sinekure für einen oppositionellen Literaten. Zweihundert Jahre später, in erklärtermaßen demokratischen Staaten mit vorbildlichen Verfassungen, wird man so manchen Oppositionellen daran hindern, Volksschullehrer zu werden . . .

Dennoch sucht Voltaire offensichtlich auch die Verbindung zu anderen Höfen. Der nächstgelegene, erfreulichste zudem, ist der kleine Hof von Stanislas Leszczyński, dem polnischen Exkönig und Schwiegervater des fünfzehnten Ludwig. Es ist ein Musenhof voll Kultur und Lebensart, wie wir noch heute aus den geschmackvollen Fassaden in Nancy ablesen können. Der andere Hof aber war, ein wenig überraschend, der des großen Friedrich in Potsdam, wohin sich Voltaire ein Jahr nach dem frühen Tod von Madame du Châtelet begab.

Obwohl wir in dem Ende des Exils von Schloß Cirey einen tiefen Einschnitt im Leben Voltaires erblicken dürfen, kommt der Entschluß, den wiederholten Einladungen Friedrichs zu folgen, in diesem Zeitpunkt doch überraschend. Voltaire hat mit der ihm eigenen imponierenden Ordnungsliebe ein neues Foyer gefunden. Er hat in seinem Pariser Haus um sich versammelt, was von seiner Familie dazu bereit war, und fühlte sich, ohne eigene Kinder zu haben, als *père de famille.* Das Kleinod in diesem neu gewonnenen Kreis war Madame Denis, Voltaires älteste Nichte, eine junge, hübsche und geistvolle Witwe, die ihre Sympathie für den bedeutenden Onkel ohne Scheu erkennen ließ. Ihn nach Preußen zu begleiten, war sie gleichwohl nicht bereit, aber die Trennung scheint ihr über ihre eigenen Neigungen die Augen geöffnet zu haben, denn als drei Jahre später Voltaire in Frankfurt ihre Hilfe braucht, eilt sie zu ihm und weicht fortan bis zu seinem Tod – fünfundzwanzig Jahre später – nicht mehr von seiner Seite.

Der Francophilie des großen Friedrich mußte Voltaire mit seinem klaren und anziehenden Verstand nicht nur als ein Bruder im Geiste erscheinen,

Die Tafelrunde Friedrichs des Großen mit Voltaire als Teilnehmer (2. links vom König). Die Szene spielt im runden Mittelsaal des Schlosses Sanssouci. Mit diesem Gemälde schuf Adolph von Menzel eines der berühmtesten Historienbilder des 19. Jahrhunderts, das im Zweiten Weltkrieg verlorenging und nur in einer Kopie erhalten ist.

sondern als der ersehnte Prüfstein für alles, was Friedrich selbst in seiner universellen Bemühung um Frankreichs Sprache und Literatur hervorgebracht hatte. Das Problem der Beziehung des Preußenkönigs zu Frankreichs *Poeta laureatus* war aber eben darum durch eine immense Erwartung auf seiten Friedrichs vorbelastet, zum andern aber dadurch schwierig, daß Voltaire sich zu Friedrichs literarischer Produktion bestenfalls so verhalten konnte wie die gefeierten Poeten Roms zu den ehrlich bemühten Dichtern der spanischen Provinz oder auch Galliens. Kompliziert wurde die wechselseitige Annäherung zudem dadurch, daß Voltaire ja keineswegs der erste Franzose im Kreis um Friedrich war. Da gab es nicht nur Maupertuis, den Voltaire schließlich kurz und klar als seinen Feind bezeichnet, da gab es auch zwanzigtausend Hugenotten, die noch keineswegs assimiliert waren, weilten sie doch erst ein halbes Jahrhundert in Brandenburg-Preußen. Die französische Kultur, die einen Voltaire in Potsdam empfing, war somit ziemlich eindrucksvoll, und seine ersten Briefe berichten begeistert, daß man seine Tragödien – natürlich in der Originalsprache – einstudierte und spielte, wobei Friedrichs Bruder Heinrich ein völlig akzentfreies Französisch gesprochen habe.

Bald aber folgten diesen euphorischen Erlebnissen die ersten Enttäuschungen und damit die Wirkung erster Intrigen. Friedrich, in gewissem

Voltaires Verhaftung in Frankfurt und die Durchsuchung seines Reisegepäcks. Gemälde von Claude Jacquand.

Sinn einsam, verletzlich und ungeduldig nach Voltaires übergenauer vertraglicher Vorbereitung der Preußenreise, war zweifellos ein sehr ungeeignetes Objekt für die spöttischen Emanationen des Voltaireschen Geistes. Und da dieser Geist sich anders kaum äußern konnte, da die Ironie zu Voltaires persönlichster Sprache geworden war, hatten die mediokren Zwischenträger am Potsdamer Hof wenig Mühe, den arroganten, enttäuschten und heimwehkranken Voltaire zum Entschluß der Rückreise zu bringen. Diese wurde natürlich, da Voltaire sich den Sechzig näherte, gesundheitlich motiviert, eine Badereise, die niemanden zu verletzen brauchte – außer Friedrich, der längst gekränkt war: durch Verse und durch ein Dramolett, das gegen Maupertuis gerichtet war, aber natürlich auch Friedrich getroffen hatte. Voltaire reiste über Leipzig ab nach Frankfurt, als Friedrich einfiel, der Dichter habe königliche Poesien im Gepäck, deren Publikation Preußens heiklen Beziehungen zu anderen Monarchen erheblich schaden könnte.

Voltaire wurde deswegen in der Freien Reichsstadt Frankfurt verhaftet (da fackelte Friedrich nicht lange: Friedrich von der Trenck holte er sich bekanntlich aus Danzig). Preußens Geschäftsträger Freytag betrug sich wie ein Elefant im Porzellanladen, ließ Voltaire in seinem Gasthof bewachen und Madame Denis, die dem alten Onkel zuhilfe geeilt war, in einem anderen. (Dabei erboste es Voltaire besonders, daß eine der fünf Wachen, die Freytag für nötig gehalten hatte, um die hübsche Französin an der Flucht zu hindern, die Nacht befehlsgemäß im Zimmer der Madame Denis zubrachte.)

Deutsche Kommentatoren haben Voltaires Aufregung belächelt; man hat seinen Hilferuf an den Kaiser – dem Frankfurt unterstand – als wehleidig zerpflückt, weil Voltaire dramatisierend von sich selbst als einem sterbenden Greis gesprochen hatte. Ein Mißgriff bleibt die Aktion Friedrichs in Frankfurt gleichwohl, und als endlich die gesuchten Poesien mit dem Gepäck aus Leipzig eingetroffen und Herrn Freytag übergeben worden waren, wußte ganz Frankreich aus Voltaires larmoyanten Briefen an die vorausgereiste Madame Denis, wie in Deutschland französische Geistesgrößen behandelt wurden. Ludwig XV. durfte sich bestätigt sehen, hatte er doch auf Voltaires Bitte um die Ausreiseerlaubnis lakonisch geäußert: »Warum nicht? Ein Narr in Potsdam mehr, ein Narr bei uns weniger, was macht das schon aus!«

Voltaire hatte sich zwischen zwei Stühle gesetzt, aber er hatte auch erkannt, daß er zu alt für das abenteuerliche Schicksal eines Hofpoeten sei, gleichgültig, ob es sich um Versailles handle oder um Berlin. Also ließ er sich Zeit, reiste mit gemächlichen Pausen und schob einen langen Aufenthalt in einem alten Benediktinerkloster ein, wo er, der längst an seinem tödlichen *Dictionnaire philosophique portatif* arbeitete, die Mönche

Ferney bei Genf wurde seit 1759 Voltaires Alterssitz. Das Gemälde von Jean Huber trägt den Titel: »Voltaire unterhält sich mit den Bauern von Ferney«.

von Senones für seine antiklerikalen Studien schwere Folianten schleppen ließ. Nach Lyon und den Triumphen in dieser aussichtslos mit Paris rivalisierenden Stadt fixierte er sich zunächst in Genf, ehe er fand, was er brauchte: zwei benachbarte Besitzungen in Frankreich und in der Schweiz, so daß er, stets auf eigenem Grund bleibend, sich den Verfolgungen des Königs, aber auch der Genfer Calvinisten entziehen konnte. Es handelte sich um die Grafschaft Tournay mit allen Herrschaftsrechten und um das Schloß Ferney, wozu noch ein reizendes Sommerhaus im Bereich von Genf und ein Stadthaus in Lausanne kamen. Man brauchte also einige Mittel, um sich als freier Mann fühlen und weiterhin Satiren schreiben zu können, aber Voltaire verfügte über diese Möglichkeiten, soweit man sieht, als einziger Dichter in seinem Jahrhundert. Rousseau, dem die Königsmacht ebenfalls auf den Pelz rückte, hatte er doch mit seinen Schriften noch viel unmittelbarer als Voltaire in die Auseinandersetzungen um eine Erneuerung der Staatsformen eingegriffen – Rousseau hatte immerhin das Glück, daß ihn hochmögende Gönner stets rechtzeitig warnten und ihm, wenn ihre eigenen Schlösser nicht mehr sicher genug waren, einen Fluchtweg nach Lothringen oder in die Schweiz eröffneten.

Mit vierundsechzig Jahren, in einem Alter, da andere sich zur Ruhe setzen, hatte Voltaire die Lebens- und Existenzform gefunden, die seinen Neigungen und Bedürfnissen entsprach, und er richtete sich ein, als habe er noch Jahrzehnte vor sich. Neben Madame Denis war noch eine zweite, jüngere Nichte zu ihm gestoßen, zudem fehlte es nicht an Freunden, an Verehrerinnen, an Besuchern. Man lebte in einem Jahrhundert, in dem man reisen *mußte,* um die Berühmtheiten kennenzulernen, weil es Medien, die sie ins Haus bringen konnten, noch nicht gab. Der Patriarch von Ferney wurde von der Bevölkerung seines Schloßgutes und seiner Grafschaft keineswegs als Dichter verstanden, sondern als der Wohltäter, der seine Besitzungen ausgezeichnet verwaltete und neben einer immensen Korrespondenz und täglichem Cercle noch Zeit für all diese Geschäfte und Reformen fand.

Die trefflichste Nutzung dieser großen und neuen Freiheit, der endlich gewonnenen Sicherheit aber muß man darin erblicken, daß Voltaire sich keineswegs mit seiner olympischen Souveränität begnügte, sondern sich mit dem Verve eines jungen Literaten in den Streit der Meinungen warf, wenn er Hilflos-Unschuldige im Apparat der von König und Kirche abhängigen Justiz zugrundegehen sah. Voltaires Engagement in den Affairen Calas, Sirven, de la Barre und des Grafen de Lally führte nicht immer zu glanzvollen Siegen. Als der protestantische Kaufmann Calas beschuldigt wurde, seinen Sohn erhängt zu haben, damit dieser nicht zum Katholizismus übertreten könne, kam die Intervention zu spät. Das absurde Urteil erging, Calas wurde hingerichtet. Aber Voltaire kämpfte drei Jahre für die volle Rehabilitierung und die Rückerstattung des Erbes an die Familie. Auch der Fall Sirven liest sich heute wie eine grausige Groteske: Dieser Protestant hatte drei Töchter; die zweite nahm ihm der Bischof weg und steckte sie in ein Kloster, um sie einem Übertritt geneigt zu machen. Trotz aller Drangsale blieb sie ihrem Glauben treu, doch litt sie unter der in ihrem Fall besonders strengen Klosterzucht und den Zweifeln so sehr, daß sie verrückt wurde und, als man sie daraufhin entließ, zuhause in den Brunnen sprang. Prompt wurde Sirven angeklagt, seine Tochter ersäuft zu haben, damit sie nicht katholisch werde (wozu sie schließlich im Kloster lange genug Gelegenheit gehabt hätte). Sirven floh zu Voltaire nach Ferney, seine zurückgebliebenen Töchter wurden als Mittäter verhaftet. Voltaire kämpfte fünf Jahre für die Rehabilitierung Sirvens, aber als er gesiegt hatte, war Madame Sirven vor Kummer und Aufregungen gestorben.

Diese und andere Fälle hatten Voltaire einen Ruhm gebracht, der den des Dichters und des Philosophen weit überstieg. Der Patriarch von

Ferney, dem selbst Mitglieder regierender Häuser ehrerbietige Besuche abstatteten, der seine Stücke in einem eigenen Theater spielte und mit der ganzen Welt korrespondierte, war das Gewissen der Welt geworden – in einem Augenblick, da Frankreichs Königtum seinen letzten moralischen Kredit verspielt hatte, weil eine Salondirne den Staat beherrschte und die Minister ernannte.

Was Voltaire selbstlos für einfache Menschen und andere Verfolgte getan hatte, ohne daraus auch nur den geringsten Vorteil zu ziehen, hatte die Kritiker verstummen lassen, die seinen Charakter als wankelmütig, seine Lebensführung als berechnend, seine Spottlust als lediglich zersetzend bezeichnet hatten. Den wohlklingenden Versen seiner Tragödien waren in einem Französisch von größter Klarheit Parabeln und Prosasatiren gefolgt, die sich den Weg ins Volk gebahnt hatten. Voltaire schrieb nicht mehr für die Salons von Paris, er trug in der brillantesten und dabei unterhaltsamsten Form seine Ideen zu allen Franzosen, ob es nun um den *Zadig* ging oder um *Candide,* der auf den Wogen eines unwandelbaren Optimismus durch die angeblich beste aller Welten schiffte. Man sammelte bei seinen Lebzeiten für ein Denkmal, das der Bildhauer Pigalle schaffen sollte und das sein Hauptwerk wurde: die nackte Statue des greisen Voltaire.

Links: Die letzte große Huldigung an den greisen Voltaire: Der Schauspieler Brizard krönt ihn mit einem Lorbeerkranz. – Rechts: Voltaire beim Aufstehen. Gemälde von Jean Huber.

Als hätte er seinen Tod vorausgeahnt, begab sich Voltaire im Februar 1778 auf die damals doch noch recht beschwerliche Reise von Ferney nach Paris. Er zählte dreiundachtzig Jahre, seit achtundzwanzig Jahren war er nicht in seiner Heimatstadt gewesen. Daß seine geliebte Nichte die größere Sehnsucht nach Paris gehabt habe, scheint der Grund für diese späte Heimkehr gewesen zu sein, jedenfalls eher als das unterschwellige Verlangen nach einer letzten, rauschenden Huldigung. Die *Comédie Française* bereitete die Aufführung von Voltaires letzter Tragödie *Irène* vor, und der Dichter las, munter wie stets, seinen Freunden den fünften Akt des Werkes vor, im Stadtpalais des Marquis de la Villette an der Quai-Ecke der Rue de Beaune, wo Voltaire und seine Nichte Wohnung genommen hatten. Man drängte und bedrängte ihn, sein treuer Leibarzt Tronchin flehte den Marquis an, seinen greisen Gast zu schützen und wandte sich schließlich in einem offenen Brief an die Pariser, in dem er, Wochen vor Voltaires Ableben, dessen Tod voraussagte, wenn man ihn weiterhin solchermaßen überfordern werde. Dann begann Voltaire Blut zu husten, mußte die Aufführung seiner Tragödie in einem Salon des Palais Villette ansehen und starb am 30. Mai 1778, gegen elf Uhr abends, in den Armen seines Neffen, des Abbé Mignot.

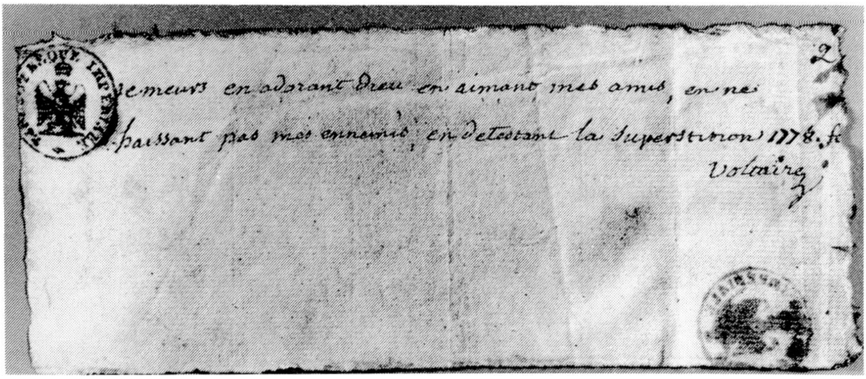
je meurs en adorant dieu en aimant mes amis, en ne
haissant pas mes ennemis, en detestant la superstition 1778. fe
Voltaire

Die Umstände, unter denen Voltaire am 28. Februar 1778 im Hause des Marquis de Villette seine berühmte »Beichte« ablegte, sind nie eindeutig geklärt worden. Er schrieb: »Je meurs en adorant Dieu, en aimant mes amis, en ne haissant pas mes ennemis, en detestant la superstition. – Ich sterbe in Anbetung Gottes, in Liebe zu meinen Freunden, ohne Haß gegen meine Feinde und in Ablehnung des Aberglaubens.«

Da Voltaire sich auf seinem Totenbett zwar zu Gott bekannt, aber den Aberglauben und die Intoleranz verurteilt hatte, brach nach seinem Tod ein Streit zwischen der *Académie Française* und der Kirche aus, der zu einer Beisetzung von Voltaires Asche außerhalb von Paris führte und zu betonten Würdigungen durch die Akademiker, die zu Voltaires Ehren eine Preisaufgabe stellten. Friedrich der Große, über solche Querelen erhaben, ließ jedoch in der katholischen Kirche in Berlin eine feierliche Chormesse zum Gedenken Voltaires lesen. Die Besitzung Ferney wurde gleich nach Voltaires Tod verkauft, Madame Denis hatte das Leben dort nie sonderlich geliebt. Voltaires Bibliothek ging, nach inständigen Bitten Katharinas II., nach Petersburg, wo sie aufgestellt wurde wie in Ferney. Es waren mehr als 6000 Bände, für die Madame Denis außer wertvollsten Ehrengeschenken die Summe von 135 000 Livres erhielt (etwa die Hälfte des Verkaufserlöses von Ferney!).

Das Ausland, das Voltaire besser lesen und verstehen kann, als jeden anderen der großen französischen Autoren, neigt dazu, in ihm die wahre und vollständigste Verkörperung des französischen Geistes zu sehen; sicher aber ist, daß er den Geist seines Jahrhunderts, die grenzübergreifende Bildung, die kreative Mischung aus Frivolität und Engagement in einem Maß repräsentiert wie kein anderer Schriftsteller unseres Kontinents.

Vom Ende einer schönen Frau

Ungnade, Exil und Tod der Gräfin Dubarry

Ludwig XV. führte in der langen Reihe der französischen Könige als einziger den Beinamen *le bien aimé,* was gemeinhin mit »der Vielgeliebte« übersetzt wird. Er bezieht sich nicht auf den langen Reigen seiner Mätressen, sondern auf die Sympathie, die das Volk diesem dank seiner erotischen Inanspruchnahme im übrigen inoffensiven, gerechten und gütigen Monarchen entgegenbrachte. Asketen und Zeloten mag die Geschichte noch so schöne Kränze flechten, ihren Völkern haben sie meist wenig Glück gebracht.

In der Reihe der niemals mit Sicherheit gezählten Mätressen des fünfzehnten Ludwig haben sich drei Frauen dem Gedächtnis Europas besonders eingeprägt: die Pompadour und die *Dubarry,* weil sie in der großen Geschichte eine nicht alltägliche Rolle spielten, und Louison O'Morphi, weil ihr Ganz-Akt, von François Boucher gemalt, das vermutlich bekannteste Gemälde des Jahrhunderts, wenn nicht der Kunstgeschichte überhaupt geworden ist.

Alle drei kommen von unten, wobei die kleine Irin anständige, kleinbürgerliche Eltern hatte, die Pompadour eine Mutter mit bereits galantem Lebenswandel und Jeanne Bécu, wie die Dubarry als Mädchen hieß, die sogenannte Herkunft aus der Gosse. Diese konnte in jenen Zeiten ohne Schulpflicht und angesichts der bedrückenden Armut des größten Teils der Bevölkerung einem Kind unter Umständen bessere Chancen eröffnen als die miserable Welt der aussichtslosen Anständigkeit: Zwar war Jeannes Mutter nur eine Näherin (man wird diese Mädchen später Grisetten nennen), aber ihr Liebhaber war ein adliger Abbé, und die kleine Jeanne genoß nicht nur die Gunst klösterlicher Erziehung, sondern wuchs als Backfisch in die wohlbehäbige Existenz eines Steuerpächter-Haushalts hinein.

Das, was man so gern die Gosse nennt, begann eigentlich erst, als die adeligen Herren die vielversprechende Schönheit entdeckten. Das geschah, als die Steuerpächters-Witwe die kokette junge Hausgenossin vor die Tür gesetzt hatte und Jeanne Bécu – vermutlich schon durch einen Gönner – bei Labille angestellt wurde, dem um 1760 bekanntesten Pariser Modehaus. Schon sehr bald hatte es die hübsche Siebzehnjährige nicht mehr nötig, zu arbeiten, denn sie besaß zu allen übrigen Vorzügen auch noch jenen Charme, der aufblicken ließ und auch anspruchsvolle Kenner fesselte. Ob sie ihnen im Salon der Gourdan begegnete oder in jenen Spielsalons, die sehr hübsche junge Frauen als Schlepperinnen einsetzten, ist bis heute nicht ganz klar; man kann jedoch annehmen, daß sie, wie die Dinge lagen, eine Bordell-Dienstzeit nicht nötig gehabt hatte, zählten doch zu ihren Verehrern sehr bald Lüstlinge aus der höchsten Gesellschaft wie der Marschall von Richelieu, der Herzog von Choiseul und der Herzog von Aumont.

Der Negerknabe Zamore serviert Madame Dubarry (1743–1793) die Morgenschokolade. Gemälde von J. B. Greuze nach Gautier d'Agoty, um 1780.

Es ist eigentlich erstaunlich, daß Ludwig XV., der nichts mit so unverwandter Aufmerksamkeit verfolgte wie das Auftauchen neuer Mädchenblüten in seinem Umkreis, Jeanne Bécu erst bemerkte, als sie bereits 25 Jahre zählte und somit ein volles Jahrzehnt hindurch im Brennpunkt des galanten Lebens der Hauptstadt zu sehen und zu haben gewesen war. Man kann daraus eigentlich nur schließen, daß Ludwig selbst jene Milieus eben nicht besuchte, und Jeanne soll ja auch das erste Mädchen aus der

Halbwelt der käuflichen Liebe gewesen sein, die erste Professionelle, mit der Ludwig zu tun bekam. Es ist bekannt, daß er sein Entzücken darüber, daß ihm dieses früherfahrene Pflasterkind alle Mühen abnahm, mit beträchtlicher Naivität äußerte, und es ist weiters bekannt, daß der inzwischen schon sehr alte Lebel sich in der Minute der Wahrheit seinem Herrn zu Füßen warf und gestand, jene junge Dame, die er ihm als eine angebliche Gräfin Dubarry zugeführt habe, sei im Grunde nur eine Nobeldirne. Die Antwort des Monarchen ist überliefert, in jenem Jahrhundert der Schlüssellöcher und verräterischen Oberlichtfenster blieb ja nichts geheim: »Mein armer Dominique«, sagte Ludwig gütig, »natürlich ärgert mich das, aber deine Schutzbefohlene ist anbetungswürdig, und ich bin verrückt nach ihr.«

Von nun an ist dann alles Geschichte, zunächst mehr Sittengeschichte, später Hofklatsch und schließlich Revolutionstragödie. Da im alten Europa zahllose Mätressen hoffähig gemacht wurden, überrascht es nicht, daß sich ein ruinierter, im Grunde aber anständiger Graf Dubarry dazu hergab, seinem verkommenen Bruder, einem adeligen Zuhälter ohne jede Moral, den Gefallen einer Heirat mit Jeanne Bécu zu erweisen und sein

Links: Die Welt, aus der Jeanne Bécu – so der Mädchenname der Gräfin Dubarry – stammt: das Paris der kleinen Leute, der Armut und der Plage. – Rechts: König Ludwig XV., der »Vielgeliebte«, ein Fürst, der durch seine Mätressen- und Günstlingswirtschaft von sich reden machte, nicht durch seine Politik. Alle Reformversuche, die der gefährdeten Monarchie die Revolution vielleicht erspart hätten, blieben bereits im Ansatz stecken. Gemälde von Carle Van Loo.

Portefeuille damit aufzubessern. Ludwig brummte wohl noch eine Weile wegen der vielen Vorgänger, die er gehabt hatte, aber da sie ohnedies nicht zu zählen waren, störten sie schließlich weniger als ein Halbdutzend allzugut Bekannter. Als Ludwig auch noch die Schulden des Hauses Béarn bezahlte, fand sich die Marquise, die diesen großen Namen trug, bereit, die nunmehrige Comtesse du Barry (für die Nachwelt stets *die Dubarry)* im April 1769 bei Hof einzuführen.

Die Hof-Historiographen haben festgestellt, daß Jeanne bei dieser Gelegenheit gute Figur machte und daß Versailles die selbst für diese Kreise ungewöhnlich schöne und gepflegte junge Frau mit offenen Armen aufnahm. Dennoch war in diesem Augenblick, den sie als einen Triumph empfand, ihr Schicksal längst besiegelt, denn seit 1768 schon bereitete man rauschende Festlichkeiten für die Verbindung zwischen den Bourbonen und den Habsburgern vor, für die Eheschließung, die das Bündnis der einst verfeindeten Großmächte Frankreich und Österreich nach den militärischen Niederlagen gegen Preußen aufs neue festigen sollte. Frankreich stellte in seinem Thronfolger Louis-Auguste den am wenigsten ansehnlichen Enkel des Königs, einen dicken, sehr kurzsichtigen Jungen langsamen Geistes, der lediglich in seinem Charakter seine Brüder überragte und auf tragische Weise Gelegenheit erhalten sollte, dies auch zu beweisen. Die ihm zugedachte Erzherzogin war am Ehrentag der Dubarry erst vierzehn Jahre alt, als sie heiratete fünfzehn und dennoch – in einem Alter, das wir als kindlich bezeichnen würden – bereits die erbitterte Gegnerin der *Maîtresse en titre.* Denn Marie Antoinette, Tochter der Maria Theresia, war in allem und jedem zu dieser gnadenlosen Gegnerschaft bestimmt, und da sie sich dem Enkel verbunden hatte, die Dubarry aber dem Großvater, war Marie Antoinette der Sieg sicher.

Zwei junge und schöne Frauen an ein und demselben Hof. Damit war nicht nur die Rivalität vorgezeichnet, die auch die behütet aufgewachsene Erzherzogin zu immer gewagteren Toiletten und Eskapaden verleitete; es ging um mehr. Es gab drei Grund-Gegensätze, und sie waren von jener Art, daß schon ein einziger zugereicht hätte, die beiden zu unversöhnlichen Feindinnen werden zu lassen. Da war zunächst die Herkunft, die nicht radikaler verschieden sein konnte, stammte doch die Wienerin aus der ersten Familie Europas, Jeanne Bécu jedoch aus dem unergründlichen Sumpf der Halbwelt-Anonymität, so daß selbst ihr Geburtsdatum (10. August 1743 in Vaucouleurs) nicht als wirklich sicher gelten kann.

Der zweite Unterschied lag in der bei Hof stets besonders beachteten Art, sich auszudrücken. Die mit besonderem Eifer kolportierten Aussprüche der beiden Frauen unterschieden sich demnach nicht nur in der Form und im Inhalt, sondern vor allem in der Wortwahl, denn die Comtesse Dubarry verwandelte sich, wenn sie in Rage geriet, sogleich wieder in die Pflasterblüte. Und da niemand sie so prompt in Wut zu versetzen verstand wie Marie Antoinette, die Gemahlin des Dauphins, mußte der alte König sehr häufig lange Ausbrüche der Wut mit für ihn unverständlichen Wortkaskaden aus dem Milieu über sich ergehen lassen – wozu freilich zu sagen ist, daß ihn das nicht selten zum Lachen brachte. Nach einem Leben inmitten höfischer Betulichkeit amüsierte diesen Lebemann von hohen Graden gerade die obszöne Direktheit seiner neuen Mätresse. Im übrigen wußte er natürlich, daß ihn nach solchen Ausbrüchen die Gräfin, schon um ihn gegen die Dauphine einzunehmen, mit einem erotischen Feuerwerk beglücken werde, wie es keine seiner vielen Geliebten jemals für ihn abgebrannt hatte.

Damit sind wir nun beim heiklen und vermutlich ausschlaggebenden dritten Gegensatz zwischen den beiden jungen Frauen, einer weltbekannten Sachlage, die Jeanne immer wieder zu höhnischem Triumph Gelegenheit gab, während die junge Erzherzogin an den Rand des Wahnsinns geriet. Der Gegensatz bestand darin, daß die Dubarry, als sie dreißig wurde, sich mit einer Hemmungslosigkeit sondergleichen auszuleben begann. Des Königs nunmehr völlig sicher, weil seine amourösen Episoden mit jungen Damen feineren Zuschnitts naturgemäß zu Mißerfolgen führen mußten, nahm die Dubarry keine Rücksichten mehr, sondern erfüllte den Hof mit einer erotischen Atmosphäre von solcher Dichte, daß es die immer noch jungfräuliche Marie Antoinette verrückt machen mußte. Denn jungfräulich war sie, trotz allem, was Revolutions-Pamphlete später behaupten werden, wegen einer lächerlichen Behinderung ihres Gatten, der sogenannten Phimose. Diese auch unter damaligen medizinischen Verhältnissen durch einen risikolosen Eingriff zu beseitigende Vorhautverengung bei Louis-Auguste blieb so wenig geheim wie alles andere, was sich in den Schlafzimmern von Versailles abspielte. Die Gesandten berichteten darüber an ihre Regierungen, so zum Beispiel der Graf Aranda, der in aller Deutlichkeit nach Madrid schrieb, daß ein Mann von stärkerem erotischen Temperament als der Thronfolger dieses Häutchen längst gesprengt haben würde: Nicht mehr wäre nötig als »ein kurzes Stöhnen und der gute Wille« und natürlich *l'entraînement de la passion*, die Woge der Leidenschaft, die den Dauphin zu solch einer schmerzlichen, aber rettenden Aktion wohl erst befähigt hätte.

Aber der Mann, der später mit imposanter Haltung das Schafott bestieg, fürchtete den kleinen Schmerz so sehr, daß Zofen und Türsteher, Diener und Späher zwar immer wieder die Geräusche eines dem Höhepunkt zustrebenden Liebeskampfes vernahmen; wenn dann aber der Prinz in jene Regionen vordringen wollte, die für alle Zeiten ihm allein vorbehalten waren, dann kam es zu jenem scharfen, bis in den Rücken durchzuckenden Schmerz, der ihn mit einem gestammelten Wort der Entschuldigung zum Rückzug zwang.

Nach solchen Nächten begegnete Marie Antoinette, zitternd und am Ende ihrer Nervenkraft, vor allem aber völlig verzweifelt, nicht selten der Gräfin Dubarry, der man die nächtlichen Freuden, die sie genossen und ausgeteilt hatte, in ihrer zarten Schönheit sehr deutlich ansah. Sie war ein Lustgeschöpf, wie es nicht alle Tage geboren wird; ihre Augen strahlten um so stärker, je dunkler die Ringe waren, die um sie lagen, und ihre Bewegungen hatten bereits am Morgen jene Laszivität, die den König, aber nicht nur ihn, in ihren Bann schlugen. Selbst ein würdiger Prälat, mit einer Bittschrift aus der Provinz angereist, nahm lebensgefährliche Kongestionen in Kauf, als die Mätresse ihn – nackt auf ihrem Bett sitzend – bat, doch nach ihren Pantoffeln zu suchen. Der bei dieser Szene durch eine Tapetentür eintretende König bekam vor Lachen einen Erstickungsanfall.

Nicht alle Würdenträger der Kirche aber kamen mit Bittschriften und wurden eben dadurch zur Toleranz bestimmt: Paris hatte zu jener Zeit auch seinen Bußprediger, einen furchtlosen Abbé mit dem wohlklingenden Namen de Beauvais. Der hatte sich nicht gescheut, in einer

Marie Antoinette, die eifersüchtige Feindin der Dubarry, die sie nach dem Tod Ludwigs XV. in die Verbannung schickte. – Gemälde von Gautier d'Agoty.

Fastenpredigt Ludwig XV. mit dem König Salomo zu vergleichen, was an sich durchaus ehrenvoll hätte sein können, nur meinte der Abbé eben die Ausschweifungen dieses großen Königs und seinen hemmungslosen Liebeskult. Der fünfzehnte Ludwig, ein Mann des Ausgleichs, hatte den zornigen Pfaffen durch eine Rangerhebung zu versöhnen versucht und ihm das Bistum Senez zuerkannt. Das lag nun freilich ziemlich versteckt in den *Basses-Alpes*, zählte insgesamt 472 Seelen und hatte rund um eine allerdings sehr schöne und alte Kathedrale eine winzige Hauptstadt von ganzen 183 Einwohnern. Fühlte de Beauvais sich verhöhnt? Fühlte er sich durch das immer toller werdende Treiben der schönen Mätresse herausgefordert? Jedenfalls kam er noch einmal, gleichsam in einer Fortsetzung, auf den moralischen Niedergang des großen Salomo zurück und zwar in einer Weise, die der Dubarry vermutlich noch gefährlicher erschien als die bloße Höllendrohung, weil de Beauvais nämlich auf ihre irdische Entmachtung abzielte. Er zitierte aus I Könige 11 die bekannte Stelle von den siebenhundert Haupt- und dreihundert Nebenfrauen des Salomo und fuhr dann fort: »Und als endlich dieser Monarch, von seinen Lüsten übersättigt, dann müde wurde, als er seine Sinne durch alle Versuchungen, die einen Thron umgeben, abgestumpft hatte, da verlangte ihn nach neuen Arten der Lust, und er ließ sie sich bereiten von einer Frau aus den niedrigsten Bereichen der öffentlichen Lüsternheit . . .«

Der Bischof zeigte sich damit gut informiert. Ähnlich wie die Pompadour hatte auch die Dubarry in dem Augenblick, da der Höhepunkt ihres Einflusses erreicht und damit auch schon überschritten war, den Kampf gegen die einfallsreichen Hochadelscliquen auch in den erotischen Schützengräben aufgenommen. Trieben ihre Gegner ein hübsches Prinzeßchen dem König in den Weg, so präsentierte sie eine noch Hübschere aus ihrer eigenen Einflußsphäre, wobei sich natürlich ihr Schwager Dubarry mit seiner unübertrefflichen Kenntnis der Szene sehr nützlich machte.

Die von dem langen Mätressenreigen ermüdete französische Geschichtsschreibung faßt die Damen und Dämchen, die nun mehr oder minder nachhaltig in Erscheinung traten, unter dem Sammelbegriff *Amours passagères* zusammen, was auch insofern berechtigt ist, als es, um in der Fachsprache zu bleiben, zu entscheidenden Alkoven-Aktivitäten nicht mehr kam: Der alte König beließ es bei *attouchements,* also bei eher harmlosen Spielchen, in denen das ästhetische Vergnügen an den jungen Geschöpfen über den reinen Sex dominierte. Selbst dieses Terrain wurde freilich politisiert, wenn der durch die Dubarry verjagte geniale Premierminister Choiseul eine der schönsten Frauen dieser Zeit, eine Gräfin Nieuwerkerke, in den amourösen Reigen einschleuste, nachdem er sie vorsorglich hatte von ihrem Gemahl scheiden lassen (Ludwig XV. nämlich war viel zu fromm für einen Ehebruch . . .). Es kam zu Kämpfen von unsäglicher Erbitterung, die freilich auf die Betrachter eines späteren Jahrhunderts eher komisch wirken: Da Ludwig sich an einen erotischen Vulkan wie die Nieuwerkerke niemals herangewagt hätte, bedurfte es eines Vermittlers; diesen machte kein Geringerer als der Herzog von Duras, und die wutschnaubende Dubarry verbot ihm daraufhin ihr Haus. Da sie Ludwig aber besser kannte als irgendjemand anderer, sah sie voraus, daß der König der schönen Gräfin ohnedies nicht allzulange gewachsen sein würde und verhalf einer taufrischen, natürlichen und intellektuell anspruchslosen Kammerdienertochter zu den Ehren des allerhöchsten Schlafgemachs.

Es gab aber einen Bereich, den die Dubarry gegen all diese kleinen Liebschaften eifersüchtig verteidigte. Das waren die sogenannten *Petits appartements* in Versailles, eine erstaunlich kleine Privatwohnung des Königs, wo er für seine Vertrauten gelegentlich auch einmal selbst Kaffee kochte oder sogar ein Diner arrangierte. Dieser Intimbereich in dem monströsen Schloß war der Ort, wo die Entscheidung über die Dubarry fiel, fallen mußte. Als die Gräfin dort eines Tages eine schöne Schauspielerin antraf, verlor sie jede Beherrschung und attackierte die Diva so nachhaltig, daß ein Arzt gerufen werden mußte. Die Verletzung der Dame

– wohl eher mit einer Schere als durch eine Pistole verursacht, wie das Gerücht behauptete – war unerheblich, aber bei der Untersuchung stellte sich heraus, daß die Schöne, vielleicht ohne es selbst zu wissen, die Pocken hatte – im Frühstadium, aber eben doch.

Mademoiselle Raucourt, wie die Schauspielerin hieß, führte ein sehr ausschweifendes Leben, und die Spitznamen, die sie sich damit eingehandelt hatte, waren wenig schmeichelhaft. Der harmloseste lautete *La Louve,* die Wölfin. Eine Frau mit so vielen Kontakten hatte damals alle Chancen, die gefürchtete Krankheit zu bekommen und natürlich auch weiterzugeben, und wenn dies an einen König geschah, dann machte sie damit eben Geschichte. Ludwig XV. hatte ein langes, qualvolles Sterben; es währte vom 28. April bis zum 10. Mai 1774 und brachte den letzten Auftritt der Dubarry. Obwohl sie noch nie die Pocken gehabt hatte, also nicht immun war, trat sie ganz nah an das Bett des Sterbenden, versuchte ihn zu trösten, empfing aber nichts anderes von ihm als das Ersuchen, Paris zu verlassen. Die Frau, die täglich 300 000 Livres verbraucht hatte, den Jahres-Lebensunterhalt von zweihundert Arbeiterfamilien, war entthront, noch ehe der König starb, weil die Geistlichkeit diese Geste als Vorbedingung der Absolution verlangt hatte.

Die Pocken wüteten auch in großen Städten mit guten Ärzten und wurden darum sehr gefürchtet. Ludwig XV. verdankte es ihnen, daß er als Urenkel des Sonnenkönigs dessen Nachfolge hatte antreten können, und der Fürst Kaunitz fürchtete die Pocken so, daß man Zeit seines Lebens vor ihm das Wort Blattern (wienerisch für Pocken) nicht aussprechen durfte. In Versailles war es aber nun geschehen, vielleicht, weil man eine hatte eindringen lassen, die dort nichts zu suchen hatte. Und nicht nur für die Dubarry kam dieser Tod zu früh, auch die große Intrige, die sie gemeinsam mit dem Grafen der Provence angezettelt hatte, kam nicht mehr zum Tragen . . .

Der König hatte drei männliche Enkel: Neben dem behinderten Thronfolger noch die Grafen der Provence und von Artois; und während dieser im Todesjahr des Königs ein munterer Jüngling von siebzehn Jahren war, hatte der Graf der Provence sehr ernsthafte Absichten, seinen ein wenig beschränkt wirkenden und zur Erzeugung von Nachkommenschaft offenbar nicht bereiten älteren Bruder aus der Thronfolge-Position zu verdrängen. (Der Ehe Ludwigs XVI. und Marie Antoinettes entsprossen später zwei Söhne und zwei Töchter.) Der sicherste Weg dazu führte über eine Diskriminierung der im Volk nicht sonderlich beliebten *petite rousse,* wie Marie Antoinette ihrer rötlichen Haare wegen nicht nur von der Dubarry genannt wurde.

Nach allem, was Marie Antoinette anstellte, wenn ihr Mann nach schwerem Abendessen und reichlichem Weingenuß tief schlief, wußte der ganze Hof, daß sie reif war, zu fallen. Sie ging maskiert auf Bälle, in

Madame Dubarry nach einem Gemälde von F. H. Drouais, um 1765.

Toiletten, die jedem zeigten, wie schön und gesund sie sei; sie brachte viele Nachtstunden mit Versteckspielen im Park zu, bei denen der Graf von Artois ihr nicht von der Seite wich, bis zumindest den Kundigen klar war, daß die Dauphine zwar nicht den machtgierigen und verheirateten Grafen der Provence, aber den jüngsten ihrer Schwäger, den verspielten Siebzehnjährigen, erhört habe.

Ein Krieg der Pamphlete begann, geschürt vom Grafen der Provence, der ja genau wußte: War die Dauphine rettungslos kompromittiert, dann konnte auch ihr Gemahl den Thron nicht besteigen. Ein Thronverzicht des (späteren) Ludwig XVI. hätte also den (späteren) Ludwig XVIII. in die begehrte Position einrücken lassen. Daß der Graf der Provence dies mit allen Mitteln betrieb, zeigt auch, daß 1774 noch niemand an eine Revolution dachte, und das, obwohl der Abbé de Beauvais aus dem Buch der Könige ganz deutlich zitiert hatte: Gott wolle wohl, um Davids willen, Salomo noch sein Leben als König zuendeleben lassen, werde dem Nachfolger aber das Reich wegnehmen . . . (I Könige 11, 12 und 11, 34)

Die ersten von zahllosen Pamphleten, die gegen Marie Antoinette geschrieben wurden, stammten also keineswegs von Revolutionären, sondern kamen aus dem Schoß ihrer neuen Familie, und sie war nicht so ganz unschuldig daran. Denn die Dubarry hatte Intelligenz, geschickte

Das Ende der beiden Rivalinnen Marie Antoinette und Dubarry: Gefangennahme und Schafott. – Gemälde: Ankunft der Häftlinge im Gefängnis.

Freunde und Mut, und da sie wußte, daß es die erste Regierungshandlung der »Kleinen Rothaarigen« sein würde, sie nicht nur zu verbannen, sondern ihr allen Besitz wegzunehmen und sie ins Kloster zu schicken, hatte sie praktisch gar keine andere Wahl, als die Thronbesteigung der Erzherzogin zu verhindern.

Der unerwartete Tod des vielgeliebten Königs an einer Seuche, die man zumindest für Versailles selbst als einen unwahrscheinlichen Import ansah, machte einen Strich durch die Rechnung des Königsbruders und der königlichen *Maîtresse en titre*. Es wäre beinahe geglückt! Die Poeten, die sich gern bezahlen ließen, die unbezahlten Volkssänger, die hämisch Neugierigen und jene, die stets alles wußten, was in Versailles geschah, sie hätten, allesamt im Klatsch-Terror vereint, um ein Haar die Thronfolge verändert (und, wie man heute weiß, damit das Leben eben jener jungen Frau gerettet, die man treffen wollte).

Da der König auf seinem Totenbett trotz des Gestankes, den die Pusteln absonderten, von einigen Dutzend Menschen umgeben war, sind die Worte, mit denen er die Dubarry verabschiedete, in verschiedenen Versionen überliefert. Nicht zu bezweifeln ist jedoch, daß er sie seiner immerwährenden Freundschaft versicherte und ihr riet, nach Ruel zu gehen, einem Schloßort nahe Paris, wo ihr Günstling d'Aiguillon Besitzungen hatte, der Mann, den sie zu Frankreichs wichtigstem Minister gemacht hatte.

Eine Woche darauf jedoch war Marie Antoinette Königin, d'Aiguillon in Ungnade und die Dubarry schutzlos. Ihr erster Verbannungsort war das Kloster von Pont-aux-Dames, für das sie mit ihren großen Geldmitteln eine Menge tat, wo sie aber nur ganz wenige Besucher empfangen durfte und in der Regelung ihrer Geldangelegenheiten, dem Verkauf von Schmuck und anderen Dispositionen, erheblich behindert war. Die Freunde, die sie in Paris immer noch hatte – eine Tatsache, die für ihren persönlichen Charme, aber auch für den Charakter dieser unerschrockenen Verehrer spricht – erreichten es nach und nach – nicht bei Marie Antoinette, aber bei ihrem gutmütigen Mann –, daß die Dubarry eine würdigere Wohnung erwerben durfte. Sie erstand das Schloß Saint-Vrain unweit Corbeil, also weit genug von Paris und erstaunlicherweise bestens geschützt durch Wassergraben, Zugbrücke und Zinnen. Dort hielt sie mit einem gewissen Eigensinn und ihrer veränderten Verhältnisse nicht achtend Hof und legte täglich vierundzwanzig Gedecke auf. Und die Plätze an der Tafel blieben keineswegs leer, denn es gab Geächtete genug, und sie waren nicht einmal von schlechten Eltern: Auch eine nicht mehr ganz junge, aber noch sehr muntere Prinzessin von Monaco war darunter, weil

»Der letzte Karren« – Lithographie von Denis Raffet.

sie sich's durch ihre lockeren Sitten mit der Tochter Maria Theresias verdorben hatte.

Als die Revolution ausbrach, war die Dubarry sechsundvierzig, kein Alter für eine gepflegte und wohlhabende Frau. Reicher als die meisten Emigranten, hätte sie in England in akzeptablen Verhältnissen weiterleben können, das Schloß durch Mittelsmänner verkaufen, den Schmuck nach und nach veräußern. Sie war legal mit Pässen der neuen Regierung ausgereist, weil in London ein Prozeß stattfand, bei dem es auch um ihr entwendete Schmuckstücke ging.

Aber das Kind des Volkes vertraute dem Volk zu sehr. Da man ihr bis dahin nichts getan hatte, nahm sie an, das würde weiter so bleiben und kehrte nach Frankreich zurück, um ihre Angelegenheiten zu ordnen. Und nun machte man – im blutigen Herbst 1793 – der Citoyenne Dubarry den Prozeß.

Der Anklagepunkte gab es viele. Der erste war, daß der König ihr seine Gunst zugewendet habe; der zweite, daß sie Verbindung mit den Feinden der Revolution gehalten und, drittens, mit Emigranten korrespondiert habe, und so ging es, mit Wiederholungen, weiter bis zum elften Anklagepunkt, der ihr Vergeudung von Staatsvermögen vorwarf – ihr, nicht dem König, als ob sie in den Staatsschatz hätte greifen können. Sie büßte also für Ludwig XV., wie es auch Ludwig XVI. und Marie Antoinette taten, nur daß sich diese beiden im letzten Augenblick wesentlich würdiger verhielten. Die Dubarry hatte einen allerletzten Hinrichtungsaufschub dadurch erreicht, daß sie die Verstecke angab, in denen sie Schmuck, Goldstücke und andere Wertsachen vergraben hatte, und man hatte mit Staunen festgestellt, daß sie sich dabei niemals irrte, daß sie alles genau wußte, jedes Kästchen, jedes Bild, jedes Schmuckstück.

Am 18. Frimaire des Jahres II der Revolution, dem 8. Dezember 1793 alter Zeitrechnung, war es dann aber doch soweit. Um halb fünf Uhr nachmittags, in tiefer Dämmerung und schließlich im Nachtdunkel, fuhr sie zur Guillotine. Ohnmächtig vor Angst, mußte sie von Gehilfen des Scharfrichters bis zur *Bascule* geschleift werden und erwachte aus ihrer Erstarrung erst im letzten Augenblick. Vor dem Gerüst, im Angesicht des Todes, stieß sie einen lauten Schrei aus, der über den dunklen Platz gellte. Sie war ja keine Königin, sie war nun wieder niemand anderer als Jeanne Bécu, Tochter einer Näherin, ein Kind von Paris, und sie schrie in kindlicher Angst vor dem Unbegreiflichen, bis Meister Sanson das Messer fallen ließ.

Der Tribun der Revolution

Des Grafen Mirabeau Schicksale zwischen Aix und Paris

Ist das Revolutionstribunal die düsterste Erscheinung in Frankreichs großer Wende, so ist der Tribun dieser Revolution, der Graf Honoré Gabriel Riqueti aus dem Hause Mirabeau, die einzige Gestalt unter allen Revolutionären, der die Herzen der Pariser zuflogen, ein Mann der großen Assembléen ebenso wie des Volkes, ein Abgott des Proletariats ebenso wie der Vertraute des Königshauses. Ein Mann zwischen Extremen also, der auch einige andere Klischees gesprengt hat. Obwohl Sohn eines sehr bedeutenden Vaters, wuchs er noch über diesen hinaus, und obwohl seine Jugend und seine frühen Jahre ihn nicht nur unbedacht, sondern als entschlossenen Wüstling erscheinen lassen, erweist er sich bald darauf als ernsthaft, als der größte Redner und auch als der beste Kopf der neuen Ordnungen. Es gab Zeiten, da hat man sich für ihn mehr interessiert als für alle seine Zeitgenossen, Marie Antoinette vielleicht ausgenommen.

Seit dem Zweiten Weltkrieg ist es jedoch um ihn ziemlich still geworden, und das wohl nicht nur durch Zufall. Die Demokratie, von der er als einziger der neuen Männer Frankreichs eine taugliche Vorstellung hegte, gehorcht heute Mechanismen, die den großen Einzelpersönlichkeiten Hemmschuhe anlegen. Wir erleben es alljährlich, daß hochbegabte Politiker, die in der Opposition oder außerparlamentarisch eine glanzvolle Rolle spielen, in Amt und Würden dann an Temperament und Ideen zu verlieren scheinen, oder daß andere, denen man eine echte Wende zutrauen würde, eben in Erkenntnis dieser modern-zähen demokratischen Gummilandschaft lieber auf ihrem Oberbürgermeisterstuhl verbleiben, weil in der Kommunalpolitik noch mehr Bewegungsfreiheit herrscht als an der Spitze des Gremialstaates.

Die besten Bücher neuerer Zeit über Mirabeau stammen denn auch nicht von Publizisten oder gar Belletristen, sondern haben Autoren aus dem Umkreis oder aus den Brennpunkten der großen Politik: Jean Louis Barthou, eine jener für Frankreich so charakteristischen Mischungen aus *homme de lettres* und *politicien*, der seit 1918 Mitglied der *Académie Française* war und 1934 einem Attentat zum Opfer fiel, und Antonina Vallentin, französisch schreibende deutsche Jüdin und langjährige Sekretärin Gustav Stresemanns, der mit Barthou allerdings heiklere Themen zu besprechen hatte als das Leben und Wirken des Grafen Mirabeau.

Ihnen gegenüber, die vor den Schrecken eines zweiten großen Krieges über Mirabeau nachdachten und seine Persönlichkeit zu erfassen suchten, haben die vielreisenden Deutschen von heute neue Annäherungen gefunden. Wir sind heute im Begriff, den Provenzalen in Mirabeau zu entdekken, den Mann aus dem Süden, der sich in Kammern und vor Gericht, in Provinzparlamenten und in der Nationalversammlung nicht selten so benahm wie der mächtige Mistral auf den Höhen und in den Tälern seiner südfranzösischen Heimat.

Sie waren zwei, und sie gehören zusammen, so schwer sie einander das Leben auch machten: der Marquis de Mirabeau und sein Sohn Honoré Gabriel. Nach dem Titel seiner Reformschrift wurde der Vater Victor Riqueti, Marquis de Mirabeau (1715–1789), »der Menschenfreund« genannt.

Sie waren zwei, und sie gehören zusammen, so schwer sie einander das Leben auch machten: der Marquis de Mirabeau (1715–1789) und sein Sohn (1749–1791). Die Familie ist seit dem 13. Jahrhundert bekannt, seit sie als ghibellinisch gesinnt aus Florenz vertrieben wurde und in der Provence eine neue Heimat fand. Aber nach Generationen, in denen die Riqueti de Mirabeau lediglich militärischen Ruhm an ihren Namen hefteten, lenkte ein Buch die Aufmerksamkeit des ganzen Frankreich auf sie, die ökonomisch-philosophische Reformschrift »L'ami des Hommes« (Der Freund der Menschen), das der Marquis fern von Paris und doch im Herzen des wirtschaftlichen Geschehens in seinem Land verfaßt hatte.

Dieser originelle Denker und autokratische Schloßherr hatte die privaten Querelen, die schlechte Ehe und den Zank mit der Familie mit seinem Sohn gemeinsam, und er ließ diesen Unstern über keinem seiner Kinder düsterer leuchten als gerade über Honoré Gabriel, seinem kongenialen Sprößling. Sie hatten beide unendlich viel Kraft; lesen wir, was sie einander antaten, Jahr um Jahr und Tag für Tag, so greifen wir uns an den

Der Stammsitz Schloß Mirabeau in der Nähe von Aix-en-Provence.

Kopf: Wollte denn keiner einlenken? Wollte denn keiner aufgeben? Man versteht ein wenig von diesem revolutionären Starrsinn des Sohnes, von dem autokratischen Furor des Vaters, wenn man sich Pertuis ansieht, wo der Vater zur Welt kam, und die Lage des Schlosses Mirabeau über der Durance, dort, wo dieser herrlichste, bis vor wenigen Jahren wildeste Strom Frankreichs sich unvermittelt nach Westen wendet, unter den kargen Hängen des Lubérongebirges. »Hätte sich bei Avignon die Rhône nicht quergelegt«, pflegte der Marquis de Mirabeau in seinem Tabakskollegium zu sagen, *»parbleu,* unsere Durance wäre noch in den Atlantik geflossen!«

Die breite Rhône zähmte den wilden Bergbach und lenkte ihn ins Mittelmeer, und die große alte Bischofsstadt Aix zähmte die Mirabeaus oder versuchte es zumindest in Kämpfen auf Leben und Tod.

Die römische Bäderstadt in Frankreichs griechischem Süden, die Stätte ältesten Christentums und uralter jüdisch-provenzalischer Wissenschaften, sie hatte sich nach dem Ende des Mittelalters mit einer Gesellschaft geziert, in der landadelige Familien mit ihren Stadtpalästen sich mit der Noblesse de Robe vereinigten, den hochgebildeten Juristen des Parlaments von Aix. Nicht das bürgerliche Marseille mit seinen vielen Händlern und Schiffern, sondern das adelsstolze und bildungssichere Aix wurde die eigentliche Hauptstadt des Südens, und die vornehm-stillen Hôtels, wie man die Stadtpaläste großer Familien nannte, wie sie uns noch heute das Quartier Mazarin zeigt, sie verrieten eine Gemeinschaft von Reichtum und Geist, um die manche größere Metropole das alte Aix beneiden konnte.

Das selbstgerechte Aix hatte die harmlosesten aller Ketzer, die Waldenser, aus dem Lubéron vertreiben und ihrer Tausende niedermetzeln lassen, und die Kälte, mit der sich diese Gesellschaft gegen so starke und wilde Originale wie den Marquis de Mirabeau und später seinen Sohn abschloß, ist im heutigen städtischen Leben und seiner starken Fluktuation unvorstellbar. Die Familie jedoch schlug sich Breschen. Ein Bruder des Marquis wurde Bailli, also etwa das, was man heute einen Regierungspräsidenten oder auch einen Gouverneur nennen könnte. Der Marquis selbst empfing auf seinem Besitz Bignon allwöchentlich Gleichgesinnte zu einem ökonomisch-philosophischen Diner in einem zwar jovialen, aber geistreichen Kreis. Zu diesem gab es in Aix einen vielbeachteten Gegensatz: die Schlemmerrunde der um den reichen Marquis de Marignane versammelten Wollüstlinge und Dandies.

Es entbehrt nicht der Komik, daß ausgerechnet der von seinem Vater unzähligemale beschimpfte und mit Haftbefehlen verfolgte Honoré Gabriel es war, der diese beiden gegensätzlichen Zirkel miteinander verband, und wie er es zuwege brachte, das weiß heute in Aix noch jeder.

Marie-Marguerite-Emilie de Covet de Marignane war als einzige Tochter des Marquis und als Enkelin einer unerhört reichen Großmutter in den siebziger Jahren des 18. Jahrhunderts die begehrteste Partie der ganzen Provence. Mindestens drei junge Herren von hohem Adel warben um ihre Gunst, obwohl sie in ihrem Äußeren bestenfalls als gefälliger Durchschnitt zu bezeichnen war. Für Mirabeau warb sein Onkel, der Bailli, doch hatte der junge Graf schon so viele Schulden und einen so lockeren Lebenswandel, daß der Marquis ihn als Bewerber um die Hand der Tochter nicht einmal empfangen hatte.

Honoré Gabriel griff also zur List, bestach eine Kammerfrau und verschaffte sich zu frühester Morgenstunde Eintritt in das Palais der Marignanes (heute auf Nr. 12 der Rue Mazarine). Dort erschien er dann am Fenster, so gut wie nackt, wenn auch mit einer Nachtmütze bekleidet, gestikulierte fröhlich zu den Passanten hinunter, ja er rief diese an, soweit es Bekannte waren, und kompromittierte Emilie auf diese Weise tödlich. Er hatte einen üblen Ruf, aber einen großen Namen, also bot sich als Ausweg die Hochzeit. Sie fand schon wenige Tage darauf, am 23. Juni 1772, in der Eglise du Saint Esprit (heute: Rue Espariat) statt, wenn auch ohne Mirabeau-Senior. Immerhin überließ er dem jungen Paar Schloß Mirabeau als kostenlosen Wohnsitz und setzte eine so hohe Jahresrente für die Vermählten aus, daß er sie schon bald nicht mehr bezahlen konnte.

Die Scheidung dieser seltsamen Ehe war darum und durch ihr Zustandekommen eigentlich nur noch eine Frage der Zeit. Emilie hatte zwar die

Mirabeaus Liebesaffaire mit der Marquise Sophie de Monnier war vermutlich die leidenschaftlichste seines Lebens.

ersten Monate an der Seite eines so erfahrenen Liebhabers offensichtlich genossen, dann aber meldeten sich die Gläubiger des jungen Grafen, und die Folge war jener Scheidungsprozeß, bei dem Frankreich zum erstenmal von Honoré Gabriel hörte: Seine reichen Gegner nahmen nämlich alle Anwälte, die am Gericht zu Aix zugelassen waren, unter Vertrag oder schüchterten sie so ein, daß nur ein Advokat von stadtbekannter Beschränktheit bereit war, gegen den mächtigen Clan aufzutreten. Auf ihn verzichtete Mirabeau und kämpfte vor dem gegen ihn voreingenommenen, ja unter Druck gesetzten Gerichtshof mit solcher oratorischer Brillanz, daß er im Gerichtssaal Ovationen erntete. Emilies Familie gewann dennoch und erreichte die bedingungslose Trennung der Ehe; der Emilie nahestehende Mephisto, ein Graf Gallifet, bedeckte jedoch sein Geschlecht mit Unehre, weil er zum Duell mit Mirabeau nicht antrat. Dem Prozeß verdanken wir eine Fülle von sehr aufschlußreichem Material über die gesellschaftlichen Verhältnisse im vorrevolutionären Frankreich, über die unterschiedliche Bewertung männlicher und weiblicher Ehebrüche und über die verblüffende Bedeutung, die Pamphlete, Brief-Veröffentlichungen und andere publizistische Kämpfe schon damals bei Rechtshändeln spielten. Demgegenüber traten die manifesten Verfehlungen des Grafen in erstaunlichem Maße zurück: seine wiederholte Einkerkerung wegen seiner Schulden oder seine von den Gefängnissen aus angezettelten Liebesaffairen mit der jungen Kantinenwirtin von Château d'If und der siebzehnjährigen Sophie Monnier, Gattin eines alten Kammerpräsidenten in Burgund.

Damit lernen wir ein weiteres Milieu kennen, und es ist kaum weniger interessant als Aix: Der Umkreis der gebildeten Parlamentarier, also Verwaltungsjuristen, in der Stadt Dijon, die damals gerade aus ihren habsburgischen Traditionen heraus- und in die französischen hineingewachsen war. Der bekannteste Name aus diesem Kreis ist der unschätzbare Président de Brosses, dessen Reisebriefe sich noch heute durchaus unterhaltsam lesen lassen. Aber auch der Vater von Mirabeaus Sophie, Gilles Germain Richard de Ruffey (1706–1794) war als Poet, Gelehrter und Präsident einer literarischen Akademie in seiner Person und seinen Aktivitäten ein Beweis dafür, wie stark sich die geistigen Zirkel in der Provinz entwickelt hatten.

Freilich wird auch gerade aus Mirabeaus Frauenhändeln eine Dauersünde dieser Gesellschaft offenbar, die zu ihrem Sturz durch die wilden Frauenbataillone der Revolution führen sollte: die grenzenlose Ignoranz gegenüber den intellektuellen und sozialen Möglichkeiten der Frau. Hatten schon die großen Familien von Aix die unglückliche Emilie lediglich als Erbin, als Schacherobjekt angesehen und sie den Mechanismen eines überholten Ehrbegriffes hingeopfert, die das Mädchen einem jungen Wüstling auslieferten, so setzte sich diese Ahnungslosigkeit selbst in dem hochgebildeten Juristenkreis der burgundischen Noblesse de Robe fort. Schon die fünfzehnjährige Sophie Richard de Ruffey war von ihrem Vater dem greisen Naturforscher Buffon als Gemahlin angeboten worden. Buffon, der aus Burgund stammte, hatte freilich Vernunft genug, solchen Verlockungen zu entsagen, was Sophie schließlich einen Gatten einbrachte, der noch ein wenig älter war als Buffon, eben den Marquis de Monnier.

Mirabeau, in chevaleresker Haft in Pontarlier gehalten, hatte wenig Mühe, das Herz der blutjungen Marquise zu gewinnen und mit ihr zu fliehen. Und als sie zwei Jahre darauf das Schicksal ereilte, als das schuldige Paar in Vincennes eingesperrt wurde, da ergab sich (1777–1781) jene Korrespondenz, die bis dahin Mirabeaus wertvollste literarische Leistung ist, so daß man in gewissem Sinn sagen kann, auch Mirabeau sei im Gefängnis zum Schriftsteller geworden – wie jener andere und berühmtere Wüstling, der Marquis D. A. F. de Sade. Sade saß zugleich mit Mirabeau in Vincennes gefangen und neidete dem Grafen die größeren Freiheiten, die Spaziergänge und den Verkehr mit der Außenwelt. In der Langeweile des Gefängnisses schrieb Mirabeau allerdings nicht nur seine berühmten Briefe an Sophie, sondern auch, wie Sade, seine erotischen Novellen und Romane: »Ma Conversion« und »Erotika biblion«, Arbeiten, von denen er Sophie in verschiedenen Briefen berichtet und die bald nach seiner Freilassung in der Schweiz erschienen, allerdings ohne ihm den erhofften Reichtum zu bescheren.

Man muß mit dem Jahr 1782, in dem Mirabeau wieder auf freien Fuß kam, den Beginn des zweiten Lebensabschnitts ansetzen. Die Jahre erzwungenen Nachdenkens mögen ihn ebenso gereift haben wie die Tatsache, daß Sophie, der er vermutlich die stärkste Leidenschaft seines Lebens entgegenbrachte, sich nach den Jahren von Vincennes von ihm abwandte, in einer Krise, die sie ohne die aufopfernde Pflege eines befreundeten Arztes schon 1782 das Leben gekostet hätte und die sie nur um sieben Jahre überlebte.

Für Honoré Gabriel aber begann nun eine Phase, die uns mit ihren Peripetien an die Lebensgeschichten anderer großer Abenteurer des Jahrhunderts erinnert, eines Casanova, eines Grafen von Saint-Germain. Die Prozesse in Aix und in Pontarlier, virtuos und aggressiv geführt, hatten Mirabeau zwar die Strafverfolgungen, nicht aber die Gläubiger vom Hals geschafft. Andererseits aber war er nun dreiunddreißig Jahre alt und nicht mehr bereit, als *enfant terrible* teils von seinem Vater, teils von seiner Frau zu leben. Sein um fünf Jahre jüngerer Bruder André-Boniface, wegen seiner Leibesfülle und seines Hanges zum Wein als Mirabeau-Tonneau bekannt, hatte den Grafen nicht nur auf Château d'If besucht und ihm damit brüderliche Anhänglichkeit bewiesen; er hatte ihm auch durch seinen langen Aufenthalt in Amerika gezeigt, daß man nur Frankreich zu verlassen brauche, um alle Sorgen loszuwerden.

Honoré Gabriel ging zunächst nach England, von wo aus er lange, aber nützliche Berichte an verschiedene französische Freunde und Gönner schrieb, aber mit der britischen Lebensart und der Stadt London nicht zurechtkam. Darum finden wir ihn schon bald als Pamphletisten für Pariser Bank- und Wirtschaftskreise und, als ihm der Boden in der Seinestadt wieder zu heiß wird, mit einem Empfehlungsbrief an den französischen Gesandten in Berlin schließlich an der Spree: Er strebt offensichtlich diplomatische Verwendungen an . . .

Mirabeau als Abgeordneter des Dritten Standes. – Kupferstich von F. J. Etienne Beisson nach einem Gemälde von Joseph Boze.

Die zwei Berlin-Aufenthalte Mirabeaus in den Jahren 1786/87 stehen unter einem guten Stern. Zunächst hat er, vielleicht zum erstenmal in seinem Leben, ein förderliches privates Umfeld. Eine junge Holländerin, die schon geraume Zeit um die Ordnung seines Lebens bemüht ist, begleitet ihn, dazu sein Sohn aus einer flüchtigen Beziehung, den Mirabeau adoptierte, weil der Ehemann die Vaterschaft aus gutem Grund bestritt. Dieser zärtlich Coco genannte Junge wird seinem Vater stets treu verbunden bleiben, obwohl dieser ihm nicht seinen Namen gab, sondern ihn als Lucas de Montigny in die Geburtsregister eintragen ließ.

Mirabeau wird, ohne lange antichambrieren zu müssen, noch vom Alten Fritz empfangen, lernt Deutsch und verwertet seine britischen Erfahrungen über Politik und Staatsführung in seiner berühmten großen Studie über Preußen, den einzigen absolutistisch regierten und dennoch gut funktionierenden Staat jener Zeit. Das Werk erschien zunächst unter dem Titel »De la Monarchie prussienne« in London und wurde gleich darauf, mit mehr eigenem Material, ergänzt durch das neue Werk »Histoire secrète de la Cour de Berlin« (Geheime Geschichte des Berliner Hofes) im Jahr 1789.

Die Briefe und Berichte aus jener Zeit hatte, ehe sie als Buch erschienen, zum größten Teil ein Mann in der Hand, der damals ähnlich wie Mirabeau auf dem Sprung zu einer großen Karriere stand: der Abbé de Talleyrand-Périgord, Mirabeaus vorsichtig-abwägender Berater und Auftragsvermittler. Die jahrelange Zusammenarbeit des Grafen mit dem Abbé aus dem alten südwestfranzösischen Geschlecht widerlegt die Behauptung, Mirabeau sei nur drei Jahre seines Lebens Politiker gewesen. Schon am 26. Januar 1789 präsentierte sich Mirabeau in der Kirche des Collège Royal Bourbon (heute Rue Lacepède Nr. 22) zu Aix in der großen Sitzung der Generalstände der Provence als Vertreter des Adels, machte aber gemeinsame Sache mit dem Dritten Stand. »Von dieser Versammlung nahm jener große Brand seinen Ausgang, der bald ganz Frankreich erfassen sollte«, schreibt der Lokalhistoriker Roux-Alphéran.

Drei Monate später finden wir den Grafen dort, wo er gebraucht wird: Als Wortführer des Dritten Standes und in der *Constituante,* die sich um die neue Gestalt der Gewaltenverteilung bemüht, sehen wir Mirabeau als glanzvollen, aber völlig isolierten Redner, dessen Überlegenheit die Rechte wie die Linke mit Mißtrauen betrachten. Sein politisches Genie, sein Temperament, seine Intelligenz und der Widerhall seiner bestechenden Formulierungen im ganzen Volk machen ihn zur Chance der Revolution und zur Gefahr für die Revolutionäre. Denn gemeinsam mit dem durch seine Erfolge im amerikanischen Bürgerkrieg populären, das Militär beherrschenden General Lafayette hätte Mirabeau für Frankreich jene neue Monarchie schaffen können, deren Funktionieren er in London und Potsdam bewundert hatte. Was aber wäre dann aus den fanatischen

Eine Sitzung des Jakobinerclubs während einer Rede Mirabeaus.

Theoretikern der Revolution geworden, den verlogenen Asketen und weltfernen Panegyrikern einer idealisierten Antike?

Nach jenem 23. Juni 1789, an dem Mirabeau den Offizieren des Königs sein berühmtes Wort entgegengeschleudert hatte, daß die Versammlung im Auftrag des Volkes tage und nur der Gewalt der Bajonette weichen werde, schien es gegen seinen Aufstieg an die Spitze kein Mittel mehr zu geben. Der Beschluß, daß niemand aus der Versammlung Minister werden dürfe, signalisiert die Panik der Mittelmäßigen, die allesamt lieber selbst verzichteten, als den Übermächtigen reüssieren zu lassen. Mirabeaus Ziel war, »die Gesetzgebung neu zu beleben, die Autorität des Königs auf eine gesunde Basis zu stellen und sie in Einklang zu bringen mit den bürgerlichen Freiheiten und den Menschenrechten« (Marcel Reinhart). Insofern folgte Mirabeau lediglich seinen eigenen Zielen, als er den König insgeheim beriet, als er im Oktober 1789 einen Plan entwickelte, König und Nationalversammlung aus Paris herauszubringen und dem Druck der Straße zu entziehen. Die Zusammenarbeit scheiterte an Lächerlichkeiten: an Marie Antoinettes Ekel vor dem häßlichen Wüstling, an Lafayettes Angst, Mirabeaus Schulden bezahlen zu müssen. Mirabeau war gekauft, er erhielt – wie erst nach seinem Tod publik wurde – große Summen vom König, aber er nahm sie für *seine* Politik, nicht für einen Verrat an seinen Zielen.

Dank seiner überbordenden Popularität unangreifbar, verkroch sich Mirabeau nicht im Hinterhof eines Schreinerhauses in der Rue Saint Honoré wie Robespierre oder hinter der Phalanx eines dichten Zirkels wie Danton, sondern wurde im vollen Wortsinn der Tribun der Pariser, der mitten unter ihnen wohnte. Er hatte sich nicht gescheut, das Haus einer jungen Schauspielerin zu mieten, die diesen kostbaren Besitz keineswegs ihren Theaterhonoraren zu verdanken hatte, und er dachte auch nicht daran, sein Leben zu ändern, weil Robespierre milchtrinkend den hübschen Schreinerstöchtern seines Quartiers nur heimlich nachstarrte.

So war Mirabeau schutzlos, als er nach einer monströsen Debatte über Frankreichs Bergwerke Ende März 1791 zusammenbrach in einem Kollaps, der sich heute nicht mehr völlig erklären läßt, und da der Graf am Morgen seines Todes auch noch eine jener Pasteten gegessen hatte, die in Frankreichs Geschichte von Agnes Sorel über Gabrielle d'Estrées bis zu Adrienne Lecouvreur eine so unheilvolle Rolle gespielt hatten, vermochte selbst der große Arzt Cabanis eine Vergiftung des Grafen Mirabeau nicht auszuschließen. Das Volk jedenfalls war überzeugt, daß der kalte Rechner Robespierre seinen überlegenen Rivalen auf diese Weise ausgeschaltet habe, und die Begräbnisfeierlichkeiten für Mirabeau wurden zum deutlichsten Bekenntnis, das die Pariser jemals für einen der Männer ihrer großen Revolution abgelegt hatten.

Die Entwicklung der Revolution nach dem plötzlichen und frühen Tod dieses souveränen Geistes ist bekannt, ebenso das groteske Fluchtunternehmen der königlichen Familie, die Königsmorde, die Septembermorde. Aus Mirabeaus privatem Umkreis behalten wir nach der grausigen Tragikomödie dieses Lebens ein paar Figürchen in der Hand, die ohne ihn nun wie zerbrochen wirken: der treue Diener, der sich zunächst selbst entleiben will, weil die Giftpastete durch seine Hände gegangen ist; der große Arzt Cabanis, der aus diesem rätselhaften Tod die Anregung für ein ganzes Buch über ungeklärte Todesfälle schöpfen wird, der österreichisch-französische Marquis de la Marck, Mirabeaus treuester Freund und eine der edelsten Gestalten dieser Zeitenwende. Er nahm 1793 österreichische Dienste und figuriert in unseren Nachschlagewerken als ein Fürst Arenberg. In seinen Armen war Mirabeau gestorben, seine Korrespondenz mit dem Grafen ist die verläßlichste und aufschlußreichste Quelle über Mirabeaus Aktivitäten während der Revolution.

Das Satyrspiel nach der düsteren Pariser Szenerie lieferte die Marignane-Erbin Emilie, die nun, da der Name Mirabeau in aller Munde war, nicht ungern als eine Gräfin Mirabeau auftrat, und sei es am Arm eines Gallifet. Da diese Familie aus ihren überseeischen Plantagen und aus Ländereien bei Martigues ungeheure Gewinne zog, gab man auf Schloß Tholonet bei Aix das Geld mit beiden Händen aus, errichtete ein Theater, in dem Emilie auftreten konnte, und machte das Schloß zu einem der beiden Vergnügungszentren der Provence, in der die Wogen der Revolution ja nicht so hoch gingen wie in Paris oder in Lyon. Die berühmte Ulmenallee, die Tholonet mit Aix verband, ist heute Platanen gewichen, das Schloß gehört der *Société du Canal de Provence;* aber der fröhliche Geist, der hier wehte, während die Welt in Flammen stand, ist aus den Baumkronen, der verträumten Fassade und den großen Wasserflächen noch nicht geschwunden.

September 1792:

Ein Höhepunkt des Schreckens

Paris – seine Menschen – die Große Revolution

Marie-Victoire Monnard war im September 1792 noch ein Kind, ein Wäschermädchen von fünfzehn Jahren. Als sie an einem Nachmittag von einer Besorgung zurückkehrte, sah sie auf einem Seine-Kai sechs Karren, deren Ladung sie für tote Kälber hielt, so lange, bis sie bemerkte, daß zwischen den Körpern Kleiderfetzen hingen. Blut rann aus den Karren auf den Boden, und als schließlich einige Betrunkene unter Flüchen und Verwünschungen die Karren entluden und die grausige Fracht am Seine-Ufer aufreihten, da stockte der kleinen Marie-Victoire das Blut in den Adern und sie vergewisserte sich blitzschnell, ob sie auch nicht vergessen habe, die Kokarde der Revolution an ihr Häubchen zu stecken: Vor ihr lagen Männer und Frauen, die kurz zuvor erschlagen worden waren oder auch erstochen, die ersten Toten jenes großen Mordens, das am 2. September 1792 begonnen hatte und das bis zum 9. währte – die blutigsten Tage der Französischen Revolution.

Die Aufzeichnungen des Wäschermädchens, das aus Creil nach Paris gekommen war, enthalten nur einige wenige fassungslose Seiten über das Geschehen jener Tage, über die wir aus zahllosen Memoiren und Berichten so genau unterrichtet sind, als habe sich dieser Blutrausch erst in unseren Tagen einer Stadtbevölkerung bemächtigt. Aber schon bei dem Wort Bevölkerung stockt man, und es ist auch kaum richtiger, von Revolutionären zu sprechen, denn es waren insgesamt nur etwa dreihundert Menschen, überwiegend Männer, die jene vierzehnhundert Toten auf dem Gewissen haben. Die Minister der Revolutionsregierung haben das große Massaker nicht befohlen, aber sie haben es geschehen lassen; nur ein oder zwei Mutige sind dem blutgierigen Pöbel entgegengetreten.

Vergegenwärtigen wir uns kurz die Lage. Die königliche Familie lebt noch, sitzt aber im Temple-Gefängnis unter strengster Bewachung. Der ein Jahr zuvor gescheiterte, in seiner lächerlichen Fehlplanung sprichwörtlich gewordene Fluchtversuch hat den König viele Sympathien gekostet. Die 800 000 Pariser haben wenig und an manchen Tagen gar nichts zu essen, weil die Bauern die neuen Herren nicht sonderlich mögen, und da an der Versorgungsmisere irgendjemand die Schuld tragen muß, schieben die Männer um Danton und Roland sie den erfolglosen Militärs in die Schuhe, die dem König aus dem Land helfen wollten und die im Osten Frankreichs halbherzig gegen Preußen und Österreicher kämpfen.

Das alles aber wissen die Pariser nur, wenn sie es wirklich wissen wollen, wenn sie die politischen Cafés frequentieren, sich ins Zentrum wagen, Verbindungen haben. Die Stadt nämlich ist viel zu groß für die Informationstechniken jener Tage, für die Flugblätter, Gerüchte, Wandzeitungen und Ausrufer. Und wenn die kleine Marie-Victoire tote Menschen für geschlachtete Kälber halten kann, so ist das zwar ein Irrtum, aber sie hat immerhin etwas gesehen. Die meisten aber wissen nichts, als daß der Bäcker nun doch endlich Brot zu verkaufen hat, ein scheußliches,

Am 2. September 1792 begann in Paris ein Massaker, in dem rund vierzehnhundert wirkliche oder vermeintliche Gegner der Revolution blindwütig hingeschlachtet wurden. – Die Schrecken der Revolution: Auf Piken gesteckt, werden die Köpfe königlicher Soldaten triumphierend durch die Straßen getragen.

dunkles Brot, das den Parisern schwer im Magen liegt, und daß man beim Fleischer nach langem Anstehen immerhin ein paar Innereien bekommt. Die vielen Dörfer, aus denen die große Stadt besteht, leben ihr Leben weiter in einer Art ängstlicher Selbstbeschränkung; wer nicht viel redet, wer nicht auffällt, der hat schließlich die besten Chancen, den großen Schrecken heil zu überstehen. Denn irgendwann muß es ja vorbei sein; es war einmal anders und muß darum auch wieder anders werden, eines nicht zu fernen Tages.

Angesichts dieser Lage ist es bis heute unverständlich und unerklärt geblieben, wie man in Paris die Kapitulation der Stadt Verdun vor den Preußen so schnell erfahren konnte, mit jenen näheren Einzelheiten, die offenbar den besonderen Zorn einiger Fanatiker auslösten: die kampflose Übergabe der Stadt an die Preußen, die weißgekleideten Mädchen, die den Deutschen mit Blumen in den Händen entgegenzogen, die Gerüchte von Verrat und von einer unmittelbaren Gefahr für die Hauptstadt Paris selbst.

Es ist heute nicht mehr ganz leicht vorstellbar, welche Rolle die Angst vor der Rache der Monarchen für die öffentliche Stimmung in Paris spielte. Schon als Ludwig XVI. mit seiner Familie aus den Tuilerien floh und immerhin bis Varennes gelangte, fürchtete die Stadt, der die wertvollste Geisel entronnen war, das große Strafgericht für die Entmachtung Ludwigs, die Rückkehr des Adels, das Blutbad unter den sogenannten

Oben: Nicht immer wurde das Ernährungsproblem auf so friedfertige Weise gelöst, wie es Louis-Léopold Boilly auf seinem zeitgenössischen Gemälde »Verteilung von Wein und Lebensmitteln auf den Champs Elysées« dargestellt hat. Plünderungen waren keine Seltenheit. – Links: Die Rückkehr der königlichen Familie nach Paris, deren Flucht in Varennes gescheitert war, wurde durch fest geschlossene Reihen von Nationalgardisten gedeckt.

Patrioten. Der Fall von Verdun löste eine allerdings gelenkte neuerliche Panik aus. In ganz Paris läuteten die Sturmglocken, obwohl die Preußen noch sechs starke Tagesmärsche von der Hauptstadt entfernt waren; Trommelwirbel erfüllten die Luft mit düsterem Alarm, und in allen Gefängnissen der Stadt begann schon um zwei Uhr mittags (als die Übergabe von Verdun formell noch gar nicht vollzogen war!) jenes große Morden, das in seiner Methodik abgesprochen gewesen sein muß.

Die Verdächtigen, die man seit etwa dem 20. August 1792 verhaftet hatte, waren in erster Linie Priester, daneben Adelige oder bekannte Gegner der neuen Ordnung. Sie gesellten sich in überfüllten Zellen zu jenen hundertfünfzig Schweizern, die am 10. August beim Sturm der Bevölkerung auf den Tuilerienpalast dafür verhaftet worden waren, daß sie die königliche Familie verteidigt hatten. Der Großteil der Schweizergarde war an diesem Tag gefallen; Ludwig XVI. und die Seinen saßen nun im Temple, und die inhaftierten Schweizer waren die ersten, die am 2. und 3. September mit Säbeln und Äxten in den Vorhöfen der Gefängnisse umgebracht wurden.

Das dichterische Schaffen von Jacques Cazotte (1719–1792) ist, dem Zug der Zeit gemäß, durch seine Beschäftigung mit dem Geheimnisvollen und Übersinnlichen geprägt.

Für die anderen Gefangenen gab es zumindest die Vortäuschung eines Gerichtsverfahrens. Sie wurden in Gruppen von fünf bis zehn vor ein ad hoc zusammengesetztes Gericht geführt, das keinerlei Möglichkeiten hatte, die Anschuldigungen oder auch die persönliche Verteidigung des Gefangenen zu überprüfen. Anwälte gab es nicht oder nur durch Zufall, wenn irgend ein Bewacher das von dem Häftling Vorgebrachte zumindest teilweise bestätigen konnte. Während des Verfahrens – sofern man dieses Wort für den wenige Minuten währenden Vorgang überhaupt gebrauchen will – drangen aus dem Hof schon die Todesschreie der Massakrierten herauf. Gelähmt und oft stumm vor Angst, sollten die Angeklagten nun die Chance der wenigen Minuten, der wenigen Worte wahrnehmen, die ihnen vergönnt waren, und nur die Kaltblütigsten, die Wortgewandten verstanden sie mitunter zu nützen: François, Chevalier de Jourgniac Saint-Méard, ein Offizier aus dem Limousin, war denunziert worden, ein konterrevolutionäres Blatt herausgegeben zu haben. Als er am 2. September vor dem Tribunal stand, hatte er die zehn Tage Haft insofern gut genützt, als er sich allerlei Leumundszeugnisse aus seiner Wohngegend verschafft hatte. Er verteidigte sich gewandt und ohne zu lügen, gab zu, daß er Royalist sei, und empfing von diesem Bezirksrichter dafür ein Wort, das verdiente, in den Büchmann einzugehen: »Ce n'est pas pour juger les opinions que nous sommes ici; c'est pour en juger les résultats« (Nicht um Meinungen zu verurteilen, sind wir hier: wir richten über das, was aus ihnen folgt).

Ein Provenzale, dessen Mundart der Offizier zu sprechen verstand, und ein Wachsoldat aus dem Stadtviertel, in dem Saint-Méard seine Leumundszeugnisse gesammelt hatte, trugen dazu bei, die Stimmung für diesen Angeklagten weiter zu verbessern, so daß er schließlich freigesprochen wurde und unter dem Jubel der vor dem Gefängnistor wartenden Menge heimgehen durfte. Denn die Pariser, das zeigen jene Tage sehr deutlich, waren zwar für die Revolution, aber gegen dieses wilde Blutvergießen und freuten sich offen über jeden Geretteten.

Sehr oft – nicht immer – brachte schon der Zeitgewinn die Rettung, in manchen Fällen freilich nur für wenige Wochen, denn die Jakobiner und an ihrer Spitze Robespierre behielten ja noch zwei Jahre lang die Macht, und auch nach jenen blutigen Septembertagen arbeitete die Guillotine weiter mit bis zu sechzig Hinrichtungen am Tag.

Eine dieser kurzfristigen Errettungen verlängerte das Leben des greisen Dichters Jacques Cazotte bis zum 25. September 1792. Sie war das Werk seiner schönen und mutigen Tochter, die dem alten Mann nicht von der Seite wich. Mademoiselle Cazotte war einige Tage vor dem 2. September als unschuldig erkannt worden, hatte aber erreicht, dennoch im Gefängnis bleiben zu können, um ihrem Vater beizustehen. Ein paar Bewacher aus Marseille begannen, sich für die Schöne zu interessieren und ließen sich von der Harmlosigkeit eines dreiundsiebzigjährigen Dichters überzeugen. Als Cazotte in den Todeshof hinausgestoßen wurde und die Schlächter auf ihn eindrangen, riß sich seine Tochter von jenen los, die sie zurückhalten wollten, stellte sich vor ihren Vater und rief: »Wenn ihr zu meinem Vater wollt, müßt ihr zuerst mich umbringen.« Ein zeitgenössischer Bericht über die Rolle der Frauen in der Revolution sagt, daß es die Erregung und die Schönheit des Mädchens in seinen zerrissenen Kleidern, mit seinen offenen Haaren waren, die alle Umstehenden zu lauten Bitten um Gnade veranlaßten. Ehe die Mörder sich besinnen konnten, hatten die Männer aus Marseille das Gefängnistor geöffnet und Vater wie Tochter konnten entkommen. Cazotte, dessen Roman »Verliebter Teufel« ein bis heute lesbares Stück phantastischer Prosa geblieben ist, hatte durch eine Prophezeiung Aufsehen erregt. Der zweifellos mit divinatorischen Fähigkeiten ausgestattete Dichter hatte in einer großen und vornehmen Gesellschaft lange vor dem Ausbruch der Revolution einem Gutteil der Anwesenden das Ende auf dem Schafott vorausgesagt, mit so furchtbarer Präzision, daß seine Autorschaft später bezweifelt wurde.

War Cazotte nur den Gebildeten bekannt, jenen, die seine in Briefen verschlüsselten Ideen über eine mögliche Gegenrevolution gelesen hatten, so saßen damals nicht wenige Herren und Damen in den Gefängnissen, die man aus den letzten Jahren königlicher Pracht nur allzu gut kannte. Die schönste und stolzeste unter allen Freundinnen der Marie Antoinette war Marie-Thérèse de Savoie-Carignan, Princesse de Lamballe, zweiunddreißig Jahre alt, Intendantin des Haushalts der Königin. Seit die königliche Familie im Temple inhaftiert war, saß die Prinzessin im La Force-Gefängnis. Sie hatte sich in drei Wochen auf dieses neue, harte Leben eingestellt und bat, sie in ihrer Zelle zu belassen, als man ihr die Verlegung ankündigte. Diese angeblichen Verlegungen aber waren einer jener Vorwände, die gegen die Spontaneität des großen Mordens sprechen. Man hatte schon am Morgen des 2. September Messer und Gabeln in den Zellen eingesammelt; ein Gefängnis-Hausmeister hatte Frau und Tochter schon im Morgengrauen aufs Land geschickt. Kurz – die Kundigen

Prinzessin Lamballe, Intendantin des königlichen Haushalts, war eines der prominenten Opfer der Septembertage. – Stich nach Grévedon.

wußten vor jenem blutigen Sonntag, daß etwas Besonderes bevorstand, und die Lamballe schien es zumindest geahnt zu haben.

Als sie vor jenen Tisch hintrat, wo die Schnellrichter über Leben und Tod entschieden, war sie noch gefaßt. Ein wohlmeinender Wachsoldat flüsterte ihr im Vorbeigehen zu, alles zu sagen und zu beschwören, was immer verlangt werde, es gehe um ihr Leben. Zu den Prinzipien der Freiheit, der Gleichheit und der Brüderlichkeit bekannte sie sich denn auch ohne Zaudern, dies koste sie, wie sie betonte, auch keinerlei Überwindung. Man darf es einer Frau glauben, die in eines der reichsten Häuser Frankreichs eingeheiratet hatte, seit ihrem achtzehnten Lebensjahr Witwe war und die Welt bis dahin nur im rosigsten Licht gesehen hatte. Sie war fromm, ohne Arg, aber auch ohne wirkliche Kenntnis der Verhältnisse, die zur Revolution geführt hatten.

Dann aber verlangte man von ihr den Revolutionsschwur »Tod den Tyrannen« und die Verurteilung des Königs (dessen Prozeß damals noch gar nicht begonnen hatte). Der Einflüsterer, der sie retten wollte, beschwor sie, sich zu fügen, aber sie sagte ganz ruhig, sie könne jenen Menschen, von denen ihr zeitlebens nur Gutes gekommen sei, nichts Böses wünschen. Damit war sie verloren. Die Tür zum Hof öffnete sich. Die Prinzessin sah, was dort vor sich ging und wich instinktiv zurück, entsetzt und wohl auch angewidert von dem Blutgeruch. Wenige Sekunden später starb sie unter Säbelhieben. Man trennte ihr den Kopf ab, steckte ihn auf eine Pike und zog damit zum Temple-Gefängnis, wo die Delegation der Schlächter es erreichte, daß der Intendant des Gefängnisses Ludwig XVI. und Marie Antoinette an die Fenster befahl. Man hatte sogar verlangt, daß der Dauphin und seine Schwester, also zwei Kinder, das blutende Haupt betrachteten, doch scheint der König dies verhindert zu haben, indem er am Fenster nicht Platz machte.

Über das, was mit dem Leichnam der Lamballe geschah, sind soviele grausige Anekdoten im Umlauf, daß man annehmen muß, die Memoirenschreiber hätten im Rückblick so manches, was die eine oder andere schöne Tote betraf, auf die bekannteste von ihnen allen übertragen, woraus sich dann manche Ungereimtheiten und Widersprüche erklären. Das gilt auch für die angeblichen letzten Worte der Prinzessin. Sicher ist,

Folgende Doppelseite: Der Herzog von Braunschweig, Oberbefehlshaber der verbündeten Armeen gegen das revolutionäre Frankreich, erließ, bevor er die Grenze überschritt, ein Manifest, in dem er androhte, er werde Paris dem Erdboden gleichmachen, falls die königliche Familie bedroht oder auch nur die Tuilerien beschädigt würden. Die Reaktion: Am 10. August 1792 setzten die Aufständischen zum Sturm auf die Tuilerien an, die von Schweizer Gardisten (rote Röcke) tapfer, aber vergeblich verteidigt wurden. Der König floh in die Nationalversammlung. Das berühmte Gemälde von Jacques Berteaux ist ein Zeitdokument, es wurde bereits 1793 in Versailles ausgestellt.

nach den glaubwürdigsten Zeugen, daß die Tote gegenüber dem Gefängnistor mit anderen Ermordeten auf einer Schutthalde liegenblieb, daß man ihr aber, kaum daß sie den Geist aufgegeben hatte, die Kleider auszog. Das mochte zunächst simple Raublust gewesen sein, dann aber kam die voyeuristische Gier hinzu. Der Leichnam wurde völlig entblößt, ja man wusch im Lauf des Tages sogar immer wieder das Blut von ihm ab, so daß der nackte Leib weiß in der Septembersonne leuchtete, bis sie unterging ...

So manches, was glaubhaft berichtet wird, entzieht sich der Wiedergabe, anderes, wiewohl von ernsthaften Autoren (Gugitz) angeführt, erscheint aus rein praktischen Gründen unmöglich – die Behauptung eines ehemaligen Finanzpächters zum Beispiel, er habe an jenem Tag eine Pastete aus bestimmten Körperteilen der Ermordeten gegessen. Immerhin fallen kannibalistische Äußerungen mehrfach, an verschiedenen Stellen vor Paris, und der fürchterlichste Zwischenfall ereignete sich an einem Seine-Kai, dort, wo die Fischweiber in Riesenpfannen frisch gebratene Fische feilzubieten gewöhnt waren: Man hatte eine junge Adelige aufgegriffen, die sich auf der angstvollen Suche nach einem Angehörigen aus dem Haus gewagt hatte. Die Händlerinnen rissen der Unglücklichen die Kleider vom Leib, warfen das Mädchen in die heiße Pfanne und kommentierten die verzweifelten Bewegungen der Leidenden mit höhnischen Zurufen. Schließlich erblickte sie einen jungen Mann unter den Umstehenden und flehte ihn an, ihrem Leiden ein Ende zu machen; er zog seine Pistole und tötete sie mit zwei Schüssen, worauf die um ihr Vergnügen betrogenen Fischweiber dann ihn in die Pfanne warfen. (Eine ähnliche Reaktion wird übrigens gegenüber einem alten Mann berichtet, der sich für die Lamballe einzusetzen wagte: Er wurde sogleich von einigen Spießen durchbohrt).

Es steht heute fest, daß solche Szenen, deren nicht wenige verbürgt berichtet werden, den Marquis de Sade zur literarischen Behandlung anregten, allerdings nicht in dem Sinn, daß ohne diese Erlebnisse der ganze Sadismus nicht geboren worden wäre. Einige seiner Hauptwerke waren seit 1785 bereits entstanden, andere wurden bei der Plünderung der Bastille vernichtet, wo sie zurückgeblieben waren, als Sade am 4. Juli – zehn Tage vor dem sogenannten Bastillesturm – nach Charenton verlegt wurde. Am 3. September 1792, mitten in dem großen Morden, wird Sade Sekretär der extremistischen *Section des Piques*, im Jahr darauf amtiert er sogar als Richter! Neben ihm aber muß so mancher namenlose Sadist am Werk gewesen sein . . .

Aus den Protokollen des Pariser Gemeinderates geht hervor, daß zumindest die Stadt an den Massakern wenig Schuld trug. Die öffentliche und obrigkeitliche Aktion hatte um den 20. August herum eingesetzt und unter dem Eindruck der militärischen Niederlagen im Osten und der sich häufenden Meldungen von Unzuverlässigkeiten in der Armee als eine große Verhaftungswelle begonnen. Nach mehr oder minder zufälligen Unterlagen, sehr oft auch auf lokale Denunziationen hin, waren all jene Personen verhaftet worden, die ihre engere oder weitere Umgebung als revolutionsfeindlich einstufte. Soweit es sich um Schriftsteller und Publizisten handelte, besaß man deren Veröffentlichungen als Beweise; bei anderen war es simple Korrespondenz mit dem Ausland, die Verdacht erregte, bei wieder anderen der Adelsname oder das Priesterkleid.

Vermochte man diese Aktion auch nicht zu billigen, so bestand doch immerhin die Möglichkeit, daß sie in ruhigeren Zeiten abgebrochen wurde; auch sollten die Inhaftierten ja einvernommen und überprüft werden. Wer am 2. September 1792 das Signal gab, diese Untersuchungshäftlinge vor jeder Einvernahme oder Aburteilung aus den Gefängniszellen zu zerren und unterschiedslos niederzumachen, ist bis heute strittig. Man weiß nur, daß der Justizminister Danton auffällig untätig blieb und daß die Armee-Einheiten, die ausgerückt waren, um die Unruhen vor den Gefängnissen zu zerstreuen, den Befehl bekamen, in ihre Kasernen zurückzukehren; aber es gibt keine Unterlagen darüber, wer Danton und wer die Armee zu dieser Zurückhaltung veranlaßte. Zwei bekannte Persönlichkeiten der Revolution haben sich jedoch zu den Morden bekannt: Maximilien Robespierre, der sie als spontanen Ausbruch des Volkszorns bezeichnete, und der Jakobiner Jean Nicolas Billaud-Varenne, Konventsabgeordneter, Gegner Dantons, ein Mann aus La Rochelle. Er hielt ange-

Die Septembermorde waren ein Vorgeschmack auf die Schreckensherrschaft, die die letzte Phase der Französischen Revolution bestimmen sollte. In diesen Tagen wütete die nackte Gewalt der Lynchjustiz. Gerichtsverfahren waren, falls es überhaupt dazu kam, nur eine Farce, sofort gefolgt von einem barbarischen Gemetzel.

sichts der Haufen verstümmelter Leichen mehr als eine Ansprache an die blutverschmierten Mörder, und er versicherte ihnen, daß sie lediglich ihre nationale Pflicht getan hätten. Während Robespierre seinem Schicksal nicht entging, wurde Billaud-Varenne 1796 lediglich deportiert und überlebte seine Verbrechen um fünfundzwanzig Jahre.

Auffällig ist – und damit fällt auf die Stadt Paris zumindest der Vorwurf der Mitwisserschaft –, daß die Mitglieder des Gemeinderates auf die ersten Nachrichten von Lynchjustiz nicht etwa generell gegen die Übergriffe vorgingen, sondern lediglich einige Ordnungshüter entsandten, um zwei Gruppen von Häftlingen vor den Mördern zu retten: jene, die in Schuldhaft saßen, und andere, die lediglich zivilrechtliche Verfahren zu gewärtigen hatten. Für alle anderen wurde kein Finger gerührt, ja es gibt sogar eine Rechnung über 850 Livres, die einem Weinhändler bezahlt wurden, und zwar aus der Gemeindekasse: Die Mörder hatten Durst bekommen, und da man ihnen schließlich versichert hatte, sie hätten nur ihre Pflicht getan, wollten sie diesen Durst auf Kosten der Stadt löschen.

Es waren Tage, an denen sich Hunderte von Tragödien abspielten, und die schreibfreudigen Franzosen haben uns nicht wenige davon berichtet, Schriften, in denen das Entsetzen noch nachzittert oder damenhaft über grausige Wirklichkeiten lamentiert wird, wenn eine Marquise einer Freundin berichtet, aber nun einmal keinen anderen Wortschatz zur Verfügung hat als den der gewohnten Salon-Konversation. Manche dieser ad-hoc-Berichte erlebten binnen zwei Wochen zwanzig Auflagen und sind heute vergessen, andere sind als Kuriosa bis heute lebendig geblieben, weil sie uns zeigen, wie oft ein Schritt, ein Blick, eine winzige Ungeschicklichkeit den großen Übergang vom Leben zum Tod nach sich ziehen. Ich schließe mit dem ruhigsten und wertvollsten jener Berichte, einem Stück Revolutionsgeschichte und einem *document humain* über die besondere Species, die sich die Pariser nennen:

Der Abbé Sicard stammte aus Toulouse, führte die absonderlichen Vornamen Rochambroise Cucurron und wurde 1789 Nachfolger des Abbé de L'Epée an der Pariser Taubstummenanstalt. Sicard ist einer der Pioniere der Taubstummensprache und führte mit seinen Fachkollegen in ganz Europa über dieses Thema eine Korrespondenz, die schon darum Verdacht erregen mußte, weil ja niemand etwas von der Materie verstand und die Zahl der Analphabeten unter den sogenannten Patrioten obendrein erheblich war. Am 26. August 1792 erschien ein Tischler, gefolgt von sechzig(!) Nationalgardisten in der Taubstummenanstalt, verhaftete den Abbé von seinen Schülern weg, beschlagnahmte seine Briefe und verbot ihm, andere Bücher als das Brevier mit sich zu nehmen. Man bot ihm an, einen Wagen zu mieten, aber Sicard bestand darauf, zu Fuß zu gehen, kannten ihn doch sehr viele Pariser, deren Kinder oder Anverwandte er in seiner großen Anstalt unterrichtete.

Eines der dramatischen Ereignisse der Französischen Revolution im Terror der blutigen Septembertage 1792: Ein »Volksgericht« läßt im Abbaye-Gefängnis nach kurzem Scheinverhör dreihundert Gefangene niedermetzeln.

Tatsächlich begleiteten bald viele Menschen die Gruppe der Pikeniere, in deren Mitte der Abbé ging, bis zum Rathaus. Die verlassenen Taubstummen verfaßten nicht nur eine Bittschrift, ihnen ihren Vater und Betreuer wiederzugeben, sie entsandten auch einen jungen Mann, der mit Hilfe der Zeichensprache, die Epée und Sicard ihm beigebracht hatten, eine rührende Ansprache hielt. In der panischen Angst vor dem Ausland (das ja tatsächlich beinahe geschlossen gegen das revolutionäre Frankreich stand) erschien der Abbé mit seinen internationalen Verbindungen jedoch als so gefährlich, daß man ihn trotz aller Petitionen nicht freiließ, sondern als Spion und Freund der Tyrannen ins Gefängnis abführte.

Am Mittag des 2. September, nach den Kanonenschüssen, die das Morden einleiteten, begannen die angeblichen Verlegungen, die kaum einer überlebte. Sicard und zwei Dutzend Gefährten sollten ins Abbaye-Gefängnis, mittels Pferdedroschken. Die Begleitmannschaften erläuterten den Menschen auf der Straße, daß hier Verräter transportiert würden, und tatsächlich wurde durch die offenen Fenster in die Wagen hineingeschlagen und -gestochen, so daß Sicard, um unverletzt zu bleiben, sich in eine Ecke des Wagens drückte, der mit fünf Personen ohnedies überbesetzt war. Vor dem Abbaye-Gefängnis angekommen, mußte Sicard erkennen, daß die Mörder hier schon warteten. Seine Gefährten wurden, kaum daß sie den Wagen verlassen hatten, mit Säbeln und anderen Waffen getötet, einer, der sich losreißen konnte, erlitt das gleiche Schicksal ein paar Meter weiter. Mit vier Wageninsassen beschäftigt, hatten die Schlächter keinen fünften mehr erwartet; da sie zudem abgelenkt waren, weil einer sich noch wehrte, konnte Sicard durch die Meute hindurch ins Haus gelangen, wo ein Komitee in Verwaltungsangelegenheiten tagte; er schreibt: »›Ah Messieurs‹, rief ich, ›Retten Sie einen Unglücklichen!‹ Die Kommissare

Alltag während der Schreckensherrschaft: Die Arbeit der Guillotine auf der Place de la Révolution. – Gemälde von Machy (oben); Plünderung, Vergewaltigung und Mord. – Aquarell von Béricourt (links unten).

aber wiesen mich ab: ›Machen Sie, daß Sie weiterkommen, glauben Sie, wir wollen uns Ihretwegen umbringen lassen?‹ – Ich wäre verloren gewesen, hätte nicht eines der Komiteemitglieder mich erkannt: ›Aber Sie sind doch der Abbé Sicard? Wie kommt es, daß Sie hier sind? Kommen Sie weiter, wir werden Sie zu retten versuchen, so lange es uns möglich ist‹. Damit wäre ich in Sicherheit gewesen, hätte nicht eine Frau alles mitangesehen. Sie lief nun hinaus zu den Mördern und erzählte ihnen, wo ich mich versteckt hielte . . .«

Es begann ein grausiges Hin und Her: schüchtern-ungeschickte Bestechungsversuche von Seiten des Abbés, flüsternde Beratungen innerhalb des Komitees, das die Säbelmänner auf dem Hof kaum viel weniger fürchtete als Sicard selbst. Und dann, als sich die Piken schon auf ihn richteten, war plötzlich doch ein Retter zur Stelle, einer jener Mutigen, die in solchen Augenblicken aus der Gosse aufstehen oder vom Himmel fallen, aber doch immer wieder im richtigen Augenblick auftauchen. Es war ein Unbekannter, dem die Schlächter an diesem Tag die Kinder getötet hatten und dem darum offenbar alles gleichgültig war. Er stellte sich entschlossen vor den Abbé, gewann Zeit und rettete den verdienten Mann.

Die große Lynch-Aktion hat, nach den offiziellen Ermittlungen der städtischen Behörden, 1395 Opfer gefordert, aber es wären ohne solchen Mut, ohne diesen Individualprotest sehr viel mehr gewesen, denn wenn ein Gefängnishof voll Toter lag, erscholl stets der Ruf »Was sollen wir noch hier?«, und die Schlächter zogen weiter, zunächst zu einem anderen Gefängnis und, als man überall gewesen war, zu den Stadttoren. Dort trafen Gefangenentransporte aus der Umgebung ein und wären auf die gleiche Weise behandelt worden, hätte nicht der eine oder andere Provinzbürgermeister sich von den Parisern so wenig einschüchtern lassen, daß er »seine« Gefangenen verteidigte und lebendig bei einem Gefängnis ablieferte.

Die seltsamste Folge dieser seit der Bartholomäusnacht fürchterlichsten Mordaktionen war, daß die Pariser – die jeden Geretteten mit dem Ruf *Vive la Nation* begrüßt hatten – die Blutregierung von Robespierre, Danton und Billaud-Varenne nicht stürzten, sondern aufgerüttelt zu den Waffen eilten, den treu gebliebenen Truppen den Rücken stärkten und die sensationelle Wende des Krieges gegen Preußen und Österreich herbeiführten. Das geschah vierzehn Monate, ehe Napoleon sich bei Toulon als Schlachtengenius entpuppte, es hatte mit dem großen Korsen also nichts zu tun, sondern war eben revolutionärer Elan, der die Sansculotten bis nach Mainz und Frankfurt führte – wo sie allerdings sicherer waren als im Umkreis der Guillotine.

Die Ermordung des Marat

Charlotte de Corday und ihr Prozeß 1793

In dem Maß, wie das gastronomische Interesse das historische verdrängt, steigt der Ruhm der normannischen Bäuerin Marie Hamel aus Camembert, die den Käse der Region zur Vollendung brachte. In dem im Zweiten Weltkrieg völlig zerstörten Städtchen Vimoutiers ist ihr Denkmal, von einem Käsereibesitzer aus Ohio gestiftet, mangels anderer Sehenswürdigkeiten nicht zu übersehen. Und doch wurde neun Kilometer südwestlich von Vimoutiers das Mädchen geboren, das Anspruch auf den Titel einer normannischen Jeanne d'Arc hätte – Marianne Charlotte de Corday d'Armont, das Landkind aus dem Kleinadel, das sich opferte, um Jean-Paul Marat zu töten. Ihr Geburtshaus ist selbst für den Gutwilligen so gut wie unauffindbar; die modernen Reiseführer verzeichnen es nicht mehr; über Feld- und Hohlwege hoppelnd, erreicht man es schließlich, ein windschiefes Bauernhaus, das man in südlichen Gegenden des deutschen Sprachraums verächtlich »eine Keuschn« nennen würde.

Daß die Wogen der Französischen Revolution bis hierher schlugen, wäre erstaunlich; aber Vater und Tochter de Corday lebten ein paar Meilen weiter in der Kleinstadt Argentan, und dort wußte man doch so einigermaßen, was in Paris vor sich ging, kannte die Parteikämpfe zwischen den gemäßigten Girondisten und den Scharfmachern, den Jakobinern. Auf ihrem Weg zur Ermordung des Königspaares mußten die Jakobiner über Leichen gehen: Zunächst starb Mirabeau, der das Königtum retten wollte, unerwartet, danach wurden die Girondisten entmachtet und in Schauprozessen ihrer besten Köpfe beraubt. Und schließlich schüchterten die Septembermorde die Bevölkerung von Paris völlig ein. Die publizistische Vorbereitung und Auswertung des blutigen Septembers lag in den Händen Marats, Hauptautor und Chefredakteur des *Journal de la République Française* und Abgott der Pariser, soweit sie lesen konnten.

Die Provinzfranzosen waren, wenn sie etwas aus Paris und über die Regierung erfahren wollten, auf Presseerzeugnisse angewiesen, die Marat seit März 1793 praktisch allein beherrschte. Während aber das kleine Volk der Hauptstadt den Jakobinern zuneigte, hatten in der Provinz – soweit sie überhaupt mit der Revolution sympathisierte – die Girondisten ungleich mehr Anhänger. Darum ging es ja auch bei den girondistischen Plänen einer Volksabstimmung über das Schicksal des Königs. Sie hätte zweifellos eine Mehrheit gegen die Todesstrafe, vielleicht sogar gegen den Prozeß ergeben.

De Cordays politische Einstellung ist nicht mit Sicherheit bekannt; seine Tochter Charlotte jedenfalls war keine Royalistin, sondern kannte einige Girondisten und sympathisierte mit der gemäßigten Strömung der Revolution. Sie hatte auch, als sie sich entschloß, Marat für die September- und die Girondistenmorde büßen zu lassen, einige Empfehlungsbriefe von bis dahin unverdächtigen Anhängern der Revolution, scheint sie aber in Paris nicht präsentiert zu haben. Während Personen, die Paris verließen, streng kontrolliert wurden, war ein junges Mädchen vom Lande, das sich in die Hauptstadt wagte, zunächst ja unverdächtig; wer nicht lautere Absichten oder ein völlig reines Gewissen hatte, mied Paris schon wegen der Schlagbäume, der Kontrollen und der seit dem September mit grauenhafter Geschwindigkeit arbeitenden Tribunale.

Charlotte de Corday aber fürchtete sich nicht. Sie steckte ihre Ersparnisse zu sich und trat in ihrer ländlichen Kleidung die Reise nach Paris an, vielleicht in einer Art religiöser Verzückung wie einst Jeanne d'Arc, als sie aus Domremy aufbrach. Jedenfalls war Charlotte sehr fromm und verstand sich als Werkzeug, und so schellte sie, in ein getupftes Kleid gehüllt, einen hohen schwarzen Hut mit grünem Band auf dem Kopf, an der Wohnung des Jean-Paul Marat.

Marat lebte wie viele Führer der Revolution, die keine Pariser waren, in Untermiete, wenige Minuten von seiner Redaktion in Saint-Germain-des-Prés entfernt. Seine Geliebte, eine hübsche Putzmacherin, teilte das Quartier mit ihm und versorgte ihn, denn Marat hatte eine höchst unangenehme Hautkrankheit, die mancher seiner Bekannten schlicht für die

Marat, einer der Volkshelden der Französischen Revolution, inmitten einer ihm begeistert zujubelnden Menge. – »Der Triumph des Marat«, nach einem Ausschnitt aus einem Gemälde von Louis-Léopold Boilly.

Folgen einer Geschlechtskrankheit hielt: ein Ausschlag, der ihn zu stundenlangen Bädern mit allerlei Mixturen nötigte. In der Wanne arbeitete er an seinen Artikeln, und in der Wanne saß er, als Charlotte de Corday Einlaß begehrte.

Simone Evrard, Marats Lebensgefährtin, versuchte sie abzuweisen, aber Charlotte erklärte, schon einmal an der Türe gewesen zu sein; vor allem aber habe sie den weiten Weg aus der Normandie nur Marats wegen gemacht und bäte darum, empfangen zu werden. Marat, der den Wortwechsel der Mädchen hörte, rief hinaus, man möge die Besucherin vorlassen, und Charlotte trat ein. Sie hatte übrigens nicht gelogen. Sie war an diesem 13. Juli schon den dritten Tag in Paris; es war ihr dritter Versuch, zu Marat vorzudringen, sie hatte ihm zwei Briefe geschrieben und auch im Konvent versucht, ihn zu sehen. Und nun war es halb sieben Uhr abends; sie war ins erste Stockwerk hinaufgestiegen und stand in einem der beiden Hofzimmer, die Simone mit zwei anderen Räumen für ihren berühmten Freund gemietet hatte.

Ob und was in den nächsten Minuten gesprochen wurde, weiß man bis heute nicht. Vermutlich zog Charlotte, nach so vielen vergeblichen Anläufen am Ende ihrer Selbstbeherrschung, das lange Küchenmesser mit dem Ebenholzgriff, das sie tags zuvor in Paris erstanden hatte, und stach es dem in der Wanne mehr liegenden als sitzenden Marat in die Brust. Er hatte noch die Kraft, nach Simone Evrard zu rufen, dann füllte sich die Lunge mit Blut, auch die Kopfschlagader war verletzt.

Marats Hilferuf war kaum vernehmlich gewesen, aber Simone hatte wohl gelauscht, war es doch nicht alltäglich, daß ein junges und gutaussehendes Mädchen bei einem Mann eintrat, der in der Badewanne saß. Jedenfalls stürzte sie ins Zimmer, wo Charlotte de Corday das Messer inzwischen aus der Wunde gezogen und auf einen kleinen Tisch gelegt hatte. Sie machte keinen Versuch zu fliehen.

Simone holte Hilfe, zunächst einen Mann namens Laurent Bas, der auf dem Vorplatz des Hauses gegenüber Zeitungen gefaltet hatte. Der kümmerte sich allerdings weniger um den Sterbenden als um Charlotte und maltraitierte sie mit Schlägen. Nachdem man sie so eine Weile herumgestoßen und mißhandelt hatte, brachte die Wache sie ins Abbaye-Gefängnis. Sie hatte sich nicht gewehrt, und bei den Verhören bekannte sie, damit gerechnet zu haben, daß man sie lynchen werde. Sie wußte um die außerordentliche Beliebtheit Marats und war sicher, man werde sie als seine Mörderin auf offener Straße in Stücke reißen.

Während man Charlotte de Corday in das Untersuchungsgefängnis, in die berüchtigte Conciergerie transportierte, wurde Marats Leichnam einbalsamiert und am nächsten Morgen auf einer Estrade in der ehemaligen Eglise des Cordeliers aufgebahrt, wobei man Sorge trug, durch ein nasses Tuch den Ausschlag und seine Folgen zu verdecken. Nur der Kopf war

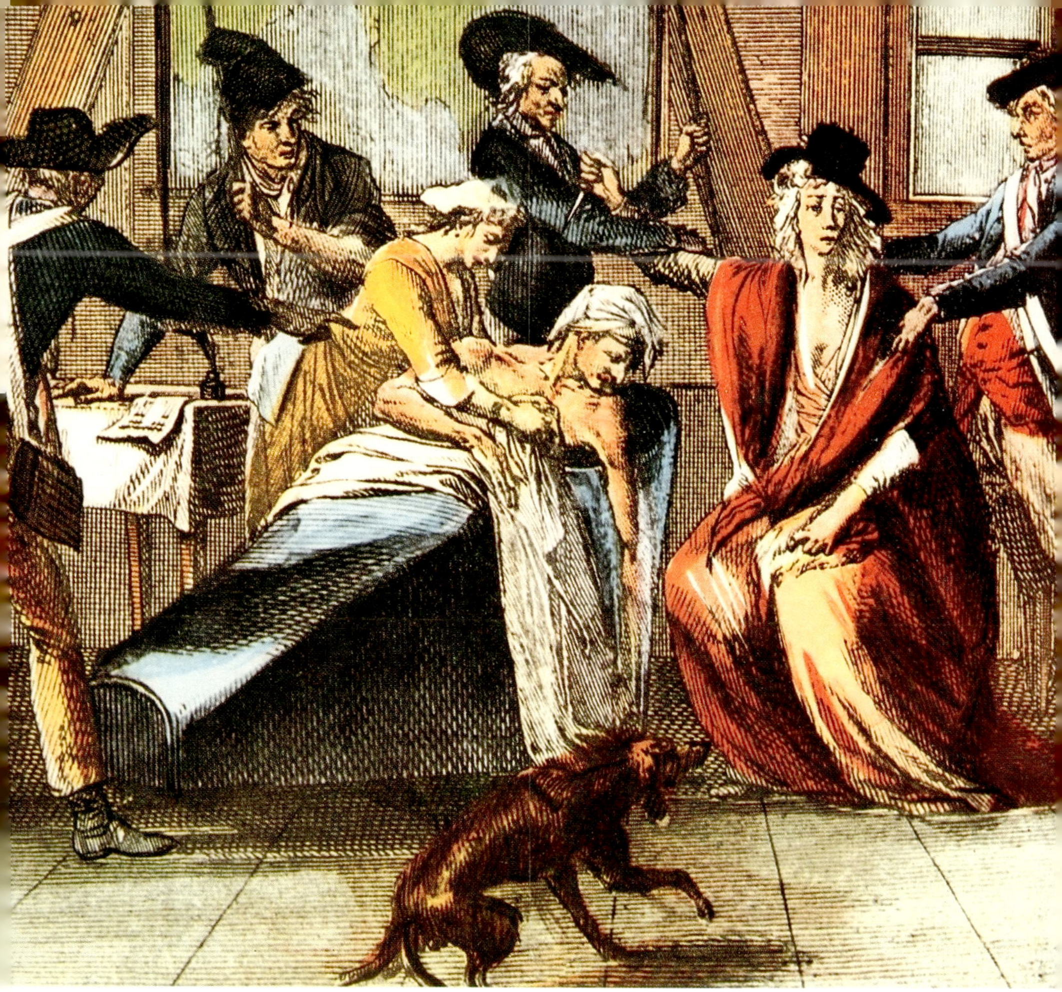

Jean-Paul Marat, als Idol der Sansculotten einer der Initiatoren des jakobinischen Terrors gegen wirkliche und vermeintliche Gegner der Revolution, wurde von Charlotte de Corday 1793 erstochen. – Die Situation unmittelbar nach dem Mord, wie sie eine zeitgenössische Darstellung schildert.

sichtbar. Der Maler David kam, um in Eile noch ein Portrait zu zeichnen. Das Herz Marats wurde in einer kostbaren Urne verschlossen und im Königlichen Mobiliendepot auf der heutigen Place de la Concorde aufgestellt. Am 16. Juli wurde Marat in endlos langem Trauerzug zu Grabe geleitet, wobei sogar seine Badewanne, von vier Frauen getragen, nicht fehlte.

Aus den Verhören und aus den Briefen, die Charlotte de Corday mit sich führte, wußte man inzwischen, daß sie keine Royalistin, sondern eine Girondistin sei, was das Attentat nicht nur gefährlicher machte, sondern für die Jakobiner auch als eine Aktion von Verschwörern erscheinen ließ. Darum wurde nicht nur der Prozeß, soweit man von einem solchen

À MARAT,
DAVID.

überhaupt sprechen kann, außerordentlich beschleunigt; man verhaftete auch sogleich die Adressaten der Empfehlungsbriefe in Paris und ordnete die Verhaftung jener Provinz-Girondisten an, die sie geschrieben hatten. Die Hysterie der machthabenden Jakobiner schuf aus der Tat eines jungen Mädchens eine allgemeine Stimmung von Angst und Bedrohung, so daß zum Beispiel niemand wagte, ein grünes Band um den Hut zu tragen wie Charlotte – es hätte sich ja um ein Geheimzeichen der Verschwörer handeln können.

Die Angst der Herren, die zehn Monate zuvor Tausende von Parisern hatten in den Gefängnishöfen und auf offener Straße abschlachten lassen, trieb die ekelerregendsten Blüten. Sie hatten alle ihre geheimen Laster, gaben sich aber nach außen hin als Puritaner; die fromme Charlotte de Corday aus Argentan in der Normandie mußte darum zur Dirne werden, die den Heros der Revolution ermordet hatte. Es ist bei all dem nur erstaunlich, daß Charlotte offenbar nicht gefoltert wurde, um die Namen der Mitverschworenen zu erhalten. Darin unterschieden sich Danton, Robespierre und ihre Gefährten doch noch von den Diktatoren unserer Zeit.

Charlotte de Corday zeigte auch während der anhaltenden Verhöre keinerlei Furcht, wirkte im allgemeinen gesammelt und nur ganz selten ein wenig abwesend. Offensichtlich hielt jene von Zeitgenossen als Verzückung beschriebene Trance noch an, wenn sich die intellektuellen Pariser Beobachter nicht überhaupt irrten – sie kannten die junge Normannin ja alle nicht, und man weiß bis heute zu wenig von ihr, um die kalte Überlegung, die bewußte Planung völlig auszuschließen. Ihr berühmtestes Wort läßt sich ins Deutsche nicht übersetzen. Auf die Frage des Untersuchungsrichters, warum sie »diesen Mann« (cet homme) getötet habe, antwortete sie: »Je n'ai pas tué un homme, mais une bête féroce« (Ich habe keinen *homme* – gleichlautend für *Mann* wie *Mensch* – getötet, sondern ein wildes Tier). Vor dem Revolutionstribunal wurde sie von dem jungen und hochbegabten Anwalt Claude-François Chauvau-Lagarde verteidigt, Verteidiger auch des Girondisten Brissot und wenig später der Marie Antoinette und ihrer Schwägerin, der sogenannten Madame Elisabeth, des wohl unschuldigsten aller Opfer der Revolutionsgerichte. Chauvau-Lagarde wurde natürlich auch selbst vor Gericht gestellt und zum Tod verurteilt, doch brach das Schreckensregiment Robespierres zusammen, ehe man ihn hinrichtete, so daß er noch bis 1841 lebte.

Charlotte de Corday war voll geständig, gab ihrem Verteidiger aber keine Chance, etwas Strafmilderndes anzuführen; sie bekannte sich zum

»Der ermordete Marat«, ein Gemälde von Jacques-Louis David aus dem Jahre 1793, das den von Charlotte de Corday in der Wanne erstochenen Jakobiner zeigt.

Vorsatz und bereute nichts. Es ist allerdings mehr als fraglich, ob das Gericht angesichts eines so prominenten Mordopfers mildernde Umstände überhaupt erwogen hätte. Charlotte de Corday wurde einstimmig zum Tod durch die Guillotine verurteilt und dazu, im roten Hemd der Vatermörder zum Richtplatz geführt zu werden. Die Häupter der Revolution verstanden sich offenbar als die Väter des Volkes.

Charlotte dankte ihrem Verteidiger und bat ihn, aus dem bei ihr gefundenen Geld die (überraschend hohe) Hotelrechnung von 44 Livres für zwei Nächtigungen zu begleichen. Den Besuch eines Priesters lehnte sie ab, da er zu jenen gehörte, die den Eid auf die neue Verfassung geschworen hatten. In der Zelle empfing sie dann den Maler Jean-Jacques Hauer (1751–1829), einen Elsässer, der als Offizier der Nationalgarde schon während der Gerichtssitzung skizzieren durfte und sein Portrait nun vollendete, während Sanson senior – der alte Henker von Paris – ihre als lang und sehr schön geschilderten kastanienbraunen Haare abschnitt, um dem Stahl den Weg zum Nacken freizumachen. Sie bat Sanson, ihre Handschuhe anbehalten zu dürfen, wurde mit dem roten Hemd bekleidet und bestieg den Schinderkarren, auf dem sie aufrecht stehend durch Paris fuhr. Mit ungeheucheltem Interesse musterte sie, die nie in einer großen Stadt gewesen war, das Treiben in den Straßen von Paris und insbesondere in der eleganten Rue Saint-Honoré. An einem Fenster dieser Straße standen nebeneinander Robespierre, Danton und Camille Desmoulins und blickten auf das Mädchen hinunter. Dann wurde die Place de la Révolution erreicht, die heutige Place de la Concorde. Sanson übergab die Delinquentin seinem Sohn, aber sie hätte auch dem alten Henker keine Mühe gemacht. Es wird berichtet, daß sie sich geradezu beeilte, ihren Körper auf das Brett zu werfen . . .

Nach der Hinrichtung wurde ihr Leichnam in die Charité gebracht und von zwei Ärzten geprüft. Die Häupter der Revolution hofften noch immer, Anzeichen für Prostitution oder andere Ausschweifungen an der Mörderin Marats entdecken zu können, und wenn die lebende Charlotte de Corday darüber geschwiegen hatte, so sollte die tote, wehrlose Charlotte nun umsomehr Beweise liefern. Aber die Ärzte gehorchten dem Hippokratischen Eid mehr als dem Druck von oben und bekräftigten, daß der Körper des gesunden Mädchens vom Land, das vierundzwanzig Jahre alt war, ohne Anzeichen irgendwelcher Laster befunden wurde und noch jungfräulich war. Ein Zyniker produzierte daraufhin im Jakobinercafé das Bonmot, sie habe die Liebe niemals kennengelernt, nur den Haß. Daß dies mit den blutigen Jahren der *Terreur* zusammenhängen könnte, war dem Spötter offenbar nicht eingefallen.

Ernsthafter haben die Dichter sich mit Charlotte de Corday und ihrer Tat beschäftigt, wenngleich zunächst nur jene sich öffentlich an das

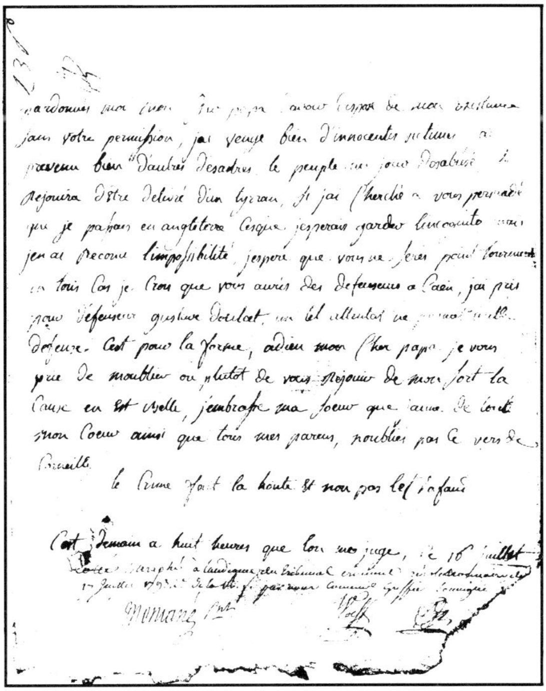
pardonnés moi mon cher papa davoir disposé de mon existance
sans votre permission, jai vengé bien d'innocentes victimes jai
prevenu bien d'autres desastres le peuple un jour desabusé
se rejouira d'être delivré d'un tyran, si jai cherché a vous persuadé
que je passais en angleterre cest que jesperais garder lincognito mais
jen ai reconnu limpossibilité, jespere que vous ne serés point tourmenté
en tous cas je crois que vous auriés des defenseurs a Caen, jai pris
pour defenseur gustave doulcet, un tel attentat ne permet nulle
defense. Cest pour la forme, adieu mon cher papa je vous
prie de moublier ou plutot de vous rejouir de mon sort la
Cause en est belle, jembrasse ma soeur que jaime de tout
mon Coeur ainsi que tous mes parens, noubliés pas ce vers de
Corneille.
le Crime fait la honte et non pas lechafaud
Cest demain a huit heures que lon me juge, ce 16 juillet

Der Abschiedsbrief, den Charlotte de Corday an ihren Vater einen Tag vor ihrer Hinrichtung in der Conciergerie geschrieben hat.

Thema wagten, die den ermordeten Tribun beklagten. Der Dichter André Chénier war der erste, der für Charlotte eintrat, und noch in ihrem Todesjahr meldete sich in Deutschland Christoph Martin Wieland zum Wort (mit einem Aufsatz im *Deutschen Merkur).* Mit Gedichten folgten Gleim und Klopstock. Die Tragik der Gestalt, die Verwandtschaft zum Judithstoff und zur Gestalt der Jungfrau von Orléans riefen schließlich auch die dramatischen Dichter auf den Plan, voran Schiller, der sich bis 1804 mit einem Dramenentwurf um Charlotte de Corday beschäftigte, aber auch den Grafen Platen, der seinem Einakter dann allerdings den Titel *Marats Tod* gab. Der merkwürdige Umstand, daß Charlotte eine Großnichte des berühmten Tragödiendichters Corneille war, hat den Fall des Mädchens aus der Normandie für die Gebildeten wohl noch anziehender gemacht. Nach zahlreichen französischen, britischen, deutschen und spanischen Bearbeitern des Stoffes, die Charlotte etwa zwanzig verschiedene Liebhaber (darunter Marat selbst) andichteten, brachte 1964 Peter Weiss das Schauspiel *Die Verfolgung und Ermordung Jean-Paul Marats* auf die Bühne, als Aufführung durch die Irren in jenem Asyl von Charenton, in dem der Marquis de Sade bekanntlich die Revolution ohne Schaden überlebte. Bei Weiss »ist Charlotte de Corday zur lächerlichen somnambulen Heroine und ihr Auftritt zur sentimentalen Opernarie stilisiert« (Elisabeth Frenzel).

Der Franzose von heute hat demnach die Wahl, sich in jedem Juli gleich dreimal an die Revolution zu erinnern. Am 14. Juli an die Befreiung der sieben zum Teil debilen, zum Teil kriminellen Insassen der Bastille, am 13. Juli an die Ermordung des Marat und am 17. schließlich an die Hinrichtung der Charlotte de Corday.

Über den Friedhof, den Cimétière de la Madeleine, auf dem sie bestattet wurde, rollen heute die Autoströme des Boulevard Haussmann. Das Sterbehaus des Marat ist verschwunden, es hätte ein Glanzstück in der Sammlung der Mordhäuser abgegeben, die Alfred Kubin für seine Alptraumstadt imaginiert. Liebhaber makabrer Spaziergänge können aber immerhin die Rue de l'Ecole de Médécine im sechsten Pariser Arrondissement aufsuchen und dort vor dem Haus Nr. 20 (das ist die Stelle) des toten Marat und seiner Mörderin gedenken.

Napoleon oder Die Furcht der Sieger

Drei Inseln und ein Leben

Es ist ein seltsames Spiel der Geschichte, daß nicht ein Seeheld oder Entdecker, nicht ein Pirat oder Admiral gleich drei Inseln zu historischem Ruhm verhalf, sondern Napoleon, der geniale Führer großer Armeen, der Eroberer mit kontinentalen Perspektiven, der zur See aber eine Niederlage nach der anderen hinnehmen mußte. Vor den Toren Europas liegen, nordsüdlich aneinandergereiht und in ihrer abweisenden Gebirgsnatur eng miteinander verwandt, Korsika und Sardinien. Die großen, trotz ihrer Lage im Mittelmeer erstaunlich sterilen Inseln strahlten zu keiner Zeit Wirkungen in die politische oder kulturelle, in die militärische oder wirtschaftliche Entwicklung Europas bis zu dem Augenblick im 18. Jahrhundert, da in Ajaccio Napoleon Bonaparte die Bühne der Weltgeschichte betrat. Und als hätte auch die Nachbarinsel auf diese Wendung gewartet, wurde Sardinien in dem Jahrhundert, das Napoleon so blutig begann, die Keimzelle der italienischen Einigung.

Dennoch ist Sardinien, Sprungbrett der Savoyer und Cavours, keine der Inseln geworden, die Geschichte machten. An Korsika aber kann niemand mehr denken, ohne an Napoleon zu denken, und der Korse als Menschenschlag ist trotz Pasquale Paolis Freiheitskampf erst seit Napoleon ein europäischer Begriff und ein Gegenstand europäischen Nachdenkens, weil er den anderen Nationen mehr Rätsel aufgab und aufgibt als die Insel selbst.

Am 15. Mai 1768 hatte Genua im Vertrag von Versailles seine Rechte auf Korsika an Frankreich abgetreten, sich aber vorbehalten, gegen Erstattung der Expeditions- und Besatzungskosten die Insel wieder in Besitz zu nehmen. Niemand erwartete, daß Genua je dazu imstande sein würde, am wenigsten die Genuesen, und Korsika wurde französisch. Ein Jahr darauf, am 8. Mai 1769, schlugen die Franzosen den verbissen gegen jede Fremdherrschaft kämpfenden Pasquale Paoli in der Schlacht von Ponte-Novo, und am 13. Juni verließ Paoli mit dreihundert Getreuen die Insel, um sich nach Livorno zu begeben.

Die Geburt Napoleons am 15. August des gleichen Jahres fällt also in eine Zeit großer Entscheidungen für die Insel, ja vielleicht in das Jahr, das für Korsikas Geschichte das wichtigste war. Man versteht nun, warum dieses Geburtsjahr des größten Korsen so lange umstritten blieb; er hätte tatsächlich kaum früher auf die Welt kommen dürfen, sollte er als französischer Untertan gelten und nicht Genuese sein, wie man es von einem anderen Großen, von Christoph Kolumbus, behauptet. (Auch Kolumbus

Drei Inseln, die im Leben Napoleons eine Rolle spielten: Korsika (oben), wo er am 15. August 1769 geboren wurde; Elba (Mitte: Hafen und Schloß von Portoferraio), wohin er 1814 nach seiner Abdankung als »Souverän« verbannt worden war; Sankt Helena (unten: Ankunft der Flotte mit dem prominenten Internierten), wo der Kaiser von 1815 bis zu seinem Tode 1821, an seiner Legende webend, lebte.

freilich nehmen die Korsen für sich in Anspruch und zeigen in Calvi ein Haus, in dem er geboren worden sein soll.) Für Carlo Buonaparte, Napoleons Vater, waren Paolis Freiheitskampf und das französische Interesse an Korsika ebenso bedeutsam wie für die ganze Insel. Im Herzen blieb er ein Anhänger Pasquale Paolis, aber da dreizehn Kinder ernährt werden wollten, nahm er das Angebot des französischen Gouverneurs Marbeuf zur Zusammenarbeit an. Er kehrte nach Ajaccio zurück und nahm seine Tätigkeit als Notar wieder auf. Paoli freilich blieb das Vorbild der Kinder, vor allem der Söhne.

Marbeuf war mit dem Notar Buonaparte und dessen schöner Frau Letizia befreundet und wünschte, etwas für die aufgeweckten Kinder zu tun. Er erreichte zunächst, daß der an sich unbedeutende Adel der Buonaparte, die aus der Toskana stammten, vom französischen Staat anerkannt wurde, und bewog danach einen Verwandten, den Erzbischof von Lyon, drei Stipendien in die Familie zu geben: einen Freiplatz in einem Priesterseminar für Joseph Bonaparte, den späteren König von Spanien, einen Freiplatz für eines der Mädchen im Pensionat von Saint-Cyr und – ein Stipendium für den Besuch der Militärschule von Brienne für den kleinen Nabulione, der sich fortan Napoleon nennen mußte. Denn mit der Annahme dieser Ausbildungshilfen war der Übergang zu dem neuen Herrn der Insel vollzogen. Carlo Buonaparte, einstiger Sekretär Paolis, juristischer Ratgeber und Unterhändler des Freiheitshelden, stand nun eindeutig in französischer Schuld.

Paoli konnte seinem Freund den Übergang ins französische Lager kaum vorwerfen, denn er selbst und andere korsische Patrioten versöhnten sich 1789 mit Frankreich, ja Paoli selbst erhielt von Ludwig XVI. den Titel eines französischen Generalleutnants. Aber in den Wirren der Revolution hielt die junge Freundschaft zwischen dem unruhigen Korsen und Frankreich nur wenige Jahre. Pasquale Paoli nahm gegen die Hinrichtung Ludwigs XVI. Stellung und galt der Republik fortan als Verräter. Aber er wartete nicht, bis die schnell arbeitenden Pariser Tribunale auch ihn auf die Guillotine schickten, sondern kehrte mit britischer Hilfe nach Korsika zurück. Entschlossen zuschlagend, wo er Franzosen traf, vertrieb er die kleinen Garnisonen des nunmehr republikanischen Frankreich von der Insel. In einer von Paoli geleiteten Versammlung zu Corte wurde am 19. Juni 1794 die Krone von Korsika dem König von England angetragen.

Da die Familie Bonaparte Frankreich treu blieb, ja sogar aktiv an den Ereignissen von Paris teilgenommen hatte, war der auf Korsika zurückgebliebene Familienteil nun, nach Paolis Wechsel ins englische Lager, zweifellos gefährdet. Wer Paoli kannte, vermochte es sich zwar nicht vorzustellen, daß er sich an der Frau und den Kindern des von ihm abgefallenen Notars Buonaparte rächen würde. Aber an Stelle des 1785 in Frankreich verstorbenen Vaters gab nun sein Sohn Napoleon der Familie doch das Signal zum Aufbruch, was einer Aufforderung zur Flucht gleichkam.

»Macht euch fertig«, hatte Mutter Letizia zu ihrer Bestürzung lesen müssen, »dieses Land ist nichts für uns.« Was er damit wirklich sagen wollte, war zweifellos: Dieses Land ist nicht mehr unser Land, nicht mehr das Land der alten patriotischen Familien.

Napoleons Fluchtbefehl kam eben noch zur rechten Zeit. Ob Paoli selbst die Bonapartes verfolgen ließ oder einer seiner Freunde, ist bis heute nicht klar. Jedenfalls hatte der Clan Paoli die furchtbare Vendetta gegen die Bonapartes erklärt. Die unversöhnliche korsische Blutrache war gegen die Familie ausgerufen, von der fast nur noch Frauen und Kinder auf der Insel weilten. Von Freunden gewarnt, floh Letizia mit ihren Kindern bei Nacht aus ihrem Haus und erreichte auf Umwegen den Hafen Calvi. Aber erst in Marseille, nach der Überfahrt, fühlte sie sich sicher.

Arm, auf eine kleine Flüchtlingsrente und ein nicht viel größeres Hauptmannsgehalt angewiesen, lebten die Bonapartes in Marseille, und Letizia ertrug die karge Zeit wohl nur, weil ihre Söhne so viel Intelligenz und Tatkraft zeigten, Lucien, der Achtzehnjährige, beinahe noch mehr als der ältere Napoleon. Und doch schaffte dieser Napoleon es noch im selben Jahr, am 22. Dezember 1793, Brigadegeneral zu werden . . . Erstaunlich

Der junge Napoleon als Kadett in der Militärschule von Brienne, in die er, ausgestattet mit einem Stipendium, am 25. April 1779 eintrat. – Lithographie von Horace Vernet.

lange hatte der junge französische Offizier Napoleon Bonaparte sich noch mit korsischen Problemen herumgeschlagen, an der Seite eines Paolisten eine Eroberung Sardiniens versucht, in Ajaccio eine Revolution gegen Paoli angezettelt, ehe er erkannte, daß die Rolle der Bonapartes auf Korsika ausgespielt sei, zugleich aber auch die Rolle Korsikas in seinem eigenen Leben. Eine der ältesten Familien der Insel, man nannte sie sogar gelegentlich Grafen und sah in Carlo Buonaparte den Nachfolger Paolis, hatte sich von Korsika abgewandt.

Die Insel ging unter französischer Oberhoheit ihren Weg in die Gegenwart, in neue Kriege, die Bastia zerstören sollten, und neuen Wohlstand, wie ihn die vielen Fremden in die malerischen Buchten trugen, tragen und tragen werden, weil die roten Felsen und das tiefblaue Meer, die Tauchabenteuer und die einsamen Miniaturinseln die reinsten Ferienfreuden schenken.

Brigadegeneral Bonaparte aber ging den Weg weiter, den die Geschichte in ihre Bücher aufgenommen hat, den Weg nach Elba und nach Sankt Helena.

Elba hatte man, ehe Napoleon es betrat, immerhin häufiger genannt als Sankt Helena, das weit draußen im Atlantik verlorene Eiland. Elba lag so nahe an der tyrrhenischen Küste, daß schon die Etrusker die Eisenvor-

Ankunft Napoleons und seiner Familie in Frankreich im Sommer 1793 nach der Flucht von Korsika. – Lithographie von Villain.

kommen auf der Insel kannten und nutzten und auf Elba selbst das Erz schmolzen. Eine Eiseninsel kann nie wirklich veröden, aber der Osten mit den Bergwerkstätten Rio nell'Elba und Rio Marina, den ärmlichen Arbeiterwohnungen und den Abraumhalden, gehört noch heute zu den düstersten Bildern, die das freundliche Mittelmeer und das Fremdenland Italien zu bieten haben. Und wenn man dann noch erfährt, daß die Insel schon dreitausend Jahre lang solches Schicksal trägt, wird die Freude an den grünen Küsten Elbas im Süden, Westen und Norden erheblich gedämpft.

Mineralreichtum kann ein Segen sein und ein Fluch. Hunger gibt es selten neben ergiebigen Gruben, aber auch nicht jenes friedliche Bauern- und Hirtenleben, wie es in alten Zeiten noch in weiten Teilen Italiens, Griechenlands und anderer Mittelmeerländer vorherrschte. Der europäische Erzbergbau reicht bis ins dritte vorchristliche Jahrtausend zurück, und die von Händlern am häufigsten aufgesuchten Gruben waren jene, die in Meernähe oder gar auf Inseln lagen, wie auf den Scillyinseln oder auf Elba. Darum ist es durchaus wahrscheinlich, daß schon vor den Etruskern hier nach Kupfer gegraben wurde und daß die Etrusker eben hier den Übergang von der Bronze- zur Eisenzeit vollzogen. Die gefundenen Reste uralter Schmelzöfen widerlegen auch Strabo, den berühmten Geographen der Antike, der neben viel Märchenhaftem und manchem Unsinn behauptete, es bestehe auf Elba keine Möglichkeit zur Erzverwertung, weswegen die gesamte Ausbeute zunächst auf das Festland nach Piombino geschafft und erst dort verhüttet werden müsse. »Sowohl diese Sonderbarkeit enthält die Insel«, schreibt Strabo, »als auch die, daß sich die ausgebeuteten Gruben im Laufe der Zeit wieder füllen . . .«

Wie Strabo sich das gedacht hat, sagt er nicht; nach den Vorstellungen der Antike mag ein Eisengott für unterirdischen Nachschub gesorgt haben. Immerhin können wir aus diesen Zeilen entnehmen, daß die Eisenvorkommen auf Elba schon im Altertum berühmt waren und als unerschöpflich galten. Und da die Insel so berühmt war, mußten natürlich auch die Argonauten auf ihr angelegt haben. Es wird berichtet, Jason sei auf der Suche nach Kirke in den Hafen von Portoferraio eingelaufen.

Nun, Elba kann ein wenig Glanz aus homerischen Zeiten brauchen in seiner Zwitterlage, zu nahe am Land, um als Schiffahrtsstützpunkt Bedeutung zu erlangen, zu weit im Meer, um der Blüte teilhaftig zu werden, die nacheinander die Festlandstädte erfaßte: Siena, Pisa, Lucca und Florenz. Was für Sizilien der Schwefel war und für die Liparischen Inseln der Bimsstein, das wurde das Eisen für Elba: unwandelbares, allzumächtiges Schicksal für eine kleine Insel.

Im achtzehnten Jahrhundert, als die Erde unter die Großmächte neu verteilt wurde, kam es um Elba ähnlich wie um Korsika zu manchem Streit, nur daß die Einwohner der kleinen Insel sich daran nicht so tatkräftig beteiligten wie die mutigen Korsen. Was hätten sie auch tun sollen, da sie allesamt kaum ein einziges kriegsstarkes Regiment hätten auf die Beine bringen können? So kam es, daß zeitweise selbst diese kleine Insel geteilt war, und Österreich, Spanien, England, Frankreich, die Toskana, das Königreich beider Sizilien und andere Mächte einander das Inselchen streitig machten – bis der Stern Napoleons über Elba aufging. Das geschah nämlich nicht erst, wie man gemeinhin annimmt, an jenem 4. Mai 1814, als der geschlagene Korse auf Elba landete, sondern schon 1802, als nach einem englisch-französischen Friedensschluß die Insel unter Frankreichs Oberhoheit kam.

Maria Anna Elisa Bonaparte, Napoleons älteste Schwester, wurde 1805 im Alter von achtundzwanzig Jahren Fürstin von Piombino – dem Städtchen, das der Insel Elba auf dem Festland gegenüberliegt – und 1809 Großherzogin der Toskana, zu der Elba und die umliegenden Inseln gehörten. Damit war eine Verbindung geknüpft, die für die Bonapartes einige glückliche Jahre lang währte. Später, als Caulaincourt, der für Napoleon die Verhandlungen über den Ort des Exils führte, Korsika, Sardinien oder Korfu vorschlug, wurden die beiden ersten Inseln von den siegreichen Verbündeten als zu groß abgelehnt. Korfu dagegen galt als zu gefährlich, weil es zu nahe am stets ein wenig gärenden Griechenland liege. Und so nannte der Zar eben Elba, das Inselchen, das nur wenige Segelstunden vom Cap d'Antibes entfernt liegt, eine Insel, die zu klein ist, als daß ein Napoleon auf ihr hätte heimisch werden können.

Guy Godlewski, der Spezialforscher dieser zehn Exilmonate, hält es dennoch für möglich, daß Napoleon auf Elba geblieben wäre, hätte man Gemahlin und Sohn zu ihm kommen lassen und die vereinbarte Apanage pünktlich und in voller Höhe angewiesen. Napoleon jedenfalls richtete sich zunächst fürs Bleiben ein. Er hatte schon vom Schiff aus mit seinem geübten Blick die Höhen über Portoferraio abgesucht und den Hügel der Mulini, der alten Mühlen, entdeckt, der frei und ruhig über der Bucht liegt und durch die alten Festungen Stella und Falcone geschützt werden konnte, falls es not tat.

Dieser Notfall war nicht so unwahrscheinlich, wie man heute glauben möchte. Napoleon wußte sehr genau, daß nicht alle seine Gegner so vornehm gesinnt waren wie Zar Alexander oder auf Familienbande Rücksicht nehmen mußten wie der Kaiser von Österreich. Es gab unversöhnliche Hasser wie den Abenteurer Pozzo di Borgo, Adjutant des Zaren, der zwar von den preußischen Generalen seiner geschniegelten Phantasieuniformen wegen verlacht wurde, aber in der Geheimdiplomatie ein großes Wort zu reden hatte. Er vor allem machte kein Hehl daraus, daß er den gestürzten Kaiser der Franzosen am liebsten dem Henker überantworten würde. Dazu gab es Anhänger der Bourbonen, die ihre private Rache an Napoleon nehmen wollten. Im übrigen lag in nicht allzu großer Entfernung das ganze große Spanien, das unter jahrelangem Bürgerkrieg ent-

Am 4. Mai 1814 landet Kaiser Napoleon auf Elba, wo er es zehn Monate aushält.

setzlich gelitten hatte und von seinem Klerus noch immer gegen Napoleon, den Erzbösewicht und Gottseibeiuns, aufgehetzt wurde.

Napoleon hingegen dachte nur noch an Frieden und Sicherheit. Er ließ auf dem Gelände, das ihm gefallen hatte, die alten Gebäude und Mauerreste niederreißen, zwei geeignete Häuschen durch einen kleinen Mittelbau mit lediglich vier Fenstern Front verbinden und hatte nun eine Behausung, die man bei einigem guten Willen und in Hinblick auf die allgemeine Armut der Insel einen Palazzo nennen konnte. Mauern umgaben einen klösterlich engen Garten, und eine Terrasse schob sich, Freiheit vortäuschend, vom Hang gegen das Meer hinaus. Sie wurde Napoleons Lieblingsplatz, weil sie einen herrlichen Blick über die Bucht und die umgebenden Berge gewährte.

Es war Mai, und die Sommerhitze kündigte sich an. Darum suchte Napoleon nach einem zweiten, luftigeren Platz für ein Sommerhaus, den Palazzo hatte er ja nun. Auf einem Spazierritt entdeckte der Kaiser eine schattige Talmulde mit hübschem Blick auf Portoferraio. Inzwischen aber wußte ganz Elba, wem die Insel nun gehören sollte, und der Besitzer des Geländes verlangte für das Weingütchen ohne nennenswerte Gebäude nicht weniger als 180 000 Goldfranken. Das war für jene Zeiten eines hohen Geldwertes ein ungeheurer Preis. In Berlin hätte man um diesen Betrag ein Stadtpalais kaufen und einrichten können. Der auf seine zaudernd eingehende Apanage angewiesene Kaiser konnte den Betrag nicht aufbringen, aber Pauline, die schöne Fürstin Borghese, Napoleons Lieblingsschwester, die ihm alles verdankte, sprang sogleich in die Bresche und erwarb das Terrain.

Grenadiere der Garde bauten eine Fahrstraße, zwanzig Maurer errichteten in wenigen Wochen ein schmuckes Landhaus. Es hieß San Martino, das war der Name des Platzes, auf dem es stand, und nahm Napoleon während der Sommerhitze auf.

Die Einwohner von Elba taten für ihren neuen Souverän, was sie konnten, sogar ein Maler fand sich unter ihnen, der das Landhaus, wie es sich für eine richtige Villa geziemt, mit Fresken schmückte, Fresken, deren Motive zart an die glücklicheren Zeiten jenes Lebens anklingen, das nun auf Elba in kleinen, ja gedrückten Verhältnissen seinen Fortgang nehmen sollte. Obwohl das heutige Mobiliar bis auf ein Mahagonibett kaum als echt anzusprechen ist, atmet das auf Napoleons Wunsch erbaute und ausgestattete Haus mehr von seiner Gegenwart als der Palast und läßt das neue Leben des Kaisers im kleinen Kreis vertrauter Begleiter ahnen.

Der Palazzo – ob er nun diesen Namen verdiente oder nicht – und das Landhaus von San Martino entsprechen noch ungefähr dem, was wir mit der Vorstellung eines Welteroberers im Exil vereinbaren können; für einen starken Geist gibt es nichts Allzukleines in den Lebensumständen. Napoleon wollte leben und mußte sich einrichten und tat es also nach den Möglichkeiten, die seine Intelligenz dem Inselchen abgewinnen konnte. Überraschend hingegen ist das dritte Refugium des gestürzten Kaisers, das winzige Bergkloster von Madonna del Monte. »Auch dieses Haus«, schreibt Godlewski, »entdeckte der Kaiser zufällig. Er war auf einem Maultierpfad den oft schwindelerregenden Windungen der Nordküste gefolgt bis zum Hafen von Marciana Marina. Dort weitet sich der Horizont: Eine schmale, mit Reben bepflanzte Küstenebene öffnet sich inmitten eines Kranzes von Bergen. Dieses Gebirge beherrschen zwei Gipfel, der Monte Capanne und der Monte Giove, an deren Hängen die Zwillingsdörfer Poggio und Marciana Alta kleben. In Marciana Alta hört der Pfad auf. Das um seinen Kirchturm gedrängte Dorf überblickt eine wunderbare Landschaft zerklüfteter Hänge, die sich in der Ferne im Gewirr der Klippen verlieren. Darüber ragt die gewaltige, kahle Masse des Monte Giove auf. Napoleon schlägt den steinigen Pfad ein, dessen in den Felsen gehauene Stufen den Hang erklimmen . . . Allmählich weitet sich der Horizont, um über das reglose Meer das phantastische Spitzengewebe eines zerklüfteten Gestades zu breiten. Lang und beschwerlich ist der Weg unter der unbarmherzigen Sonne, bis der Wanderer unweit des Gipfels ein kleines Kastanienwäldchen entdeckt, aus dem ein weißer Glockenturm aufragt. In der engen, niedrigen Hütte, die sich an die Kapelle schmiegt, lebten einst Einsiedler.

Karikatur auf den Niedergang des napoleonischen Kaiserreichs. John Bull (links), als Symbolfigur des britischen Selbstbehauptungswillens gegen französisches Hegemonialstreben, spottet über den ehemaligen Herrscher Europas, dessen Wirkungsbereich auf die Insel Elba reduziert ist.

Wenn man diesen Felsen erklettert, was Napoleon noch oft tun sollte, entdeckt man das schönste Panorama der Welt: im Westen Korsika, im Norden Capraia und im Osten die Küste von Elba, die aus dem Tyrrhenischen Meer aufsteigt.«

Madonna del Monte, die Eremitage im Nordosten der Insel, ist der Punkt, in dem sich die Existenz Napoleons mit der Karls V. berührt. Es ist ergreifend, zu erfahren, wie sich nach dem Verlust der Welt nun ein anderer Blick für Napoleon öffnet, der Blick hinaus in die leere Weite des Meeres, der doch nur ein Blick in das eigene Innere ist. Er hat nicht so viele Jahre in klösterlicher Einsamkeit zugebracht wie der Habsburger, in dessen Reich die Sonne nicht unterging, aber er hatte Ruhe und Reife genug, um den Anruf dieser Stätte zu empfinden. Es gibt solche Klöster in Italien und nicht nur in Italien, Klöster, die auch dem Weltkind lautlos, aber deutlich zurufen, daß es in ihren Mauern glücklicher sein würde als draußen in der Welt. Im August und September 1814 weilte Napoleon in dieser Bergeinsamkeit, nur von General Drouot begleitet, und hier war es auch, wo ihn die Frau besuchte, die den Kaiser von allen, die sein Leben länger oder kürzer teilten, wohl am tiefsten geliebt hat: die polnische Gräfin Maria Walewska.

Am Abend des 1. September hatte Napoleon mit dem Fernglas von Madonna del Monte aus ein Schiff beobachtet, das sich Portoferraio näherte. In der Nacht ankerte es in einer Bucht in der Nähe der Stadt, nicht im Hafen. Ein Vertrauter Napoleons empfing die Gräfin, die mit ihrem vierjährigen Sohn gekommen war: Florian Alexandre Walewski war am 4. Mai 1810 geboren worden, auf den Tag genau vier Jahre, ehe sein Vater den Fuß auf den Boden der Insel Elba setzte. Napoleon erhielt Nachricht und ritt im Fackelschein den halsbrecherischen Pfad nach Marciana Marina hinunter, wohin die Kutsche mit den Besuchern inzwischen gerollt war, dann stiegen alle zu der Klause empor. Der Kaiser läßt für sich ein Zelt aufschlagen, um seine Zelle der geliebten Frau zu überlassen . . .

Ob es die Einsamkeit von Madonna del Monte war, von der aus der Blick so weit über das Meer schweifte, daß Fluchtgedanken reifen mußten? Napoleon hat sich darüber nicht ausgesprochen. Er hat die dreihundert Tage auf Elba zu allem möglichen genützt, er hat den zwölftausend Analphabeten der Insel Straßen gebaut, dazu ein Krankenhaus und sogar ein Theater. Aber es hätte wohl nur eine einzige Möglichkeit gegeben, ihn zu wahrhafter Resignation zu zwingen: wenn Frankreich ohne ihn tatsächlich glücklich geworden wäre. Daß die zurückgekehrten Bourbonen und ihr Anhang so taten, als hätte es nicht nur Napoleon, sondern auch die große Revolution niemals gegeben, daß sie ein Volk, das annähernd zwanzig Jahre lang von dem intelligentesten Monarchen seiner Zeit regiert

Nach Napoleons Rückkehr laufen die Soldaten, die ihn bekämpfen sollten, zu den kaiserlichen Fahnen über.

worden war, nun wiederum unter die Fuchtel geistloser Legitimität zu zwingen glaubten, das brachte die schlimmste aller Enttäuschungen hervor: die Verachtung dessen, worauf ein ganzes Volk gehofft hatte, und die Beschämung darüber, den Größeren in die Fremde gejagt zu haben.

Napoleon hatte Zeit, dies alles zu beobachten und seine eigene Rolle in dieser Entwicklung zu überdenken. Und er wurde zum Handeln gedrängt, weil die Bourbonen zu dumm waren, ihm wenigstens die vereinbarte Apanage auszuzahlen. Da sie ihm das Geld vorenthielten, nötigten sie ihn geradezu, etwas zu unternehmen, ehe er ein Bettler und damit handlungsunfähig und zugleich wehrlos sein würde, denn auch die treuesten Soldaten müssen ernährt, bekleidet und bewaffnet werden . . .

Am 26. Februar 1815 endete Elbas große Zeit mit der Ausfahrt der winzigen Flotte, die Napoleon in den *Golfe Juan* brachte, in das Herz der heute buntesten und fröhlichsten Vergnügungslandschaft Europas, an die französische Riviera. Während seine kleine Truppe sich die kargen Hänge über Grasse hinaufquälte, dort, wo heute die *Route Napoléon* sich nach Norden windet, fiel Elba zurück in jene Randzone der Geschichte, für die sich nur die Spezialforschung interessiert. Napoleon war gekommen und wieder gegangen, wie sie alle gekommen und gegangen waren: Chaireddin, Dragut, Cosimo I.

Nur der Name, der hatte nun einen anderen Klang. Den Namen Elba kannte jetzt ganz Europa, die große Welt hatte ihn Tag für Tag auf dem glänzendsten aller Kongresse in der Kaiserstadt an der Donau auf den Lippen, selbst wenn man ihn nicht aussprach. Aber schon arbeitete der Telegraf in Livorno und in Toulon, schon verbreitete sich die Nachricht über Paris und Wien und Europa, die Nachricht, in der zum letztenmal von Elba die Rede war: Napoleon von Elba geflohen . . .

Die Insel war in die Geschichte eingegangen und hatte die anderen des ganzen toskanischen Archipels, ja vermutlich sogar alle anderen Inseln des westlichen Mittelmeeres damit überflügelt, denn die Bücher, die fortan zu Tausenden über Napoleon geschrieben wurden, ließen den Ruhm des großen Korsen hinüberflattern zur Nachbarinsel Elba.

Am 1. März 1815 war Napoleon mit seiner kleinen Truppe unweit des Cap d'Antibes an Land gegangen, am 20. März erreichte er Paris, zwei Monate später schlug er die Schlacht von Waterloo und unterlag. Am 22. Juni waren die 114 Tage, gewöhnlich die Hundert Tage genannt, abgelaufen, und Napoleon dankte abermals ab.

Napoleon I., Kaiser der Franzosen, wurde auch in der letzten Phase seines Lebens nicht zum Abenteurer und war vielleicht nie mehr Kaiser als

In der Nacht vom 13. auf den 14. Juli geht der geschlagene Kaiser an Bord der *Bellerophon*, die ihn nach England segelt.

in der schrecklichen Einöde der Vulkaninsel Sankt Helena draußen im Ozean. Nie zuvor hatte man für einen abgetretenen Souverän solch einen Aufenthalt gewählt, und nach ihm, nach Napoleons Tod, würde man unbesorgt Schlösser mitten in Europa oder Badeorte am Atlantik für solche Zwecke zur Verfügung stellen. Nur zwischen Napoleon und dem nächsten Kontinent mußte sich ein Wassergraben von zweitausend Kilometern Breite auftun, so sehr fürchteten ihn die Sieger.

Auf der *Bellerophon* war Napoleon nach England gesegelt, auf der *Northumberland* trat er in den ersten Augusttagen die Reise nach der britischen Insel Sankt Helena an. Es war ein seltsam zaudernder Aufbruch, weil das Schiff in Plymouth und Falmouth noch seine Vorräte ergänzte und erst am 9. August aus dem Kanal ins Meer hinauslief. Die Briten hatten es aber sichtlich eilig gehabt, den gefährlichen Mann, der sich unter ihren Schutz gestellt hatte, wieder loszuwerden, und wir dürfen mit einiger Sicherheit annehmen, daß Kaiser Franz in Wien dem Problem, Napoleon als Gefangenen sicher zu verwahren, mit größerer Ruhe, Höflichkeit und Souveränität begegnet wäre als die Minister um den Prinzen von Wales.

Nun, Napoleon selbst hatte es nicht gewollt und die zweifelhafte Gnade seines Erzfeindes einem Schloß in Österreich vorgezogen. Als die *Northumberland* das Kap Finisterre umrundet hatte, begann sich der Kaiser an Hand der »Encyclopaedia Britannica« mit seinem Schicksal vertraut zu machen und über die Insel Sankt Helena zu informieren. Es war nicht allzuviel, was er erfuhr, war doch er es erst, der das Inselchen für die Welt interessant machte.

Am 21. Mai 1502 hatten portugiesische Seefahrer, von Indien kommend, die Insel entdeckt, aber nicht besiedelt, doch immerhin mittels Pflanzensamen und Setzlingen mit einigem Grün versehen. Kapitän João de Nowa Castella, der dies veranlaßte, gab der Insel auch ihren Namen und setzte dann seine Heimreise fort. Einige Kranke waren auf eigenen Wunsch auf Sankt Helena geblieben, man hatte ihnen ein paar Hütten errichtet und versprochen, daß das nächste Schiff sie mit sich nehmen würde.

Der erste Dauerbewohner von Sankt Helena hieß Fernão Lopez und war ein Opfer des grausamen portugiesischen Vizekönigs Alfonso d'Albuquerque, der ihn mit vier Negersklaven auf Sankt Helena aussetzen ließ. Damals schrieb man das Jahr 1513; Lopez lebte noch bis 1546 auf der Insel, also dreiunddreißig Jahre, ein Aufenthalt, den er nur auf königlich portugiesischen Befehl ein einziges Mal unterbrach, um in Lissabon über das Leben auf der Insel zu berichten. Dann kehrte er, offenbar freiwillig, wieder nach Sankt Helena zurück.

Da die Zeit noch fern war, in der Sankt Helena den Schiffen als geschätzte Kohlenstation auf dem Weg um das Kap der Guten Hoffnung

Napoleon auf Sankt Helena, seinem Verbannungsort im Südatlantik.

dienen würde, waren die Besucher, vor allem jene von Distinktion, noch ziemlich rar. 1584 kamen zwei japanische Diplomaten auf die Insel, sie waren auf dem Weg nach Rom. 1588 landete der Pirat und Weltumsegler Thomas Cavendish in der Bucht, die den einzigen guten Hafen birgt, 1593 und 1603 legte Sir James Lancaster, ein Seefahrer der Ostindischen Kompanie, auf der Insel an. Daß 1706 ein französischer Korsar zwei Britenschiffe kaperte, die auf der Reede von Jamestown lagen, störte den Frieden nur wenige Stunden lang. An Land gingen die Franzosen nicht.

Damals hatte die Insel schon mehr als tausend Einwohner, darunter viele Negersklaven und auch einige Chinesen, welche die Kompanie aus Kanton herübergebracht hatte. Mehr als hundert Schiffe legten jährlich an, um auf der langen Reise zu rasten, und die Seeleute ließen verhältnismäßig viel Geld auf der Insel: Sie war ja klein und brauchte nicht viel zu ihrem Wohlstand. Schlecht lebten freilich die Sklaven, die bis 1792, dem Jahr eines humanen Sklavengesetzes, mit größter Härte behandelt wurden.

Die prosperierende Insel hatte einige berühmte Besucher zu verzeichnen, darunter den Forschungsreisenden und kühnen Seefahrer William Dampier und den Astronomen Edmund Halley, der 1676 bis 1678 auf Sankt Helena aushielt, um seine Kometenforschung zu betreiben. Weniger Erfolg als er hatte der aus einer Hugenottenfamilie stammende Gouverneur Stephen Poirier: Als Franzose vermißte er auf Sankt Helena vor allem den Wein und wandte viel Mühe an die Züchtung einer Rebensorte, die auf dem vulkanischen Inselboden gedeihen sollte. Zu Napoleons Unglück schlugen alle diese Versuche jedoch fehl.

Als Napoleon dies alles über die Insel gelesen hatte, die ihn für den Rest seines Lebens beherbergen sollte, entschloß er sich, seine Memoiren zu schreiben. Er würde auf Sankt Helena ja nicht mehr Fürst sein wie auf Elba, sondern Gefangener und folglich ohne Beschäftigung. Schon unterwegs begann er, seinem treuen Begleiter Las Cases zu diktieren, und er unterbrach sich auf der mehr als zweimonatigen Seereise nur, wenn das Meer ein besonderes Schauspiel bot. Samstag, den 14. Oktober 1815, kam Sankt Helena in Sicht, Sonntag konnte Napoleon, der früh aufgestanden war, das zwischen Felsen versteckte, ja von ihnen schier erdrückte Dorf betrachten. Er bediente sich dazu seines Lorgnons, als sei das, was vor ihm lag, ein gelungenes Bühnenbild und nicht die Szenerie seines eigenen Schicksals.

Im Angesicht des kanonenstarrenden Eilands mußten die Franzosen noch eine Weile an Bord bleiben, während der britische Admiral, der sie hierhergebracht hatte, nach einer akzeptablen Unterkunft Ausschau hielt. Schließlich fand er größere Stallungen, die binnen zwei Monaten bewohnbar gemacht werden konnten, und gestattete gegen den erhaltenen

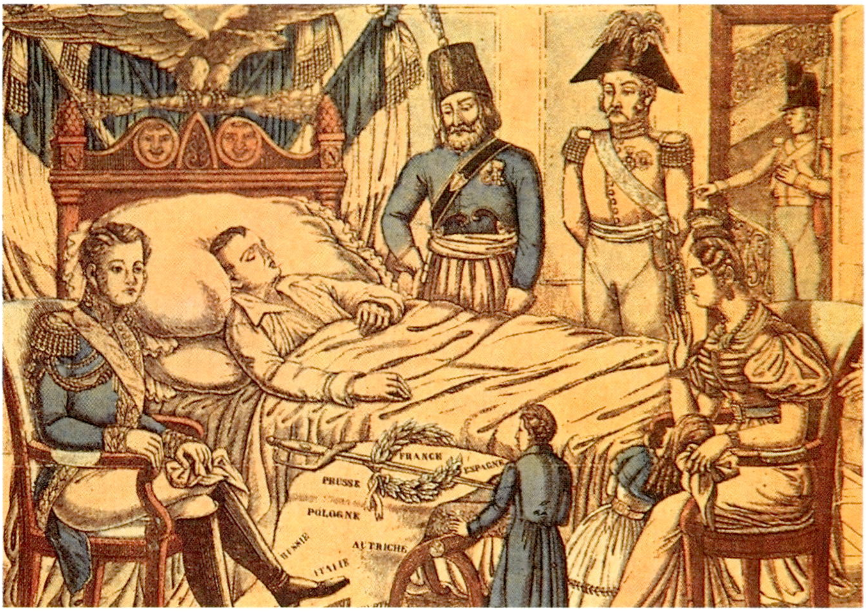

Auf Sankt Helena lebte der verbannte Kaiser nur noch sechs Jahre. – Napoleons Tod am Nachmittag des 5. Mai 1821 nach einer zeitgenössischen Darstellung.

Befehl, daß die Franzosen diese Wartezeit schon an Land verbrachten. Es war zwar festes Land und jedenfalls mehr Raum als auf der *Northumberland,* aber Las Cases notierte dennoch erbittert: »Die englischen Minister scheinen, als sie die Gesetze der Gastfreundschaft verletzten, auf die wir vertraut hatten, nichts unterlassen zu haben, um uns diesen Vertrauensbruch noch schmerzlicher fühlen zu lassen. Indem sie uns ans Ende der Welt verbannten, zahllosen Entbehrungen und schlechter Behandlung aussetzten, wollten sie uns den Kelch des Leidens bis zur Neige leeren lassen. Sankt Helena ist ein wahres Sibirien; der Unterschied liegt nur darin, daß es hier heiß ist statt kalt und alles zu eng statt zu groß . . .«

Die Unterkünfte waren elend, die Möglichkeiten, auszureiten oder sich sonst Bewegung zu verschaffen, mehr als bescheiden, der Kaffee so schlecht, daß der Kaiser nach der ersten Tasse glaubte, die Engländer wollten ihn vergiften. Die muntere Naivität zweier Nachbarstöchter und die Schönheit einer jungen Schottin, die auf der Heimreise von Indien auf Sankt Helena Station machte, waren die ersten freundlichen Eindrücke.

Napoleon, der so oft mit dem Adler verglichen wurde, daß man seinen Sohn von Marie Louise schließlich L'aiglon, den jungen Aar, nannte, dieser Adler hatte sich hier in den angeschmiedeten Prometheus verwandelt. Obwohl das Klima Sankt Helenas – entgegen häufig zu hörenden Behauptungen – als gemäßigt und gesund gilt, lebte der Kaiser auf der Insel nur noch sechs Jahre. Wenn es stimmt, daß er nicht an Magenkrebs, sondern an einem Magengeschwür starb, dann hätten ihn bessere Ärzte, als man sie ihm aus der Heimat schickte, vielleicht retten können – für einige Jahre zusätzlichen Verbanntenschicksals, für einen Tod auf Sankt Helena im Jahr 1827 oder 1838 statt 1821.

Als das Ende nahte, wünschte sich der Kaiser, einen anderen Tod gewählt zu haben, etwa in der Schlacht von Waterloo. Oder er träumte anderen Möglichkeiten nach, einer Abdankung zugunsten seines Sohnes und einer Rückkehr nach Korsika als Souverän dieser Insel. Aber es hatte nicht Korsika sein dürfen, die Insel, von der die Bonapartes verjagt worden waren, und nicht Elba, von wo Napoleon selbst an einem Februarmorgen heimlich aufgebrochen war, sondern nur Sankt Helena, der Vulkanfels draußen im Atlantik.

Er scheint durch den großen Korsen zum Verbannungsort geworden zu sein, denn die Briten sandten noch lange ihre Gefangenen dorthin, nicht nur Tausende gefangene Buren, sondern auch unbotmäßige Zuluhäuptlinge und sogar einen ehemaligen Sultan von Sansibar. Ob die schwarze Majestät die miserablen Gebäude benützte, in denen Napoleon gefangengehalten wurde, oder ob man für ihn bessere Unterkünfte bereitstellte, ist unbekannt.

König von Rom und Herzog von Reichstadt

Napoleons einziger legitimer Sohn

Es war in der Nacht vom 19. auf den 20. März 1811, daß die Pariser durch eine nicht endenwollende Reihe von Kanonenschüssen aus dem Schlaf geweckt wurden. Es waren aber nicht die Österreicher, die sich für die Niederlage von Wagram revanchieren wollten, es war der Salut von 101 Schüssen für den Sohn, den die Erzherzogin Marie Louise ihrem Gemahl, dem Kaiser der Franzosen, nach vielstündiger Qual geboren hatte. Mit 21 Schüssen hätte Napoleon eine Tochter feiern lassen, und ihr wäre der Titel einer Fürstin von Venedig verliehen worden; auf den kleinen Sohn jedoch wartete einer der schönsten Titel, die das Abendland zu vergeben hatte: Er wurde zum König von Rom gemacht.

Napoleon I. Bonaparte, der Mann, der diese Würden über Schwestern, Schwäger und Brüder ausstreute, der seine Marschälle zu Fürsten und Herzögen erhob, hatte das Kaisertum Österreich, die Vormacht des Kontinents, 1805 und 1809 geschlagen und im Februar 1810 eine Tochter des Kaisers Franz geheiratet. Eigentlich hatte er sich ja mit dem Zaren verbinden wollen, um gemeinsam mit dem großen Rußland die Welt zu beherrschen. Aber man hatte ihm keine der beiden jüngeren Schwestern des Zaren gegeben, während Metternich, Österreichs frankophiler Außenminister, alles getan hatte, um eine Verbindung des Erzhauses mit dem genialen Parvenu aus Korsika zustandezubringen. Damit waren nun zwar die Weichen für den schicksalhaften Waffengang gegen das Zarenreich gestellt, damit erschienen das brennende Moskau und die eisige Beresina als Menetekel an der Wand, aber das kümmerte im Jahr 1810 noch niemanden. Die junge, hübsche und mit einer sinnlichen Figur begabte Erzherzogin aber entdeckte die Liebe an der Seite des kleinen emphatischen Korsen, und das Unerwartete geschah: Sie begann eine echte Neigung für den Mann zu empfinden, der ihre Vaterstadt erobert und ihren Vater gedemütigt hatte.

Die Schwangerschaft war aufregend gewesen, denn Marie Louise, ein Wiener Kind, hatte in Frankreich so unbesorgt weiter gegessen wie zu Hause, hatte sich immer wieder den Magen verdorben und war von einer Übelkeit in die andere gefallen. Immerhin gelang es Napoleons Leibarzt Corvisart und einigen Geburtshelfern, das Kind, das schlecht lag und dessen Leben durch einen verfrühten Blasensprung gefährdet war, zur Welt zu bringen und zum Atmen zu veranlassen. Marie Louise, die überzeugt gewesen war, man werde sie opfern, um den Thronerben zu retten, hatte die schwersten Stunden ihres Lebens glücklich überstanden.

Daß es den Söhnen berühmter Väter nur selten gelingt, aus deren Schatten zu treten – dafür ist das Verhältnis zwischen Kaiser Napoleon I. und seinem Sohn, dem Herzog von Reichstadt, ein geradezu klassisches Beispiel. – Franz Joseph Karl, Herzog von Reichstadt, vormals Napoleon II., König von Rom, nach einem in Schloß Schönbrunn befindlichen Gemälde von Carl Sales (1791–1870).

Der Freudentaumel, in den nun die ganze Stadt Paris und wenig später das ganze Land verfielen, widerlegt alle Theorien, denenzufolge Napoleon unbeliebt, ja verhaßt gewesen sei. Nur die Anhänger der vertriebenen Bourbonen versanken in Verzweiflung. Sie waren überzeugt, der Advokatensohn aus Ajaccio habe nun eine Dynastie begründet, seine Herrschaft über Frankreich und Europa für Generationen zementiert. Selbst im gegnerischen Lager, in der Kaiserstadt Wien, die Napoleon noch zwei Jahre zuvor hatte beschießen lassen, war die Freude allgemein: Die schöne Färse, wie man in Wien die Erzherzogin genannt hatte, sie hatte dem Minotaurus Nachkommenschaft beschert.

Die Geburt vor männlichen und weiblichen und durchwegs unverdächtigen Zeugen war Tradition nicht nur des französischen Herrscherhauses: je älter eine Familie, desto schwankender die Potenz der Monarchen und desto größer die Wahrscheinlichkeit von Kindesunterschiebungen. Im Falle Napoleons kam hinzu, daß seine erste Frau, Joséphine Beauharnais, ihrem ersten, 1794 hingerichteten Gatten zwei wohlgeratene Kinder geschenkt hatte, ihrem zweiten Gatten, eben Napoleon, jedoch nicht ein einziges. Man raunte darum von einer *impotentia generandi* des Kaisers. Napoleon liebte zwar eifrig Sängerinnen, Schauspielerinnen, Gräfinnen und Namenlose, aber Kinder wurden ihm nicht geboren. Dieser verhängnisvolle Bann war nun gebrochen; der verliebten und zugleich erzkatholischen Habsburgerin konnte niemand auch nur den Schatten eines Fehltritts nachsagen; der Sohn, den sie geboren hatte, stammte unzweifelhaft von Napoleon. (Daß die schöne polnische Gräfin Walewska bereits am 4. Mai 1810 einen Sohn geboren hatte, dessen Vater ebenfalls nur Napoleon sein konnte, war damals lediglich einem kleinen Kreis um den Kaiser bekannt; dieser Sohn, le comte Walewski, machte im Zweiten Kaiserreich eine große Karriere.)

Der kleine König gedieh in der Folge äußerlich zu einem Habsburger – die späteren Bilder zeigen dies sehr deutlich – und hatte in seinen ersten Lebensjahren auch mit gewissen Schwierigkeiten zu kämpfen, die sich zumindest bei einem Bruder der Marie Louise ebenfalls sehr kennzeichnend ausgewirkt hatten: Er begann sehr spät zu sprechen. Napoleon jedoch war dadurch nicht sonderlich beunruhigt; er hob nur einmal den stummen kleinen Mann auf, schüttelte ihn und sagte scherzhaft: »Als ich so alt war wie du, da habe ich schon meinen Bruder verdroschen!« In seinem Wesen zeigte der kleine Habsburger-Enkel bald aber Napoleonisches. Er war verrückt auf Uniformen, er hing abgöttisch an seinem Vater und wollte immerzu von ihm hören, und als er, drei Jahre alt, vor den Paris umschwärmenden Kosaken an die Loire ausweichen sollte, weigerte er sich, die ihm vertrauten Räume zu verlassen, klammerte sich an die Möbel und rief: »Wenn Papa nicht hier ist, bin ich der Höchste!« – immerhin bemerkenswert für einen Knirps von siebenunddreißig Monaten.

Links: Die Geburt des Königs von Rom am 20. März 1811, deren Komplikationen Mutter und Sohn gleichermaßen gefährdeten. – Rechts: Der Kaiser und sein Thronerbe nach einem Gemälde von Carl von Steuben (1788–1856).

Marie Louise (1791–1847), Erzherzogin von Österreich und seit 1810 Kaiserin von Frankreich, die Napoleon seinen einzigen legitimen Sohn gebar. – Ölgemälde von François Gérard (1770–1837).

Es war in diesen schicksalhaften Tagen, im Frühjahr 1814, daß der König von Rom zum ersten Mal weltpolitisches Gewicht bekam. Die Völkerschlacht von Leipzig lag ein halbes Jahr zurück, die Alliierten waren in Frankreich eingedrungen. Napoleon hatte sich gegen eine dreifache Übermacht bravourös geschlagen, schließlich aber Paris doch nicht verteidigen können. Mit dem Rest seiner Truppen um Fontainebleau stehend, verhandelte er durch Ney und Caulaincourt über die Modalitäten seiner Abdankung – eines Thronverzichts zugunsten seines Sohnes unter der Regentschaft der Marie Louise. Dabei machte es sich bezahlt, daß er eine Habsburgerin geheiratet hatte. Die Lieblingstochter des Siegers konnte als

Regentin kaum angezweifelt werden, und auch der Zar hatte für die Bourbonen herzlich wenig übrig. Zudem korrespondierte Metternich heimlich mit Fouché, der als alter Revolutionär die Bourbonen auch nicht wieder in ihre Pfründe einsetzen wollte. Eine starke französische Partei versuchte selbst in diesem Augenblick noch, die Dynastie Napoleons zu retten, nicht wegen der Familie Bonaparte, sondern um den Errungenschaften der Revolution wenigstens ein geringes Überleben zu sichern.

Die Verhandlungen am 5. April 1814 standen nicht schlecht, die Russen waren zwar Herren von Paris, aber nach zehn Monaten eines mörderischen Krieges völlig ermattet. Der Thronverzicht zugunsten des kleinen Königs von Rom schien dem Zaren nicht sonderlich zu mißfallen, als ein Ordonnanzoffizier den Raum betrat und meldete, daß die beste der Napoleon verbliebenen Armeen, die des Marschalls Marmont, mit Wissen ihres Kommandanten zu den Österreichern übergelaufen sei. Danach blieben dem Kaiser in Fontainebleau nur noch zwanzig- bis dreißigtausend Mann und etwa ebensoviele, sich langsam auf Paris zurückziehende Verwundete. Der Zar brach sofort die Verhandlungen ab, und was folgte, war kein Vertrag mehr, sondern ein Diktat: Napoleon mußte nach Elba.

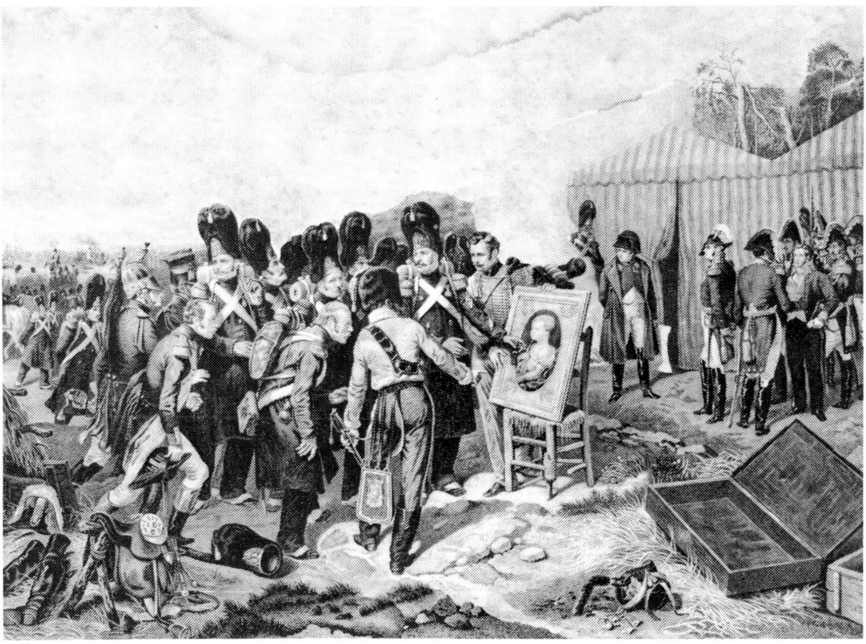

Das Bildnis des Königs von Rom wird am Vorabend der Schlacht von Borodino den Soldaten der *Grande Armée* gezeigt. – Gemälde von Hippolyte Bellangé (1800–1866).

Madame de Montesquiou, die Erzieherin des Königs von Rom und späteren Herzogs von Reichstadt. – Gemälde von Pierre-Paul Prudhon (1758–1823).

Am 25. Januar 1814 hatte Napoleon, lautlos in das Schlafzimmer seines Sohnes schleichend, den kleinen König von Rom zum letzten Mal gesehen – für immer. Denn während die Gräfin Walewska, im Unglück ihres polnischen Vaterlands hart und energisch geworden, das Abenteuer auf sich nahm, mit ihrem Sohn nach Elba zu reisen und bewegende Tage mit Napoleon zu verbringen, fiel Marie Louise, von den Ereignissen sichtlich überfordert, nach Napoleons Abdankung in ihre träge Lethargie zurück und schrieb dem Vater ihres Kindes nur noch Briefe – Briefe, die immer offizieller wurden und endlich ganz aufhörten. Wieweit Marie Louise daran Schuld trug, ist eine mehr psychologische als historische Frage, und vielleicht hat sie eben darum in jenen Jahren seit 1958, da wir endlich einen zureichenden Überblick über Korrespondenzen und Berichte der Beteiligten haben, auch noch vergleichsweise wenig Interesse gefunden. Ja, als vor etwa zwanzig Jahren die aufschlußreichen Materialien aus dem Besitz der fürstlichen Familie Montenuovo durch das Münchner Antiquariat Karl & Faber versteigert werden sollten, sah die französische Regierung keine Veranlassung, die Mittel für einen Ankauf bereitzustellen . . .

Das erste und bedauernswerteste Opfer jener mütterlichen Gleichgültigkeit, die uns zahlreiche Dokumente und Briefe bestätigen, war natürlich

Napoleons Sohn in seinen Kinderjahren. – Eine Radierung von W. Bromley nach einem Gemälde von Thomas Lawrence (1769–1830).

der kleine König von Rom. Äußerlich ein Habsburger, im Blick, im Verhalten, in der Stimme aber ein kleiner Napoleon, hatte er sich sogleich die Sympathien der Wiener gesichert. Der mit vergleichsweise ansehnlichen Geistesgaben gesegnete Erzherzog Johann tat nach einer Unterhaltung mit dem Kleinen den eines Grafen Bobby würdigen Ausspruch: »Wann er gut erzogen wird, dann könnt' noch was aus ihm werden«, und selbst Napoleons Erzfeindin, die durch den Korsen vertriebene Maria Karoline von Neapel, ließ sich in Schloß Hetzendorf oft von ihrem Urenkel besuchen und drängte Marie Louise, den Kleinen nach Elba zu bringen.

Metternich aber hatte für dieses Problem schon eine sehr österreichische Lösung gefunden. Als Marie Louise gegen den Willen ihres Vaters eine Badereise nach Aix antrat, von der sie unschwer über Italien hätte zurückkehren und wohl auch Elba besuchen können, sandte man ihr einen berühmten Herzensbrecher nach: den nach dem Verlust eines Auges noch romantischer aussehenden General Graf Neipperg, einen Kurschatten, dem auch erfahrene Damen der Wiener Gesellschaft nicht hatten widerstehen können. Marie Louise, von Napoleon mehr zur Liebe geweckt denn tatsächlich befriedigt, erlag in ihrer Vereinsamung dem routinierten Verführer spätestens im September 1814, und fortan war von einem

Besuch auf Elba nicht mehr die Rede, nicht einmal von einem Aufenthalt in der Toskana, der die Korrespondenz über Livorno mit Elba sehr beschleunigt hätte. Die Berichte aus Napoleons Umgebung, die uns sagen, wie sehr ihn dies alles traf, gehören zum Erschütterndsten aus der ganzen Lebensgeschichte des großen Korsen. Aber auch der in Wien zurückgebliebene kleine König von Rom litt sehr unter der Trennung zuerst von seinem Vater und nun auch noch von der Mutter. Von einem ganzen Hofstaat umgeben, war dieses kleine und hilflose Kind dennoch völlig vereinsamt, und als der Sohn seiner Erzieherin, ein Comte de Montesquiou, ihn in Wien besuchte, fiel er ihm weinend um den Hals und fragte nach seinem Papa.

Aber es gab keineswegs nur kindliche Naivitäten. Am 29. Mai 1814 war Joséphine Beauharnais in Malmaison bei Paris gestorben. Die päpstliche Nuntiatur in Wien machte Marie Louise klar, daß Napoleon von Joséphine im kirchlichen Sinn nicht gültig geschieden worden sei, und legte der Erzherzogin nahe, den nunmehrigen Witwer Napoleon Bonaparte neuerlich zu heiraten, damit das Kind, der König von Rom, ehelich werde. Eine Habsburgerin war also in den Augen der mit Habsburg doch sonst so

Adam Albert Graf von Neipperg (1775–1829) heiratete 1821 die Erzherzogin Marie Louise, mit der ihn seit 1814 eine intime Freundschaft verband.

Napoleon an Bord der *Northumberland* auf dem Wege nach Sankt Helena. – Nach einem Historiengemälde (1880) von William Quiller Orchardson (1832–1910).

zufriedenen Kirche die Konkubine eines Parvenus gewesen! Da schon lieber ein Graf Neipperg. In dem auf Elba verbannten Napoleon hatte er jedenfalls keinen Konkurrenten mehr, nur noch in dem König von Rom und jetzigen Prinzen von Parma (man hatte ja Herrschaften genug für die Töchter des Erzhauses). Ihm brachte Marie Louise zumindest in Aufwallungen doch immer wieder soviel an Gefühl entgegen, als ihre Natur eben aufbringen konnte.

Der sonst so ehrpusselige Kaiser Franz jedoch beglückwünschte sich zu der Wahl Neippergs, dieses Kavaliers, der Marie Louise so prompt von ihrer leisen Trauer um den verbannten Korsen befreit hatte. Es war ein Akt ausgleichender Gerechtigkeit, daß das Haus Neipperg, später zur Verwischung der Spuren in Montenuovo umbenannt, den Habsburgern noch so manchen Ärger bereitete: Während ganz Österreich den König von Rom und späteren Herzog von Reichstadt liebte und schließlich bedauerte, wurde der Oberststallmeister Fürst Montenuovo gegen Ende des Jahrhunderts zum bestgehaßten Mann der Monarchie; er war es, der Louise Coburg, immerhin eine Schwägerin des unglücklichen Thronfolgers Rudolf, wegen einer Affäre mit einem schneidigen Offizier in einer geschlossenen Anstalt für Geisteskranke verschwinden ließ – eine ohne weiteres als kriminell zu qualifizierende Aktion – und der dem nächsten Thronfolger, dem Erzherzog Franz Ferdinand, einen gnadenlosen Intrigenkampf lieferte, als dieser die ebenso schöne wie geistvolle Gräfin Chotek heiraten wollte.

Zunächst freilich war es noch Napoleon, der Vater des kleinen in Wien gefangenen Königs, der für unangenehme Überraschungen sorgte. Er brach im Februar 1815 heimlich von Elba auf, erreichte Frankreichs Küste bei Antibes und hielt am 20. März, dem vierten Geburtstag seines Sohnes, triumphalen Einzug in Paris. Kaiser Franz in Wien rächte sich auf die perfideste Weise: Er nahm dem kleinen Prinzen seine geliebte Erzieherin, die Gräfin von Montesquiou, Madame Quiou, wie der Kleine sie nannte, die Frau, die stets sein Trost gewesen war, die ihn aufrichtig liebte und ihm Vater wie Mutter ersetzt hatte – ein Akt sinnloser Grausamkeit, nach dem das wehrlose Kind völlig vereinsamte.

Die Gräfin, eine Frau, welche die Welt kannte und vom Wiener Hof offenbar alles erwartete, bestand darauf, daß ein Konsilium hervorragender Ärzte den kleinen Prinzen gründlich untersuche und ihr seine vollkommene Gesundheit bestätige: ein Vorgang, in dem düstere Ahnungen mitschwingen. Zwar lagen die Zeiten der britischen Prinzenmorde schon weit zurück, aber der ungeklärte Tod Ludwigs XVII. (im Temple-Gefängnis oder bei seinem Pflegevater) beschäftigte noch alle Gemüter, und was einem kleinen Bourbonen zugestoßen war, das konnte sich schließlich zwanzig Jahre später auch bei einem Sohn Bonapartes wiederholen.

Der Herzog von Reichstadt nach einem Gemälde von Moritz Michael Daffinger (1790–1849).

Metternich begann inzwischen wieder sein besonderes Spiel. Er entsandte einen Baron Ottenfels als Unterhändler nach Frankreich, der Napoleons Sekretär Fleury de Chaboulon ein bemerkenswertes Angebot machte: Würde sich der Korse von der Macht zurückziehen, noch ehe der erste Kanonenschuß gefallen sei, so werde Österreich den augenblicklich wohl nur als Prinzen von Parma anzusehenden Napoleon-Sohn als künftigen Herrn Frankreichs anerkennen, jegliche Unterstützung der Bourbonen einstellen und einer Regentschaft der Erzherzogin Marie Louise zustimmen. Napoleon selbst werde seinen Aufenthaltsort innerhalb der österreichischen Erblande frei wählen können.

Napoleon hatte jedoch inzwischen ebenfalls Berichte aus Wien erhalten, von seinem treuen Sekretär Méneval, den auch Napoleons Sohn kannte und »M'sieu Méva« nannte. Méneval hatte Napoleon, wenn auch in schonenden Wendungen, den Skandal Neipperg entschleiert, und er hatte ihm die Botschaft des kleinen Sohnes überbracht. Das nun ernste, sehr stille Kind hatte Méneval in eine Nische gezogen und dort flüsternd gebeten: »Sagen Sie ihm, M'sieu Méva, daß ich ihn noch immer sehr liebe . . .«

Moritz Graf von Dietrichstein (1775–1864) wurde 1815 Erzieher des Herzogs von Reichstadt.

Eine ungeheure Belastung für einen Vierjährigen, eine offenbar auch zu große Gefühlslast für den Korsen, der seinen Thron eben zurückgewonnen hatte und das Metternichsche Angebot als ein Zeichen der Schwäche auslegte; auch mißtraute er seinem Schwiegervater. Wer ein Kind so grausam behandelt, der würde auch die dem Vater gegebenen Zusicherungen nicht getreulich einhalten. Napoleon wollte siegen, um aus einer Position der Stärke heraus verhandeln zu können. Seine Verzweiflungsmärsche vom Frühjahr 1814 waren vergessen. Sechs Wochen nach diesen Verhandlungen vom Mai 1815 kam es zwischen den Franzosen und den überraschend schnell heranmarschierten Preußen und Engländern zu den Schlachten von Ligny, Quatrebras und Waterloo, und Napoleon mußte sich in ein Exil begeben, gegen das selbst ein Draculaschloß in Siebenbürgen wohl noch als angenehmer Aufenthalt gelten durfte: auf die Regeninsel Sankt Helena im fernen Südatlantik.

Damit gab es für Napoleon II., nunmehr viereinhalb Jahre alt, nur noch eine einzige reelle Chance: das mütterliche Herzogtum Parma, über das der Wiener Kongreß noch nicht entschieden hatte, weil es auch spanische Ansprüche gab. Marie Louise machte einige schwächliche Efforts, sich diesen Thron zu sichern; wie sie sagte: für ihren Sohn.

Aber da sie mit unzähligen Torten ihre Gesundheit immer weiter ruinierte und immer neue Kuren gebrauchen mußte, setzte sie hinter diese Bemühungen weit weniger Elan, als sie für ihre Beziehung zu dem Grafen Neipperg aufbrachte. Napoleon II. sollte nun, nach dem endgültigen Sturz seines Vaters, als österreichischer Prinz erzogen werden; er sollte Frankreich vergessen und statt der französischen Gouvernanten einen strengen Erzieher erhalten. Neipperg schlug dafür seinen Freund, den persönlich untadeligen, aber pedantischen und phantasielosen Grafen Dietrichstein vor, und mit ihm begann eine neue, Jahre währende Tragödie. Sie ist bereits ein Teil der Reichstadt-Legende . . .

Dem *Aiglon,* wie ihn Rostand nennen wird, dem jungen Aar, diese hofrätliche Natur an die Seite zu stellen, war eine Entscheidung, die zum Charakter des Kaisers Franz besser paßte als zu den Fürsorgepflichten, die der Wiener Hof nun einmal übernommen hatte. Dietrichstein sah seine Aufgabe zunächst sehr negativ. Die Erinnerungen an den Vater sollten dem Kind ausgetrieben werden, das französische Erbe mußte verschwinden, der Sohn Napoleons sollte ein Deutscher werden. Nicht nur Frankreich rückte in weite Ferne, auch Parma und ein paar böhmische Besitztümer, die man für ihn zum Herzogtum zusammenfaßte, hatten so unmögliche Namen, daß man ihnen den Namen »Reichstadt« geben mußte, den einer dieser Orte als zweite, deutsche Bezeichnung führte. Auch der französische Vorname Napoleon, der schon eine Weile nicht mehr gebraucht worden war, verschwand zugunsten des schlichten Franz, und anstelle der Anrede *Kaiserliche Hoheit* trat das bei Hof keineswegs seltene *Durchlaucht.* Es herrschte also Ordnung, Marie Louise akzeptierte enttäuscht und doch auch erleichtert diese Lösungen, die ihrem Sohn immerhin einen gewissen Besitzstand sicherten, und der französische Premierminister protestierte namens der Bourbonen beunruhigt dagegen, daß der Sohn des großen Korsen nun sogar ein Herzogtum erhalte . . . Franz, Herzog von Reichstadt, verlernte sein charmantes Französisch so vollkommen, daß er später Mühe hatte, es wieder zu erlernen. Er wurde still, ernsthaft und korrekt. Eine Flamme war in ihm erloschen, und erst, als er vom Tod seines Vaters auf Sankt Helena erfuhr, löste sich die große Bedrückung in stundenlangem Weinen.

Das Heranwachsen des Herzogs vollzog sich im Licht der Öffentlichkeit. Er war schließlich kein Gefangener, aber er befand sich, wie Dietrichstein es gegenüber einem französischen Besucher formulierte, in einer besonderen Lage. Die zahlenmäßig nicht bedeutende, aber unruhige Partei der Bonapartisten versuchte immer wieder, an Franz heranzukommen, aber Wiens berüchtigter Polizeipräsident Sedlnitzky verhinderte dies. Lediglich einer schwärmerischen Verehrerin, der Gräfin Camerata, gelang ein flüchtiger Kontakt im Halbdunkel eines Treppenhauses, wobei Franz immerhin erfuhr, daß zwei ihrer Briefe an ihn abgefangen worden seien. Mehr ergab sich daraus auch dann nicht, als der junge Herzog Zutritt zur Hofbibliothek erhielt und dort nun das *Mémorial de Saint Helène* lesen durfte, die acht Bände, in denen der Graf de las Cases über seine

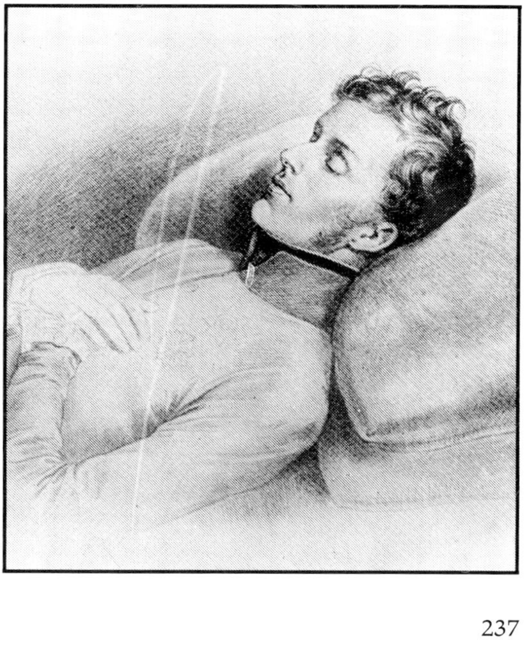

»Meine Geburt und mein Tod sind meine ganze Geschichte«, hatte Napoleons Sohn ahnungsvoll geäußert. Er starb zwanzigjährig an der sogenannten Luftröhren-Schwindsucht. – Der Herzog auf dem Totenbett.

Jahre mit Napoleon berichtete. Franz interessierte sich für seinen Vater leidenschaftlich; er las, was er Napoleon bis in den Todeskampf hinein bedeutet hatte, und welcher Sohn wäre davon nicht zutiefst aufgewühlt worden!

Für die europäische Politik aber blieb der Sohn des Korsen vorwiegend der Gegenstand von Gerüchten. Als Belgien Königreich wurde, war von ihm als erstem König die Rede; eine korsische Revolte schien ihn nach Ajaccio holen zu wollen, und am liebsten wäre er König von Polen geworden, um sich an Rußland zu rächen. Die österreichische Geheimpolizei, die im Vormärz mit einer später nie wieder erreichten Perfektion arbeitete, erstickte alle sich anbahnenden Kontakte im Keim. Der Herzog blieb ein überschlanker, eleganter Offizier, erst Hauptmann, später Oberstleutnant und schließlich Oberst, dem die Mädchen schmachtende Blicke zuwarfen, wenn er öffentlich in Erscheinung trat, und der mit einer Reihe von Damen flüchtig ins Gerede kam, ohne daß man wirkliche Gewißheit über ernste Liebschaften hätte: Komtesserln aus den Häusern Karolyi und Almasy, Theaterschönheiten wie die duftzarte Fanny Elßler, die jedoch bei dem alten, klugen und begüterten Hofrat Gentz in festen Händen war. Deutlicher als die Freundinnen treten Freunde in Erscheinung: ein Graf Neipperg aus der ersten Ehe seines Stiefvaters, ein junger Lebemann, aber dem Herzog herzlich zugetan, und ungleich bedeutender, aufrichtiger und wichtiger, der Freiherr von Prokesch-Osten, Offizier, Reisender, Orientalist und Sammler, ein Mann von säkularem Format, dessen Neigung die letzte Lebenszeit des Herzogs erhellte. Denn diese war nun angebrochen. Husten, Fieberphasen, Erschöpfung und Gewichtsabnahme waren überdeutliche Symptome jener Krankheit, die man damals Luftröhren-Schwindsucht nannte; warum der Herzog dennoch von zwei berühmten Ärzten auf ein Leberleiden behandelt wurde, ist eines jener Rätsel seines Lebens, die man eben doch nicht alle dem mephistophelischen Metternich in die Schuhe schieben kann.

Am 21. Juli 1831 starb der einstige König von Rom und nunmehrige böhmische Herzog nach qualvollen Erstickungsanfällen; die Obduktion ergab eine vollkommen gesunde Leber. Die Seele freilich hatte man nicht obduzieren können. Sein Großvater Franz, Kaiser von Österreich, war sichtlich erleichtert: »Sein unglücklicher Charakter hat Grund gegeben, alles Üble zu fürchten . . . meinen Kindern hätte er viel Verdruß machen können.« Und Verdruß machen, das durfte man eben nicht, wenn man der Sohn jenes Mannes war, der den legitimen Herren Europas jahrzehntelang schon so viel Verdruß bereitet hatte. Der König von Rom, der sein Reich nie betreten hatte, war nach einem Leben verstorben, dessen einziges Ereignis er selbst gewesen war. »Meine Geburt und mein Tod sind meine ganze Geschichte«, hatte er ahnungsvoll zu Freund Prokesch gesagt.

Eine Großmacht und ihre Achillesferse

Frankreichs Korsaren auf Kaperfahrt

Man kann in deutschen Blättern häufig den Begriff *Grande Nation* lesen, und er wird nicht selten mit einem ironischen Beigeschmack versehen. Dabei steht fest, daß die Franzosen selbst diesen von dem Korsen Bonaparte – also ziemlich spät – geprägten Begriff nicht in ihren Sprachschatz aufgenommen haben, ja daß sie sogar ihre größten Könige nicht mit dem Beiwort »der Große« versehen, Charlemagne ausgenommen. Dennoch versteht Frankreich sich auch heute noch als Großmacht und empfindet darum bis heute *ein* Manko als besonders schmerzlich: Zur See hat das offizielle Frankreich, die Marine der glanzvollen Könige und des Kaisers Napoleon, nur sehr bescheidene Erfolge aufzuweisen. Das gilt nun auch für andere kontinentale Großmächte, für Preußen etwa, für das zur See erst seit Tegetthoff erfolgreiche Österreich und für das große Zarenreich, das spektakuläre Niederlagen zur See geradezu sammelte. Frankreich aber hatte die bis vor fünfzig Jahren größte Seemacht als Erzrivalen vor der Türe, und das ließ die Unterlegenheit zur See zu einem Stachel im Fleisch werden . . .

Der englisch-französische Gegensatz, der die europäische Politik heute deutlicher kennzeichnet als der deutsch-französische, ist ebenso alt, wie er zäh ist. Er begann im elften Jahrhundert militärische Gestalt anzunehmen und manifestiert sich noch in unserer unmittelbaren Gegenwart zumindest diplomatisch und wirtschaftlich. Niemand aber hat ihn deutlicher, offener und hartnäckiger in Taten umgesetzt als die Seeräuber zu beiden Seiten des Kanals, den die Engländer *The Channel*, die Franzosen *La Manche* (= Ärmel) und die Deutschen in ihrer Gründlichkeit den Ärmelkanal nennen.

Für den Anteil Frankreichs an der jahrtausendealten Seeräuberei hat keine seiner Küsten größere Bedeutung erlangt als die Kanalküste. Im Süden Frankreichs, zwischen den Seealpen und den Pyrenäen, öffnet sich ein verhältnismäßig kurzes und winkeliges Küstenstück, an dem nur die Monegassen, dank der energischen Familie Grimaldi, eine gewisse Rolle in der Piraterie und ihrer Bekämpfung gespielt haben. Im übrigen haben sich Marseille, Sète und der früher bedeutende Hafen Aigues-Mortes im wesentlichen darauf beschränkt, mit den großen Seeräuberflotten der Barbareskenstaaten am anderen Ufer des Mittelmeeres zusammenzuarbeiten. Gelegentlich wurde auch einem britischen Piraten Unterschlupf gewährt, wenn dieser etwa ein verstecktes Nest wie Villefranche zu seinem Stützpunkt erkor.

Bordeaux, das heute verödete Brouage, La Rochelle und Nantes waren durch Jahrhunderte die Städte des französischen Welthandels und der Kolonialunternehmungen. Champlain, der erste Gouverneur Kanadas und Gründer von Quebec, stammte aus Brouage, Pierre Loti, der unvergeßliche Romancier der Islandfischer, aus einem Städtchen südlich von La

Über Jahrhunderte stand die Bretagne im Mittelpunkt französischer und britischer Territorialstreitigkeiten. Selten sind Nachbarn mit solch ungeheurer Erbitterung übereinander hergefallen wie Bretonen und Briten. – Bretonische Küstenlandschaft.

Rochelle, und aus La Rochelle selbst stammte Humboldts treuer Reisegefährte Aimé Bonpland.

Doch die Männer, die am heftigsten und tapfersten gegen die Briten zogen, waren Bretonen keltischen Ursprungs oder Normannen mit deutlicher Verwandtschaft zur anderen Kanalküste. Aber wohin sollten die Schiffer von Portsmouth, Dover oder Poole denn mit ihren Nußschalen segeln, wenn sie Lust zu einem Raubzug verspürten, als nach dem nahen Frankreich? Und wo sollten die Männer von Saint-Malo, Dünkirchen oder Boulogne sich schadlos halten, wenn nicht auf den britischen Inseln?

Von der Pointe de Raz an, wo die Stürme um die Klippen toben, herrscht eine Beziehung zum Meer, in der Handel, Entdeckung und Forschung weit weniger zu sagen haben als Seekrieg, Seeräubertum, Korsarenfahrt. Es ist kein Zufall, daß jede der Städte, von denen in diesem Kapitel die Rede sein wird, mit ihren Namen kriegerische Erinnerungen in uns weckt, Brest ebenso wie Cherbourg, Saint-Malo ebenso wie Dieppe, Dünkirchen oder Boulogne.

Es sind Städte, die es von Anfang an nicht leicht hatten. Schon aus karolingischer Zeit hören wir immer wieder von Sturmfluten. Sie veränderten stellenweise die Gestalt der Küsten, zogen ganze Städte in die Fluten hinab (wie das berühmte Ys in der Bretagne) und ließen andere, zu denen Wattpfade geführt hatten, zu Inseln werden wie Jersey. Als der lange Frieden der römischen Besatzung den Stürmen der Völkerwanderung und den blutigen Wirren der Merowingerherrschaft wich, hatten die kleinen Orte an der Kanalküste fast kein Hinterland mehr. Die Wirtschaftsgebiete der Normandie litten unter den durchziehenden Heeren besonders stark, die Küstenorte waren auf sich selbst angewiesen.

Auf sich angewiesen zu sein, bedeutete für all diese winzigen Siedlungen, daß sie vom Meer leben mußten, von allem, was das Meer gutwillig oder nicht hergab. Solange die Schiffahrt noch unbeträchtlich war, mußte der Fischfang, mußten Muscheln und ein wenig Viehzucht in den Marschen die Bevölkerung ernähren. Aber etwa vom elften, zwölften Jahrhundert an, regte es sich zwischen Flandern und Frankreich. Die emsigen holländischen Tuchmacher, der an Geltung und wirtschaftlicher Kraft wachsende französische Kaufmannsstand, die ruhmbedeckt aus dem Heiligen Land heimkehrenden adeligen Herren, sie alle erkannten die Weite der Welt und knüpften Beziehungen über Grenzen hinweg an.

Da etwa zur gleichen Zeit die deutsche Hanse im Norden ein Netz von Handelsbeziehungen spann, gerieten die Städte zu beiden Seiten des Ärmelkanals in die Lage, die seit jeher für den Seeraub am günstigsten war. Ob Dover oder Boulogne, ob Poole oder Saint-Malo, sie saßen am Rand der großen, emsig befahrenen Wasserstraße, wie einst die Trojaner an den Dardanellen, durch die das Getreide nach Griechenland mußte, wie die Karthager am Weg nach Tartessos, die Kilikier am Weg nach

Unter den Piraten des Mittelalters gelangte der abtrünnige Mönch Eustache le Moine, der zeitweise die Straße von Dover unter seine Kontrolle brachte, zu einiger Berühmtheit. 1217 fand er während eines Seegefechts den Tod. – Zeitgenössische Darstellung von Matthew Paris.

Syrien, die Piraten von Kap Arkona an der Wasserstraße quer durch die Ostsee.

Nie wird sich ergründen lassen, wer als erster aus seinem Heimathafen auslief, sich wie ein harmloser Fischer auf die Lauer legte und dann plötzlich einen dicken Kauffahrer aus Brabant mit der verzweifelten Wut der Habenichtse angriff. Nie wird sich mit Sicherheit sagen lassen, ob die kostbaren Tuchballen zuerst in Dünkirchen, Dieppe oder Dover einem Hehler gebracht oder gar stolz dem Bürgermeister gezeigt wurden. So unendlich fern waren die Zeiten ja schließlich nicht, in denen die Nordmänner die Seine und die Themse hinaufgefahren waren und die Städte geplündert hatten.

Niemand kann es also wagen, den ersten Stein zu werfen und zu behaupten, die Briten wären die Erzpiraten und hätten die Franzosen verdorben. Selten wohl sind Nachbarn mit so ungeheurer Erbitterung übereinander hergefallen wie Bretonen über Briten, Briten über die Städte der Normandie. Und wehe dem behäbigen holländischen oder deutschen Frachter, der sich in den wütenden Kleinkrieg hineinverirrte, den die einander so gut kennenden Städte an den Kanalküsten bald ebenso selbstverständlich betrieben wie zwei Nachbardörfer in Oberbayern ihre Wirtshausraufereien.

Angesichts dieses beinahe ununterbrochenen Kriegszustandes ist es verwunderlich, daß sich schon ziemlich früh ein Mann über die anderen erhebt und uns namentlich bekannt wird, ein Vollblutpirat und Flottenführer von zweifellos besonderer Begabung: Eustache le Moine. Er trägt also noch keinen richtigen Familiennamen, er wird noch mit einem Spitznamen gerufen wie so viele Seeräuber, er hieß Eustache und war Mönch.

Er soll die Bendiktinerkutte ausgezogen haben, um an dem Mörder seines Vaters Rache nehmen zu können, und trat, als dies geschehen war, in den Dienst des Königs von England. Schon damals muß er ein tüchtiger Krieger gewesen sein, denn er nahm seinen Landsleuten die Kanalinseln Guernsey, Jersey und Sark ab und legte sie seinem neuen Herrn zu Füßen. Diese Inseln wurden bald darauf sein Hauptquartier. Er lernte die Gunst der Lage schätzen, als er jahrelang die Küsten der Normandie und die Schlösser der Bretagne brandschatzte. Es war die Zeit, da sich Philipp August, der König von Frankreich, immer wieder auf Landungen in England vorbereitete. (Man dachte noch zu gern an Wilhelm den Eroberer und wußte noch nicht, wie viele solche Landungsoperationen im Lauf der nächsten Jahrhunderte noch scheitern sollten). Der geschickte und in der Wahl seiner Mittel nie wählerische König erinnerte Eustache an sein eigentliches Vaterland und half den patriotischen Gefühlen des ehemaligen Mönches durch einen Sack mit Goldstücken nach. Daß er nun auch auf der anderen Kanalseite plündern durfte, reizte Eustache, und er ging zu Philipp August über.

Sein erstes Ziel war Folkestone an der Straße von Dover, die von den Franzosen noch immer *Le pas de Calais,* der Schritt bei Calais, genannt wird, ein Name, der an Philipps häufige Versuche erinnert, diesen Schritt auch tatsächlich zu tun. In Folkestone kannte Eustache jeden Quadratmeter Boden, die Hafeneinfahrt, die Mauern, die Befestigungen. Er landete mit seinen Normannen und Bretonen, nahm die Stadt im Sturm und hauste in ihr, als wäre man nicht bei Nachbarsleuten, sondern bei den Sarazenen. Ehe die Briten noch Alarm bis Dover geben konnten, waren die Franzosen schon wieder auf ihren Schiffen und über den Kanal verschwunden.

Diese Schreckenstat sollte nur zeigen, daß Eustache tatsächlich zu beiden Seiten der engen Wasserstraße der Herr war. Das, worum es gegangen war, geschah im Dezember 1215: Eustache beschützte mit seinen Piratenschiffen die Überfahrt von siebentausend Mann französischer Truppen, die dem französischen Prinzen Ludwig den Thron von England verschaffen sollten. Im Januar und Mai 1216 wiederholte er das Husarenstück und hätte die größten Verdienste um einen englischen König namens Ludwig, wären nicht den britischen Baronen im letzten Augenblick doch noch Bedenken gegen einen Fürsten gekommen, dessen Vater sein Leben lang gegen England Krieg geführt hatte.

Beim Versuch, den Sohn seines Königs zu retten, fand Eustache dann im Sommer 1217 den Tod. Die mit Truppen überladenen französischen Schiffe konnten sich in der engen Themse nicht so bewegen, wie es dem Piratenverstand des ehemaligen Mönches günstig erschienen wäre. Zudem griffen die Briten mit einer fürchterlichen Waffe an: Sie ließen vom Land her Wolken ungelöschten Kalks gegen die französischen Schiffe wehen, und die verbrannten Seeleute wagten sich kaum noch an Deck, weil sie für ihr Augenlicht fürchten mußten. Es war ein Debakel, dem nur einige Herren vom hohen französischen Adel entrannen, weil man von ihnen Lösegeld erhoffte. Eustache wurde im Rumpf seines Schiffes entdeckt und im Kampf getötet.

Eustache le Moine war nur ein Auftakt. Im darauffolgenden Jahrhundert waren es Jean de Vienne und Rainier Grimaldi, die gemeinsam, als Admirale der königlich französischen Flotte, eines der schlimmsten Piratenstücke aller Zeiten verübten, nämlich den Überfall auf die schlecht verteidigte britische Stadt Rye im östlichen Sussex, an der Rother-Mündung.

Heute zählt Rye kaum viertausend Einwohner und liegt auch nicht mehr am Kanal, im vierzehnten Jahrhundert jedoch war es eine der vielen kleinen Seestädte, die durch die ständigen Räubereien ihrer Bewohner reich geworden waren und eben das zahlten ihnen die Franzosen bitter heim. Berühmte französische Kriegerfamilien haben bei dieser Gelegenheit Schande auf ihren Namen geladen, denn Jean de la Ferté, Calard de Torcy und Guillaume de Bauvais stürmten mit ihren Kriegsknechten gegen die halbzerfallenen Wälle los, kaum daß die Schiffe auf den Sandstrand gelaufen waren. Als in Rye niemand mehr lebte, als vier Schiffe des monegassischen Admirals mit Gold- und Silbergeschirr und anderer Beute vollgeladen waren, zündeten die Angreifer die unglückliche Stadt an allen Enden an und kehrten über den Ärmelkanal nach Frankreich zurück.

Noch im gleichen Jahr 1377 mußten Folkestone, Portsmouth, Dartmouth, Plymouth und die Insel Wight das Schicksal von Rye erdulden, und in London zitterte man vor Jean de Vienne und Rainier von Monaco.

Es war die Zeit, da die Kriegsflotten vor jedem bewaffneten Konflikt eigens geschaffen werden mußten. Geeignete Handelsschiffe wurden beschlagnahmt, bewaffnet und mit kampfgewohnten Besatzungen versehen. Von einem besonderen Geist, von einer Marinetradition konnte man also nicht sprechen. Es war daher nicht verwunderlich, daß sich die Landsknechte zur See ebenso rauh gaben wie bei den Schlachten auf dem Festland. Sie wußten nichts von der Kameradschaft, die Seeleute auch dann verbindet, wenn sie verschiedenen Nationen angehören – in der Erinnerung an ihre gemeinsamen Kämpfe gegen Stürme, Wellen und Riffe. Und solange die Seeschlachten auch am Kanal nichts anderes waren als das Aufeinanderzufahren von kleinen Kasernen, als das Nebeneinander schwankender Plattformen, auf denen mit Schwertern und Lanzen gekämpft wurde, so lange änderte sich auch nichts an dieser mittelalterlich-grausamen Kriegsführung. Das, was wir den Korsarengeist nennen, die Ritterlichkeit, die Zähigkeit, den Wagemut über das allzubekannte Dreinschlagen hinaus, das gehörte einer späteren Zeit an.

Seit dem siebzehnten Jahrhundert begann der französische Adel in seiner Beziehung zur Bildung und zur allgemeinen Kultur die vornehmen

Eine durch den Staat sanktionierte Variante der Seekriegführung war seit dem Mittelalter die Kaperei, die zwischen dem 15. und 18. Jahrhundert ihre Blütezeit erlebte. Privatunternehmer nahmen, durch einen Kaperbrief staatlich ermächtigt, am Handelskrieg teil und mußten einen Teil der Beute an ihren Souverän abführen. – Kaperbrief William Kidds, 1695 von König Wilhelm III. von England ausgestellt.

Geschlechter Spaniens, Englands und Deutschlands zu überflügeln. Natürlich gab es Ausnahmen: den Kreis bildungsbeflissener, philosophierender und diskutierender Herren um den gealterten Konquistador Cortez, die Lords Clarendon und Bolingbroke in England, den schlesischen Kleinadel und manches Bildungszentrum am Rhein, in den Niederlanden, an der Donau. Aber der glänzende Pariser Hof und die Entfaltung des adeligen Landlebens im achtzehnten Jahrhundert hatten in Frankreich doch die Voraussetzungen dafür geschaffen, daß die hochgeborenen Abenteurer auch auf der Seefahrt nicht vergaßen, aus welcher Welt sie kamen und in welche Gesellschaft sie dereinst in Ehren wieder zurückkehren wollten.

Zu dieser Mischung von Charakter, Kühnheit und Unternehmungslust gesellten sich häufig noch der Geldbedarf flott lebender junger Herren und das Verlangen nach Unabhängigkeit, das schon manchen Mann aufs Meer hinaus, ja zu den fernsten Küsten getrieben hat. Bloße Piraten wären diese Männer alle nicht geworden. Schon ein Cavendish, ein Cumberland, ein Francis Verney versuchten mehr zu sein, schielten nach dem Entdekkerruhm und achteten die Flagge ihres Heimatlandes. Aber den gültigen Begriff des Korsaren haben doch erst die französischen Kaperschiffer geprägt. Erst sie sind nicht nur mit Kaperbriefen ausgestattet, sondern handeln auch in den meisten Fällen entsprechend den Kriegsregeln. Erst sie benehmen sich nicht wie Deserteure, die das Kriegshandwerk auf eigene Faust fortsetzen, sondern wie Offiziere, die für eine Weile einen besonderen Vertrag mit ihrem König geschlossen haben. Ein oder zwei Dutzend französischer Kaperkapitäne haben durch ihren Ruhm und vor allem durch die Legenden, die sich um ihre Schiffe, ihre Siege, ihre Ritterlichkeit und ihren Mut ranken, Tausende anderer vergessen lassen, die sich auch Korsaren nannten, aber nicht viel besser waren als die Piraten oder Flibustiers. Aber die Phantasie enzündet sich nun einmal stets am Außerordentlichen, und darum unterscheidet man seit Männern wie Surcouf, Duguay-Trouin oder Forbin zwischen Korsaren und Piraten, oder versucht doch, diese Unterscheidung aufrechtzuhalten.

Das wichtigste Dokument im Leben solch eines Korsaren war der Kaperbrief. Die Korsaren der großen Zeit hingegen erhielten ihre *Lettres de Marque,* ihre Kaperbriefe, von König Ludwig XIV., dem glanzvollsten Monarchen Europas, und zwar meist auf Empfehlung seines Ministers Colbert. So ein Brief begann mit einem kurzen Vorspruch, der das Unternehmen als solches rechtfertigte (aus dem Schaden, den Frankreich durch die Kaperei anderer Nationen erlitt). Dann folgte die Beurlaubung des Offiziers mit der ausdrücklichen Erlaubnis, »das Schiff . . . bewaffnen und kriegstauglich ausrüsten zu lassen, es mit Mannschaften, Munition und Lebensmitteln zu versehen und alles vorzukehren, was nötig ist, um Krieg zu führen gegen Piraten, Raubgesindel auf See und alle Feinde des Staates, als da sind Holländer, Engländer und Spanier. Er darf sie mit ihren Schiffen und Waffen gefangennehmen, mit ihnen nach Kriegsrecht verfahren, muß sich aber persönlich und für seine Mannschaft verpflichten, daß die Kriegsartikel und die Vorschriften Meiner Marine geachtet werden.«

Der Brief verpflichtete den Korsaren zur genauen Buchführung über Prisenschiffe und Beute, sicherte ihm die Hilfe der offiziellen französischen Marine, die Unterstützung in allen französischen Häfen und gute Behandlung bei Frankreichs Verbündeten zu. Wurde das Korsarenschiff zum Beispiel in Saint-Malo ausgerüstet, so erhielt es die Erlaubnis, die bretonischen Flaggen zu führen, mußte aber der Admiralität der Bretagne ein Zehntel der Beute abgeben. Der Schiffseigner mußte eine beträchtliche

Summe deponieren, mit der Unrecht gutgemacht wurde, das er etwa anrichtete, und die Besatzung eines Korsarenschiffes wurde, sobald sie sich einmal verpflichtet hatte, nicht viel anders behandelt als Kriegsschiffmatrosen.

Das ist eine ganz beträchtliche Reihe von Unterschieden gegenüber dem bloßen Piraten oder jenen Barbaresken-Seeräubern, die wohl irgendeinem Bei einen Beuteanteil abgeben mußten und seine Flagge führten, im übrigen aber sich benehmen konnten, wie sie wollten.

Was die Korsaren mit den Piraten verbindet, ist die geschäftliche Seite der Angelegenheit. Es kann keinem Zweifel unterliegen, daß – von Ölfeldern oder Diamantengruben abgesehen – kaum ein Unternehmen die veranlagten Kapitalien so günstig verzinste wie die Kaperschiffahrt. Der zu Unrecht gehängte Captain Kidd hatte, ehe er auslief, eine ganze Gesellschaft zusammengebracht, die ihm ihr Geld anvertraute, sein Schiff ausrüstete, seine Leute bezahlte, nur damit er zu ihren Gunsten raube und plündere. Was die französischen Reeder und Korsaren taten, war, wirtschaftlich gesehen, genau dasselbe. Vor manchen Kaperfahrten wurden sogar Aktien verkauft, Anteilscheine zu runden Summen, die einen entsprechenden Anteil an der Beute sicherten. Der Kauf dieser Anteile galt als völlig legal. Nur wenn man sie als Geschenk annahm, konnte dies als Bestechung gewertet werden.

Als Kuriosum sei hier angeführt, daß selbst ein hoher deutscher Kirchenfürst aus einem bayrischen Adelsgeschlecht gelegentlich einer Reise nach Straßburg von solchen Aktien hörte und vier erwarb. Aber er hatte Pech: Gerade dieser Korsar war nicht eben vom Glück begünstigt, und das Ergebnis der Reise war ziemlich enttäuschend. Die beredten Klagen des Erzbischofs und die ungnädigen Antworten der Pariser Marinebehörden zählen zu den köstlichsten Dokumenten der Zeit.

Viel Geld war allerdings nicht nötig, um ein Korsarenschiff auszurüsten. Es handelte sich ja nicht um eigentliche Kriegsschiffe, sondern um leicht gebaute Handelsfahrzeuge, die vor allem schnell und wendig sein sollten. War Friede auf den Meeren, so konnte der Reeder immerhin Küstenhandel damit treiben, und ging es auf große Fahrt, so wurde das Schiff nach Möglichkeit mit Kanonen versehen. Diese durften allerdings weder groß noch schwer sein, da das Schiff schnell bleiben mußte und in seiner leichten Bauart den Abschuß einer Breitseite aus schweren Rohren womöglich weniger vertragen hätte als der Gegner, dem sie zugedacht war.

An der Kanalküste, wo die Entfernungen, die man bewältigen mußte, nur gering waren, gab es offene Boote oder kleine Fischkutter, die sich als Korsaren gebärdeten, nach England hinübersegelten und mit einem Dutzend Männer und einer kleinen Kanone britische Fischereifahrzeuge kaperten. Im allgemeinen aber achteten die Fischer darauf, sich nicht in

Siegreiche Korsaren, in die Heimat zurückgekehrt, tragen ihre Beute durch die Stadt.

kriegerische Händel einzumengen, denn sie galten, selbst bei länger währenden Seeoperationen, fast stets als neutral. Die Kriege früherer Zeiten waren ja nicht in dem Sinne total wie die des zwanzigsten Jahrhunderts, und beide Parteien waren meist bemüht, die Ernährungswirtschaft einigermaßen unangetastet zu lassen.

Ihre überlegene Schnelligkeit gestattete den Korsaren in der Regel, einen Kampf nach ihrem Belieben aufzunehmen oder abzulehnen. Dadurch wurde viel weniger gekämpft, als man gemeinhin annimmt. Auch die Korsaren waren in erster Linie an der Beute interessiert, und gerade der Beute wegen hatten sie sich ja nicht der Königlichen Marine mit ihren hochbordigen, stark bestückten Schiffen verschrieben, sondern ihren eigenen Schnellseglern, die an Feuerkraft jedem Kriegsschiff unterlegen waren. Sieht man die dicken Pergamentbände durch, in denen zum Beispiel auf dem Bürgermeisteramt von Saint-Malo die Berichte der Korsaren gesammelt sind, dann ergibt sich, daß auf ein Schiff, das erst nach hartem Kampf erobert werden konnte, neunzehn andere kamen, die vor dem Korsaren kapitulierten, ohne sich zu zieren. Die Kaperei war so alltäglich, daß erfahrene Seeleute von vornherein darauf verzichteten, für

Eines der Zentren der französischen Kaperei war Dieppe, von wo aus die mächtige Reederfamilie Ango Jagd auf die spanische Silberflotte machte. – Stich aus dem 17. Jh.

ihre Ladung zu sterben. Es gibt ja auch nichts, was unbarmherziger wäre als eine Seeschlacht, insbesondere seit der Erfindung der Artillerie. Wer an Schnelligkeit und Reichweite der Geschütze überlegen ist, kann die Kampfentfernung stets so einrichten, daß das eigene Schiff kaum gefährdet ist. Für den einen, den Stärkeren, wird solch eine Begegnung zu einer Waffenübung, für den anderen ist sie ein Abgeschlachtetwerden ohne die Möglichkeit wirksamer Gegenwehr. Ohne Deckungsmöglichkeit breitet sich die See flach wie ein Schachbrett, und der Gegner hat den einen Turm mehr, der zum Mattsetzen genügt . . .

Die französischen Kaperfahrten großen Stils begannen mit der Reederfamilie Ango, auch Angot geschrieben, aus Dieppe. An Jean Ango (1480–1551) erinnert heute noch ein großer Park im Herzen der Stadt. Er und sein Sohn waren wesentlich geschickter als all die anderen französischen Armateurs (Reeder), die in jenen Jahrhunderten versuchten, sich an der Jagd auf die spanischen Silberflotten zu beteiligen. Diese Unternehmungen waren nicht nur Raubfahrten; manchmal wurden auch Kolonisten nach Übersee geschafft, denen man allerlei versprochen hatte und die oft auf das Gemeinste betrogen wurden. Gelegentlich versuchten die

Armateurs sogar, ein Stück von der Neuen Welt für Frankreich zu erobern, da ihr König dies nun einmal versäumt hatte.

Jean Ango und sein Sohn unterschieden sich von diesem geschäftstüchtigen Gelichter grundsätzlich durch die Großzügigkeit ihrer Aktionen, durch den Stolz, der ihnen unehrenhafte Handlungen verbot, und durch eine eindrucksvolle Selbstsicherheit, die sie von allen Wellentälern der französischen Politik unabhängig machte. Die Schiffe der Angos, die zu den reichsten Männern Frankreichs zählten, waren groß und schwer bewaffnet. Sie wurden nur ausgesuchten Kapitänen anvertraut, die den strikten Auftrag hatten, portugiesischen und spanischen Kriegsschiffen aus dem Weg zu gehen und alles zu vermeiden, was man als Seeraub auslegen könnte. Der Handel war den Angos genug, und dem Handel erschlossen sie immer neue Möglichkeiten, da sie italienische Astronomen, portugiesische Piloten (Steuerleute) und jüdische Kartographen in ihren Diensten hatten. Wenn aber die Flotte der Angos Einbuße dadurch erlitt, daß eine andere Macht sie angriff, dann fühlten sich Jean Ango wie sein Sohn stark genug, ihr Recht auf See selbst zu suchen. Noch heute spricht man in Dieppe von jenem Tag, da ein Ango-Schiff im Sturm von seinem Geschwader getrennt wurde und allein den Portugiesen in die Arme lief. Es war bewaffnet, aber kein Kriegsschiff, also brachten die Portugiesen es auf und behandelten die Besatzung wie Piraten: Man knüpfte sie auf.

Als man in Dieppe davon erfuhr, rüstete Ango der Jüngere seine ganze Flotte kriegsmäßig aus und segelte gegen Portugal. Siebzehn Schiffe landeten an den Küsten der Portugiesen und plünderten einen Ort nach dem anderen, bis der Hof von Lissabon in Paris vorstellig wurde und um die Vermittlung König Franz' I. bat. »Ihr hättet Ango nicht reizen sollen«, antwortete Frankreichs König dem Gesandten, »er hat mehr Schiffe als ich und mindestens doppelt soviel Geld . . . Wenn ihr Frieden wollt, müßt ihr schon mit ihm selbst verhandeln!«

Es blieb der Krone Portugals nicht erspart, den Mann, dessen Matrosen als Piraten gehängt worden waren, um Frieden zu bitten – einen Frieden, der natürlich erst nach entsprechendem Schadenersatz gewährt wurde. Ango und sein Sohn haben Dieppe für Generationen zur reichsten Handelsstadt Frankreichs gemacht und zugleich die Weltgeltung des französischen Handels auch im atlantischen Bereich begründet.

Berühmteste Namen aus der Seefahrt jener Epoche gesellen sich zu dem des großen Reeders, dessen Familie man mit einigem Recht mit dem Florentiner Geschlecht der Medici verglichen hat. Ango, der zweifellos viel normannisches Blut hatte und wie einer der alten Wikingerherzöge auf einem Schloß residierte, hatte den gleichen Sinn für das Wissen der Welt und für die Bedeutung der Wissenschaften wie die Normannenfürsten Siziliens. Wie diese verschmähte es auch Ango nicht, sich gelegentlich in Versen auszudrücken. Astrologen und Seefahrer, Dichter und Korsaren saßen gleichberechtigt an seinem Tisch, und eines seiner liebsten Schiffe hieß *La Pensée,* der Gedanke.

Neben den Entdeckern Verrazzano und Parmentier waren die bedeutendsten Seeleute aus dem Kreis um die Familie Ango die Korsaren Jean Fleury und Sylvestre Bille. Fleury stammte aus dem idyllischen Örtchen Honfleur an der normannischen Küste, an dessen kleinem Hafenbecken heute noch die schönsten alten Häuser stehen, die man an der vom letzten Krieg so stark heimgesuchten französischen Atlantikküste bewundern kann.

Fleury widmete sich in erster Linie dem Kaperkrieg gegen die spanischen Versorgungsflotten, die zwischen Europa und der Neuen Welt die See überquerten. Er kaperte mit seinen fünf kleinen Schiffen die durch eine Flottille beschützten drei Schatzgaleonen, auf denen Hernando Cortez, der Eroberer von Mexiko, seinem Monarchen die köstlichsten Beutestücke aus Montezumas Schatzkammern übersandte. Eines der Schiffe entrann Fleury im letzten Augenblick und erreichte Spanien, die beiden anderen aber enthielten Dinge, die selbst diesen verwöhnten Beutemachern den Atem benahmen und die leider seither in keinem Museum mehr aufgetaucht sind. Was immer aus Gold war, wurde eingeschmolzen, und seien es die herrlichsten Kunstwerke!

Frankreichs großer Minister Colbert, sein Sohn Seignelay und der hochbegabte Louis Phélypeaux, Graf von Pontchartrain, als Staatssekretär für die Marine, hatten eine Reihe von Reformen und Neuerungen durchgesetzt, die auch den Korsaren zugute kamen. In Toulon am Mittelmeer, in Rochefort sur Mer am Atlantik und in den Kanalhäfen Brest und Dünkirchen wurden Marinearsenale angelegt, große Ausrüstungsstationen mit Docks und Werkstätten. Die Offiziersschulen der Marine begannen sich auszuwirken: Qualität und fachliche Kenntnisse der Offiziere und Kommandanten stiegen von Jahr zu Jahr. Die französische Schiffsartillerie, die 1661 wenig mehr als tausend Kanonen besessen hatte, verfügte 1674 über 6460 Rohre.

Natürlich nahm nicht nur die französische Flotte an Kampfkraft zu. Durch die stetigen Verbesserungen der Artillerie waren die Kriegsschiffe für jedes Land, das sie sich einigermaßen leisten konnte, sehr wichtig geworden. Schiffe waren die einzige Möglichkeit, Ballungen von dreißig, vierzig oder mehr Feuerschlünden beweglich zu erhalten. Nicht ein einziges Land verfügte damals über Straßen, die den schnellen Transport solcher Artilleriemengen gestattet hätten. Noch in den napoleonischen Kriegen gingen Tausende von Menschen und Tragtieren einfach unter der Last der Geschütze zugrunde, weil diese auf ungeeigneten Wegen transportiert werden mußten. Auf See aber schwammen schon im siebzehnten Jahrhundert ganze Forts mit der Geschwindigkeit eines Kavalleristen von

Korsaren in Erwartung eines Angriffs. – Darstellung aus der Zeit um 1643.

einem Ort zum andern; sie konnten Städte beschießen, in Flußmündungen einlaufen, sich an den Aktionen der Landtruppen beteiligen oder Landungsunternehmen abschirmen.

Nicht nur der Seekrieg war in ein neues Stadium getreten, aber zur See konnten sich die neuen Kriegswaffen besonders deutlich in ihrem Wert und in ihren Wirkungen zeigen. Darum nahm das Seewesen aller Großmächte nun einen bedeutenden Aufschwung.

Für die Piraten war damit eine Lage eingetreten, in der sie, auf sich selbst gestellt, nur noch schwer und unter großen Verlusten überhaupt mithalten konnten.

Etwas besser war die Lage der halboffiziellen Seeräuber, das heißt, der von einem Staat gestützten Kaperschiffahrt. War es auch keinem Privatmann möglich, seine Schiffe mit Doppelwänden zu versehen, wie dies bei den größeren Kriegsschiffen bald üblich wurde, oder gar mit Eisenplatten zu panzern, wie dies zuerst die Schweden versuchten, so konnte ein Reeder, dem der Staat seine Arsenale öffnete, doch geeignete Schiffe kampftüchtig machen. Die weitverzweigte Organisation der staatlichen Marine – die keinem Piraten, wohl aber den Korsaren zur Verfügung stand – erleichterte die Ausbesserungen, die Verproviantierung und den Munitionsnachschub. Einen Säbel brauchte man nur von Zeit zu Zeit zu putzen; dreißig Kanonen aber verbrauchten auf einer langen Kaperfahrt mehr Pulver und Geschosse, als in dem schlanken Rumpf der Korsarenschiffe Platz hatten.

Vorbei war es jetzt auch mit dem Piraten als Selfmademan. Wer konnte sich nun gleichsam von ungefähr, aus purem Übermut, aus Energie und Härte, zum Kommandanten eines Schiffes aufwerfen? Die schwere Bordartillerie, die Zusammenhänge zwischen Bestückung, Schiffsgewicht und Feuerkraft gaben den einfachen Schiffergehirnen zu viele Rätsel auf. Auch ein intelligenter Verbrecher wie etwa Bartolomeo el Portuges oder Lolonnois wäre nicht imstande gewesen, ein Schiff wie etwa die *Confiance* des Korsaren Surcouf zu führen. Man mußte sich nun schon einer richtigen Ausbildung unterziehen. Da aber kein Staat Piratenschulen unterhielt, gab es für den Mann, der sich ein freies Leben zur See, viel Beute und den Ruhm eines Chaireddin Barbarossa wünschte, zunächst nur eines: Er mußte eine Marineakademie besuchen oder doch längere Zeit auf Kriegsschiffen Dienst tun, und zwar in gehobener Position.

Der Übergang vom alten zum neuen Typ des Seeräubers vollzog sich besonders deutlich in der Karibischen See, die jahrzehntelang das Eldorado aller Piraten gewesen war. Einer der letzten Kapitäne, die mit der alten Methode noch ihr Glück machten, war Pierre Legrand aus demselben Dieppe, das durch Jean Ango so reich geworden war. Er fuhr mit zwei Dutzend Männern und einer kleinen Schaluppe durch das Gewirr der Antillen und spähte nach einem Handelsschiff, das seinen bescheidenen

Möglichkeiten angemessen war. Da geriet er unversehens hinter einer Landzunge an ein Admiralsschiff der Spanier. Schon sah er sein letztes Stündlein gekommen, als er bemerkte, daß der Spanier offenbar den Anschluß an seinen Verband verloren hatte und auch sonst nicht sehr aufmerksam war. Jedenfalls folgte die Schaluppe vorsichtig, wartete die Nacht ab und ging dann lautlos längsseit. Während auf dem großen Kriegsschiff alles schlief, enterten Legrand und seine vierundzwanzig Leute. Sie brachten die Spanier teils im Schlaf um, teils sperrten sie sie in den Laderaum und waren nach einer bangen Stunde Herren des Schiffes. Legrand aber hatte erkannt, wieviel es geschlagen hatte. Er sah ein, daß er solch ein Glück nicht noch einmal haben konnte, kehrte nach Tortuga nur zurück, um seine sechshundert (!) Gefangenen als Sklaven zu verkaufen und lebte fortan reich und friedlich im heimatlichen Dieppe.

Jean-Bernard Desjeans, Baron von Pointis, hingegen, der gegen Ende des siebzehnten Jahrhunderts Flibustiers, Korsaren und französische Kriegsschiffe gegen Cartagena führte, war ein Edelmann und Offizier. Er hatte sich von bescheideneren Verwendungen zum Eskaderchef hinaufgearbeitet und das Seekriegshandwerk unter dem erfolgreichen Duquesne erlernt (der übrigens ebenfalls aus Dieppe stammt). Duquesne hatte in den Seeschlachten von Stromboli und Agosta den bedeutendsten Flottenführer des Jahrhunderts, den holländischen Admiral de Ruyter, geschla-

Piratenkampf auf hoher See.

gen. Wer unter Duquesne gedient hatte, kam also aus einer Schule, wie man sie sich besser nicht denken konnte. Dieses Können, dieses Wagen im Verein mit dem Wissen, das machte fortan den Kaperkapitän aus.

Wer der Größte, der Genialste, der Glücklichste oder der Bedeutendste unter diesen Seehelden oder Seeräubern neuen Stils war, ist eine Frage, die sich nicht beantworten läßt, angesichts der großen Zahl von Kaperfahrern und angesichts der Schwierigkeit, eine Lebensleistung gegen die andere abzuwägen. Jener ahnungslose Schiffer aus Dieppe, der sich eine Kanone verschaffte, diese auf einem großen offenen Boot befestigte und gegen England fuhr, hatte nicht weniger Mut als der glücklichere Jean Bart – nur daß Jean Bart eben den ersten Schuß seiner Kanone überlebte, während jener Unbekannte mit Geschützrohr und Schifflein in die Luft flog und nur noch als Korsaren-Kuriosum in der Geschichte weiterlebt. Um die Wende des siebzehnten zum achtzehnten Jahrhundert waren es allein in Dünkirchen etwa achthundert Menschen, die als Reeder oder Kapitäne, Steuerleute oder Artilleristen von der Kaperschiffahrt lebten, und in Saint-Malo, in Dieppe, Le Tréport und Boulogne war es nicht anders . . .

Beginnen wir also mit dem wenig bekannten Pierre de la Barbinais, der ein Denkmal überall verdient, wo von der Seefahrt gesprochen oder geschrieben wird, weil man stets zuerst das Lied vom braven Mann singen soll, ehe jene kommen, bei denen sich Hell und Dunkel mischen.

Pierre de la Barbinais war schon ein erfahrener Korsar, als die Reeder des Seestädtchens Saint-Malo beschlossen, eine kleine Flotte von Frachtschiffen ins Mittelmeer zu schicken. Die Strecke schreckte die Seeleute von der Atlantikküste nicht, aber gegen die Piraten der nordafrikanischen Kleinfürsten mußte man sich schützen. Darum rüsteten sie ein geeignetes Schiff zu einer Fregatte um, bestückten es mit sechsunddreißig Kanonen und vertrauten de la Barbinais den Befehl über das Schiff und den Schutz des Geleitzugs an.

Die Barbareskenschiffe hatten sich zwar aus den atlantischen Gewässern zurückgezogen, aber wenn man sie in ihrem eigenen Jagdgebiet aufsuchte, dann glich das einer Herausforderung. Die kleine Flotte aus Saint-Malo war bald von einer beträchtlich größeren aus Algier umringt. Pierre de la Barbinais ließ aus allen Rohren feuern. Den Muselmanen fiel manches Segel brennend auf Deck, stürzten die Masten ins Meer, soffen die Schiffe ab. Aber es waren ihrer einfach zu viele. Als die Männer aus Saint-Malo ihre Munition verfeuert hatten, enterten die Algerier. Verwundet geriet de la Barbinais in Gefangenschaft, sein ganzes Geschwader wurde in den Hafen von Algier eskortiert.

Der Korsar verbrachte fünfzehn (!) Jahre als Sklave und in Ketten, eine Zeitspanne, die heute in einer Reihe von Staaten als die praktisch höchste

Zuchthausstrafe gilt (wobei von Ketten längst nicht mehr die Rede ist). Nach dieser Haft erhielt de la Barbinais Gelegenheit, im Auftrag des mohammedanischen Fürsten von Algier nach Paris zu reisen: Er sollte Ludwig XIV. von seinen Rüstungen gegen Algier abbringen und über einen langen Frieden verhandeln. Danach sollte er – das hatte er geloben müssen – wieder in die Sklaverei zurückkehren; nur für den Fall, daß er seinen König umstimmen könne, versprach ihm der Herr von Algier die Freiheit.

Der Sonnenkönig empfing den Korsaren in langer Privataudienz, nicht nur, um den Mann für seine Leiden zu ehren, sondern auch, um über Algier, das nächste Angriffsziel, einiges zu erfahren. Aber die Bedingungen des algerischen Potentaten waren für Ludwig XIV. natürlich unannehmbar. So sehr alte und neue Freunde auf Pierre de la Barbinais auch einredeten, er entschloß sich zur Rückkehr, brachte vorher nur seine Angelegenheiten in Saint-Malo in Ordnung und schiffte sich dann nach Algier ein. Der Gewaltherrscher der Stadt hatte wenig Sinn für solche Seelengröße. Er sah nur den Mißerfolg der Gesandtschaft und ließ de la Barbinais enthaupten.

Ein Mann wie dieser genügt gemeinhin, um den Ruhm einer Stadt zu begründen. Aber allein aus der Familie des standhaften de la Barbinais kamen noch der große Korsar René Duguay-Trouin und der tapfere, durch seine Zähigkeit berühmt gewordene Jacques Boscher. Eine andere Korsarensippe der Stadt begründete um 1650 der Reeder und Kaperkapitän Nicolas Perrée, in dessen Nachfolge dann Perrée du Couray, Luc de la

Rechts: Saint-Malo war über Jahrhunderte hin eines der berühmten Piratenzentren an der französischen Küste. – Folgende Doppelseite: Gemälde von Max Slevogt (1868–1932): »Die Seeräuber«.

Haye und Robert Surcouf sowohl die familiäre als auch die örtliche Tradition fortsetzten.

Wer Saint-Malo kennt, meint noch heute etwas von jenem Korsarengeist zu verspüren, und er manifestierte sich ja keineswegs nur zur See: Wer immer aus Saint-Malo stammte, bewies dieses Korsarenerbe in seinem Denken und Tun, ob er nun Seemann war wie Cartier oder Labourdonnais, kämpferischer Arzt wie Broussais oder Lamettrie, eigenwilliger Theologe wie Lamennais oder streitbarer Naturwissenschaftler wie Maupertuis.

Korsarentum, Seeräuberei und Seekrieg haben seit Anbeginn nicht nur die Menschen, sondern auch die Geschichte und das Gesicht der Stadt geprägt: Vor den Einfällen der Wikinger flohen die Bewohner des nachrömischen Fleckens Aletum (an der Stelle des heutigen Saint-Servan) auf einen kleinen Granitfelsen, der nur eine schmale Verbindung zum Land besaß, und nannten die neue burgartige Ansiedlung nach ihrem Bischof Saint-Malo. Seither war es immer wieder der Kampf gegen England, der sich in den Chroniken der Stadt niederschlug: 1533 begann Jacques Cartier von hier aus die Erkundung des später französischen Kanada, das die Engländer erst nach harten Kämpfen erobern konnten. Am 29. November 1693 rächten sich die Briten an der Stadt, deren Seefahrer Tausende von britischen Prisen eingebracht hatten, durch ein Seebombardement und Branderschiffe, denen ganze Straßenzüge zum Opfer fielen. Weniger Erfolg hatten britische Angriffe in den Jahren 1695 und 1758. Im August 1944 belagerten die angelsächsischen Invasionstruppen Saint-Malo, das von achttausend Deutschen unter dem Obersten von Aulock verteidigt wurde. Erst nach siebenundzwanzig Tagen fiel das letzte Widerstandsnest auf der Insel Cézembre. Drei Viertel der Stadt lagen zu diesem Zeitpunkt in Schutt und Asche, aber heute ist das alte Korsarennest nach einem sorgfältigen kunsthistorischen Aufbauplan wiedererstanden, und Straßen wie Denkmale erinnern neben dem großen Dichter Chateaubriand auch an die streitbaren Seeleute aus dem alten Saint-Malo.

Ihre Eigenwilligkeit begann schon bei den Namen. Da wurde im Jahre 1673 aus einer alteingesessenen Familie ein Knabe geboren, der in den Kirchenbüchern als René Thouin, Sieur du Guaiy, aufscheint. Als er so weit war, seinen Namen unter Schriftstücke setzen zu müssen, nannte er sich jedoch René Duguay-Trouin. Das geschah vielleicht nur, um sich von den vielen Vettern abzuheben, die dadurch entstanden waren, daß man auf dem kleinen Felseneiland gern unter sich blieb und Fremde nur schwer Familienanschluß fanden. Es schuf aber auch einen der berühmtesten Korsarennamen Frankreichs.

René war knapp achtzehn Jahre alt, als er seinen Bruder, der die Familienreederei übernommen hatte, dazu brachte, ihm ein Schiff anzuvertrauen. Mit der *Danycan,* vierzehn Kanonen, sechsundneunzig Mann

Einer der größten Draufgänger in seinem Gewerbe, der ausweglose Situationen als besondere Herausforderung empfand, war René Duguay-Trouin. Unter dem Schutz Ludwigs XIV., der ihn zum Fregattenkapitän, und Ludwigs XV., der ihn zum Vizeadmiral ernannte, brachte er mit seinen waghalsigen Operationen Engländer, Spanier und Holländer in arge Bedrängnis. Am Ende seines Lebens war der einst vielfache Millionär nahezu mittelos.

Besatzung, stieg der Jüngling ins Abenteuer und lernte als die schwierigste Seite der Seefahrt erst einmal die Begegnung mit der eigenen Mannschaft kennen. Hätten nämlich die Malouins, die Leute aus Saint-Malo, auf ihren Schiffen Dienst tun dürfen, dann hätten die Dieppois, die Leute aus Dieppe, dann hätte die ganze Küste das gleiche Recht beansprucht. Frankreich hätte in diesem Fall noch bessere Korsarenbesatzungen gehabt, aber nicht einen erfahrenen Mann von seiner Wasserkante in der Kriegsmarine. René Duguay-Trouin mußte sich seine erste Mannschaft in den Kneipen zusammensuchen und erst zu richtigen Korsaren-Matrosen erziehen. Aber es gelang ihm.

Mit jener Schar, die der Kriegsmarine zu schlecht war, segelte er gleich einmal nach Irland. Er landete vor Limerick, versuchte die berühmte alte Stadt zu erobern, warf sich dann aber doch lieber auf ein einsames Landschloß, wo er beträchtliche Beute machte. Schließlich steckte er noch zwei gestrandete Britenschiffe in Brand.

Das war für die erste Ausfahrt eine erstaunlich gute Bilanz, und 1692 legte René darum schon kühner los. Gemeinsam mit einem Freund griff er einen britischen Geleitzug an, obwohl dieser von zwei Fregatten geschützt wurde, den gefährlichsten Gegnern der Korsaren, weil sie nicht langsamer waren als die Kaperschiffe, aber ungleich stärker bestückt. Mit unglaublicher Schnelligkeit kämpfte René die beiden Briten nieder, während der Freund die Handelsschiffe vor sich her nach Saint-Malo trieb. Der Geschützdonner aber hatte englische Verstärkung angelockt. Ein ganzes Geschwader von Kriegsschiffen versuchte, den beiden Korsaren den Weg zu verlegen. Duguay-Trouin erlebte seine Feuertaufe unter den Breitseiten der Briten, die seinem Schiff hart zusetzten. Daß er dennoch lebendig in den Heimathafen einlaufen und sogar einen Teil der Beuteschiffe behalten konnte, zeugte von einer genial zu nennenden Mischung aus Tüchtigkeit, kaltem Blut und Zähigkeit und von einer beachtlichen Portion Selbstvertrauen bei einem noch nicht zwanzigjährigen Seemann.

War es ein Wunder, daß René übermütig wurde? Er meinte (wie manch anderer Korsar auch), den Engländern einfach jeden Streich spielen zu können. Er begann dort, wo es bitter ernst zugeht, Humor und Ironie spielen zu lassen. Das erwies sich bald als gefährlich. Aber es hat wenig Sinn, heute den Zeigefinger zu erheben, denn Bravourstücke und Kriegslisten wie diese unterschieden eben den Korsaren vom Piraten, der wie jeder simple Verbrecher humorlos zu Werke ging.

Duguay-Trouin fuhr mit seiner neuen, schönen *Diligente* (vierzig Kanonen, zweihundert Mann) in einem englischen Geleitzug mit. Angreifen wollte er nicht, denn die Schiffe transportierten nur Kohle. Darum setzte er die englische Flagge (was Korsaren bisweilen taten), scharwenzelte wie ein eifriger Bewacher um die schweren Kohlenpötte und verabschiedete sich schließlich von den Briten durch einen Signalschuß. Daß er dies unter fremder Flagge tat, hätte ihn bald darauf beinahe das Leben gekostet, denn das war ein schwerer Bruch des Seerechts, ein Piratenakt. Die Engländer wollten Duguay-Trouin deswegen unbedingt hängen, als er ihnen vor Sorlingues in die Falle ging.

Es war ein Kampf, den kaum ein anderer überhaupt gekämpft hatte, denn die Korsaren kämpften durchaus nicht immer, sondern ergaben sich ohne weiteres bei eindeutiger feindlicher Übermacht (weswegen auch die meisten französischen Korsaren irgendwann Bekanntschaft mit den englischen Gefängnissen gemacht haben.) Duguay-Trouin jedoch schoß, was die Rohre hergaben, obwohl er sechs Kriegsschiffe gegen sich hatte, von denen jedes einzelne seiner *Diligente* überlegen war. Seine Leute verkrochen sich im Rumpf, aber René warf ein paar Handgranaten in seinen Laderaum. Das trieb die Männer wieder an Deck und an die Stückpforten.

Zu gewinnen war der ungleiche Kampf dennoch nicht; Seeschlachten sind darin anders als die Kämpfe zu Lande, wo meist doch noch ein Graben, eine Schlucht, ein Wasserlauf ein Entkommen möglich machten. Nach einem Schuß, der ihn bewußtlos auf die Deckplanken warf, erwachte René in Gefangenschaft. Die Engländer taten, was sie sehr selten getan haben: Sie ließen den Gefangenen nicht fühlen, wie sehr er sie geschädigt hatte, sondern hielten ihn gut. Duguay quittierte diese Nachsicht wie alle anderen Korsaren auch – er entfloh bei erster Gelegenheit und kehrte über den Kanal nach Frankreich zurück.

In diesen Jahren scheint Duguay-Trouin auch wirtschaftlich auf seine Rechnung gekommen zu sein. Zwei stark bewaffnete, aber langsame britische Schiffe, die er als Prise eingebracht hatte, waren so reichlich mit Waren und Geldmitteln ausgestattet, daß die Familie Trouin, die schon vorher als wohlhabend galt, fortan als reich bezeichnet wird. In Versailles, wo man den kühnen jungen Mann bis dahin belächelt hatte, begann man sich nun, da er reich war, für Duguay-Trouin zu interessieren. Ludwig XIV. verlieh ihm ehrenhalber den Rang eines Fregattenkapitäns – das war 1697, und René war eben vierundzwanzig Jahre alt geworden.

Wer glaubt, daß das schwere Gefecht vor der Gefangennahme und diese selbst Duguay-Trouin vorsichtig machten, irrt sich. Auch daß der junge Korsar sich nun langsam den Dreißig näherte, half nichts; er blieb ein Heißsporn und Draufgänger. 1703 geriet er, als dichter Nebel über dem Kanal lag, mit einem kleinen Geschwader unversehens in einen Flottenverband der Holländer, die damals gegen Frankreich Krieg führten. Als der Nebel ein wenig aufriß, schaukelten rings um Duguay-Trouin mehr als ein Dutzend, vielleicht sogar fünfzehn schwere niederländische Kriegsschiffe und machten eben die Stückpforten klar, um dem vorwitzigen Franzosen einen Denkzettel zu geben. Fregattenkapitän Duguay-Trouin erinnerte sich, was ein Korsar in dieser Lage getan hätte, und verfiel auf ein Täuschungsmanöver. Er tat, als nähme er den ungleichen Kampf an. Die Holländer dachten nicht mehr daran, ihm den Fluchtweg zu verlegen, sondern formierten sich zu einer Schlachtlinie, in der sie ihre Breitseiten nacheinander sprechen lassen konnten. Aber ehe sie begriffen hatten, was die Franzosen wirklich beabsichtigten, hatten diese abgedreht und waren nach ein paar spöttischen Salven im Nebel verschwunden.

Duguay-Trouin war für Frankreich so wertvoll, weil er die Technik, mit unterlegenen Kräften weitausgreifend zu operieren, so vollendet beherrschte. Der Kaperkrieg ist ja von Natur aus eine Waffe der schwächeren Seemacht, die ihre Handelsschiffahrt im Krieg weitgehend einstellen und mit ihrer Kriegsflotte ein großes Kräftemessen vermeiden muß. Aber sie verfügt über kleine, billige Einheiten, die dem meerbeherrschenden Gegner großen Schaden zufügen können. Darum hatte England die Zeit seiner großen Kaperkapitäne im siebzehnten Jahrhundert, als die Spanier noch stärker waren und die größeren Flotten unterhielten, und blieb auf dem Gebiet der Kaperschiffahrt seit etwa 1680 deutlich gegen die kühnen Franzosen zurück. Selbst der große George Anson (später Lord Soberton), der in einer fünfjährigen Kaperfahrt um die Welt Drake und Woodes Rogers nacheiferte und später zu den höchsten Ehren der britischen Marine aufstieg, läßt uns mehr an James Cook denken als etwa an Jean Bart oder Surcouf.

Es war ein tollkühnes Unternehmen, als Duguay-Trouin mit einer lächerlich kleinen Flotte im September 1711 Rio de Janeiro eroberte. – Der zeitgenössische Stich zeigt die Einfahrt seiner Schiffe in den Hafen.

Die Liste der Erfolge Duguay-Trouins, dieses außerordentlichen Seemannes und Menschen, wäre noch lang. Zwei seiner Taten aber sind selbst für die bewegten Korsarenschicksale außerordentlich: Die erste fällt ins Jahr 1707, einen der Höhepunkte des Spanischen Erbfolgekrieges. Philipp V., ein Enkel König Ludwigs XIV., war als Monarch reichlich unbedeutend, aber die Korsaren hatten nun einmal den Auftrag, ihm zu helfen, und keiner tat dies mit größerem Erfolg als Duguay-Trouin. Ihm gelang es, eine mit sechzig Frachtschiffen außerordentlich große Versorgungsflotte zu kapern, die England ausschickte, um Philipps Rivalen, einem österreichischen Erzherzog, zu Hilfe zu kommen. Man war im sechsten Kriegsjahr; keiner der Staaten, die an dem langen Krieg beteiligt waren, konnte solch einen Verlust verschmerzen, keiner ihn ersetzen. Sechzig Schiffsladungen waren zu diesem Zeitpunkt soviel wert wie hundertzwanzig in Friedenszeiten – und Duguay-Trouin hatte obendrein auch noch die vier Fregatten unschädlich gemacht, die den großen Waffen- und Lebensmitteltransport begleiteten. Es muß ein schwarzer Tag für die Höfe in London und Wien gewesen sein, als diese kaum glaubliche Nachricht eintraf.

Nicht minder berühmt ist René Duguay-Trouins Operation gegen Rio de Janeiro, mit der er alle Großtaten der Flibustierflotten in den Schatten stellte, denn Rio war stärker befestigt und besser verteidigt als Panama, Cartagena oder Porto Bello. Der Korsar von Saint-Malo beglich mit dem Überfall auf Rio eine alte Rechnung seines Landes. Er war Franzose wie jene Siedler, die im sechzehnten Jahrhundert der Korsar Villegaignon in der Bucht von Rio an Land gesetzt hatte. Sie waren als Protestanten von ihrer Heimat nur unzureichend unterstützt worden, hatten aber dank der Hilfe einiger Eingeborenenstämme zwölf Jahre lang gegen die Portugiesen gekämpft und erst 1567 kapituliert. Auch den Holländern gegenüber hatte sich Rio spröde gezeigt und 1599 einen niederländischen Flottenangriff abgewiesen. Im Jahre 1710, ein Jahr vor der Aktion Duguay-Trouins, waren dann französische Landungstruppen nach mörderischen Straßenschlachten in Rio zur Kapitulation gezwungen worden.

Das Unternehmen war also genau das, was man im Zweiten Weltkrieg ein Himmelfahrtskommando nannte – ein gewagter Vorstoß mit einer winzigen Chance des Gelingens. Dennoch brauchte Duguay-Trouin im September des Jahres 1711 nur elf Tage, um die Stadt Rio de Janeiro in seinen Besitz zu bringen. Mit einer lächerlich kleinen Flotte erbeutete er alles, was im Hafen lag: fünf Kriegsschiffe und sechzig Handelsfahrer, wozu noch ein Lösegeld für die Stadt von 610 000 Crusados kam (nach der Kaufkraft etwa 10 Millionen Mark).

Es war eine Aktion nach Piratenart, denn wie die Flibustiers hatte auch Duguay-Trouin niemals die Absicht, sich in Rio festzusetzen; er hätte mit seinen schwachen Kräften die Stadt ja nur wenige Wochen halten können. Es ging um die Vergeltung für die Niederlage von 1710, das stimmt, aber vor allem um die Beute, das Lösegeld, die Rückkehr mit den Prisen. Duguay-Trouin wurde nach dieser Eroberungsleistung geadelt und mit Ehren überhäuft; um seinen Beuteanteil scheint man ihn allerdings ganz kräftig betrogen zu haben, denn der große Korsar starb – nach einer letzten Kriegsfahrt gegen die Seeräuber der Barbareskenstaaten, bei der es nichts zu verdienen gab – trotz der Millionenbeute von Rio als beinahe armer Mann im Jahre 1736.

Der schärfste Rivale Duguay-Trouins um den Ruhm des größten Korsaren seiner Zeit war Jean Bart aus Dünkirchen. Wenn Frankreich diesen Korsaren besonders liebt, so kommt das sicherlich auch daher, daß er ein echter Widerpart zu dem strahlenden Königshof war. Er zeigt uns mitten in der höfischen Epoche das Volk, wenn ihn der Sonnenkönig 1697 zum Kommandeur eines Flottengeschwaders macht und Jean Bart nur antwortet: »Da haben Sie einmal das Richtige getan, Sire!« Bei Hof belächelte man den Fischersohn, der mit seinem breiten Seemannsgang über das glatte Parkett von Versailles stakte, aber das Volk wußte, daß einer der Tüchtigsten auf den Meeren und einer der mutigsten Männer des ganzen Jahrhunderts ein Kind kleiner Leute war.

Ein Korsar der alten Schule war Jean Bart aus Dünkirchen, dekoriert mit dem Ludwig-Kreuz vom Orden des Heiligen Ludwig, das ihm der Sonnenkönig für die einfallsreiche Sicherung eines Getreidegeschwaders verlieh.

Jean Bart (1650–1702) kannte die Schiffahrt zwischen den niederländischen Häfen und der Ostsee ganz genau und verlegte sich darum, als die Regierung ihm ein Korsarenschiff anvertraute, zunächst darauf, diesen Handel zu stören, der bis dahin von der Seeräuberei weitgehend verschont geblieben war. Es war für die französischen Korsaren nämlich viel einfacher, südlich an England vorbei in den Atlantik hinaus zu stoßen, vor Irland zu kreuzen oder auch in die nördliche Nordsee auszulaufen, wo die vielen kleinen Inseln und winzigen Fischerdörfer Zuflucht boten, obwohl sie an sich dem Feind gehörten. Der Kaperkrieg an den deutschen Küsten war demgegenüber viel schwieriger, das Fahrwasser unsicher, die Schiffsbewegungen unübersichtlich, die Überwachung des Handelsverkehrs wesentlich genauer.

Der Fischersohn aus Dünkirchen ließ sich jedoch nicht abschrecken. Dort, wo seine Kenntnisse lagen, sah er seine eigentliche Aufgabe und unterschied sich dadurch von den abenteuernden Korsaren Duguay-Trouin und Surcouf, die zum Teil viele tausend Meilen von den heimatlichen Küsten entfernt operierten. Als Jean Bart seine Tätigkeit für Frankreich begann, ließen die Holländer alljährlich vier große Handelsgeleitzüge in die Ostsee fahren. Das bedeutete angesichts der winterlichen Schiffahrtsruhe und der langen Fahrzeiten in jenem Jahrhundert einen ziemlich dichten Schiffsverkehr.

Als Jean Bart sich von der aktiven Seefahrt zurückzog und seine Söhne ihm im Kommando folgten, gelang es alljährlich nur noch einem einzigen Geleitzug, die Verbindung zwischen den Niederlanden und den deutschen und schwedischen Ostseehäfen herzustellen. Ein Mann hatte mit zuerst einem Schiff und dann mit kleinen Geschwadern eine ganze Handelsstraße lahmgelegt, ja er hatte praktisch dasselbe erreicht wie eine kostspielige Blockade, die in der stürmischen Nordsee auf kaum überwindliche Schwierigkeiten gestoßen wäre. Als Bart vierzig Jahre alt wurde, begann er, sich nach anderen Aufgaben umzusehen, und vollbrachte mit seinem Geschwader eine Landung bei Newcastle. Natürlich versuchte er nicht, sich dort zu halten, aber die blitzartige Aktion brachte reiche Beute.

Friedlicher, aber für Frankreich vielleicht wichtiger, war seine Großtat des Jahres 1694: Frankreich litt schon schwer unter dem Krieg, und die Landwirtschaft konnte das Volk nicht mehr ausreichend versorgen. Alles hing davon ab, daß eine große Flotte mit spanischem Brotgetreide sicher französische Häfen erreichte. Das war genau das Gegenteil dessen, was Jean Bart bis dahin getan hatte. Es mag zu jenen Zeiten auch leichter gewesen sein, Geleitzüge anzugreifen, als sie zu verteidigen, vor allem, wenn der Gegner über soviele Schiffe und nahegelegene Häfen verfügte wie die Briten. Das Unglaubliche gelang: Jean Bart führte in der ihm ungewohnten Rolle die ihm anvertrauten Frachter so sicher wie sonst die flinken Korsarensegler und brachte das Getreidegeschwader heil in den Hafen seiner Heimatstadt Dünkirchen. Wir können uns vorstellen, wie ihn seine Landsleute bei dieser Gelegenheit feierten.

Bald darauf gelang es den Engländern jedoch, den Mann, der eine ganze Flotte vor ihnen spazierengeführt hatte, selbst in ihre Gewalt zu bekommen. Sie brachten ihn auf die Pontons von Plymouth, in eines der schlimmsten Gefängnisse im damaligen Europa (und das will etwas heißen). Man war noch hundert Jahre von der großen Gefängnisreform entfernt, die gegen Ende des achtzehnten Jahrhunderts Howard einleitete, nachdem er selbst durch einen Zufall in den Kerkern einer Hafenstadt einige Wochen Haft zugebracht hatte. Gefangen zu sein, bedeutete seit dem Mittelalter ein beinahe schlimmeres Los als die Sklaverei; denn die Gefängnisse waren entweder enge, feuchte, dunkle Steinkammern ohne Lüftung, ohne sanitäre Einrichtungen und Schlafstellen, oder sie bestanden (wie zum Beispiel in England) aus Gefängnisschiffen, den berüchtigten Pontons. In diesen alten, morschen und verrotteten Kähnen konnte man zugrunde gehen, ohne je zum Tod verurteilt worden zu sein.

Es starben alljährlich auch Tausende, die nichts anderes getan hatten, als unter der Flagge ihres Heimatlandes Kaperkrieg zu führen.

Jean Bart war nicht der Mann, sein Leben auf diese Weise zu beenden; er benützte die erste Gelegenheit, um zu entspringen. Seine großen Körperkräfte und seine Ausdauer halfen ihm dabei. Als er erst in einem Boot saß, war es ihm gleichgültig, wie klein und gebrechlich es war: Er gelangte damit glücklich nach Frankreich.

Jean Bart hatte aus zwei Ehen insgesamt dreizehn Kinder, von denen sich einige anschickten, es ihm gleichzutun; keiner aber wurde so berühmt wie der 1677 geborene Jean-Cornil, der lange Zeit das Glück hatte, mit seinem Vater gemeinsam auf einem Schiff zu segeln. Dieser Jean-Cornil soll während einer Seeschlacht, als den alternden Jean Bart die Zuversicht zu verlassen drohte, seinen geschwächten Vater an den Großmast gebunden und das Kommando übernommen haben. Dank der unerschütterlich dem feindlichen Feuer trotzenden, allen sichtbaren legendären Gestalt des alten Seehelden wurde der Kampf dann auch tatsächlich gewonnen. Jean-Cornil aber war der eigentliche Sieger. Er stieg – da schon sein Vater geadelt worden war – bis zum Vizeadmiral der Kriegsmarine auf.

Die Erfolge Jean Barts waren natürlich nur dank besonderer seemännischer Tüchtigkeit möglich; man mußte auf dem Meer zu Hause sein, um mit dem Gegner so umspringen zu können. Aber in den Kämpfen selbst war es doch immer wieder sein persönlicher Mut, der den Ausschlag gab und späteren Korsaren zum Vorbild wurde. Jean Bart war wie ein Pirat der alten Schule, ja wie die Flibustiers auf das Entern eingestellt. Er haßte den Geschützkampf, in dem die leichten Korsarensegler meist die Unterliegenden blieben, und versuchte stets so nahe wie möglich an den Gegner heranzukommen. Wurde schließlich geentert, so war er es, der sich den gegnerischen Kommandanten vornahm. Da Jean Bart ebenso kräftig wie wendig war, endeten diese Zweikämpfe so gut wie stets damit, daß der Kapitän des geenterten Schiffes kampfunfähig wurde. Jean Bart führte die Entscheidungen auf diese Weise oft im Zweikampf herbei, wie in Wikingerzeiten, ja wie bei den alten Germanen, wo niemand einzugreifen wagte, wenn zwei berühmte Kämpen ihre Kräfte maßen.

Dennoch erbrachte die weitere geschichtliche Entwicklung den Beweis, daß Bravour, Begeisterung und Wagemut nicht alles vermögen. Im Seewesen lassen sich die Verhältnisse nur sehr langsam und nur unter ungeheuren materiellen Opfern wandeln. Darum blieb auch der größte Franzose, nämlich Napoleon Bonaparte, mit seinen Seestreitkräften in der Rolle des Unterlegenen, wie vor ihm die Bourbonenkönige, die er sonst so deutlich in den Schatten stellt.

Daß Napoleon als Artillerieoffizier und Korse wußte, welche Bedeutung eine schlagkräftige Kriegsflotte hatte, steht außer Zweifel. Wäre ihm eine lange Regierungszeit gegönnt gewesen, er hätte wohl versucht, Frankreich solch ein Instrument zu schaffen und, gestützt auf eine neue Flotte, die große Abrechnung mit dem britischen Inselreich vorzunehmen. Aber es war offensichtlich leichter, aus einem Haufen von Sansculotten eine Armee voll Angriffsschwung und Selbstvertrauen zu machen, es war leichter, Pässe über die Alpen zu guten Straßen auszubauen und die Landtruppen mit einer bis dahin unbekannten Schnelligkeit zu bewegen. Die Flottenrüstung hätte nicht nur sehr viel Geld verschlungen, sie hätte auch viel Zeit gekostet, und Napoleon hatte keines von beiden.

So kam es, daß auch dieser große Eroberer den Schritt über den Kanal nicht wagte und sich in seinem jahrelangen Krieg gegen England in erster Linie auf seine Korsaren stützen mußte, die alte Waffe der kleineren Seemacht. Das achtzehnte Jahrhundert war vergangen, doch das *Ancien Régime* mit seiner unbekümmerten Lebensauffassung und dem chevaleresken Übermut schien in den Korsaren Napoleons die große Revolution überdauert zu haben.

Die glänzendste Erscheinung unter ihnen, Robert Surcouf aus Saint-Malo, scheint jedenfalls eher dem Zeitalter Ludwigs XVI. und der Marie

Kampf Mann gegen Mann, nachdem ein Kauffahrerschiff geentert wurde.

Antoinette anzugehören als dem Kreis der derben Haudegen um den neuen Kaiser. In seinem ganzen Wesen, seinem Umgang mit den Mannschaften und seinem Verhalten im Kampf, erinnert Surcouf (1773–1827) mehr an den genialen Korsaren Duguay-Trouin als an das große Vorbild Jean Bart, aber auch an jenen Thurot, der um die Mitte des achtzehnten Jahrhunderts wie ein Komet aufging, obwohl er aus dem Binnenland stammte, den Engländern Schlag auf Schlag versetzte, schließlich aber der Übermacht erlag und als dreiunddreißigjähriger Geschwaderchef in einer Seeschlacht vor der Insel Man fiel.

Surcouf war auch schon mit zwanzig Jahren Kommandant, mit zweiundzwanzig berühmt und fortan sechs Jahre lang der Schrecken der britischen Schiffahrt. Nach allem, was wir von ihm hören (und es ist nicht wenig, da er ja nur hundertachtzig Jahre von uns entfernt ist), hatte er bedeutend mehr Phantasie als alle seine Rivalen um den Ruhm des größten Korsaren. Seine Intelligenz und sein Einfallsreichtum machen ihn zu einer zauberhaften Erscheinung, denn es grenzt an Zauberei, was er aus scheinbar ausweglosen Situationen noch zu machen verstand.

Surcouf konnte sich alle Tricks leisten, da man seinen Mut kannte. War es doch schon ein ungeheures Wagnis, vorwiegend im Indischen Ozean Handelskrieg zu treiben, wo die französischen Schiffe so gut wie keine Stützpunkte hatten, während sie in Europa alle Hafenorte anlaufen konnten, die der große Korse im Lauf der Jahre erobert hatte. Surcouf suchte eben das Schwierigste, jene Aufgabe, mit der er es seinem Kaiser gleichtun konnte. Europa bot kein Problem, für das man einen Surcouf brauchte, aber der Handel zwischen England und Indien lockte den Kapitän aus der alten Korsarenstadt.

Surcouf blieb, so schwer die Kämpfe auch waren, in einem erstaunlichen Maß ritterlich. Er zumindest machte die Verrohung der Sitten nicht mit, die im Gefolge der neuen Marschälle und der Familie Bonaparte selbst in Paris Mode geworden war. Er schützte nicht nur jedesmal, wenn ein Schiff erobert wurde, die Frauen gegen die aus dem Enterkampf kommenden Seeleute, sondern rettete nicht selten auch einem Gegner das Leben. Er versuchte oft, die Grausamkeit des Kampfes möglichst zu mindern, und betrachtete selbst eine Seeschlacht noch als ein Duell, obwohl sie dies sehr selten ist: Wo gäbe es denn zwei Schiffe, die gleich schnell, gleich stark bestückt und in gleicher Weise von Wind, Schußlicht und Seegang begünstigt sind? Eines liegt immer besser, ist etwas schneller, etwas stärker . . .

Als Surcouf in der Bai von Bengalen zwei englische Frachtschiffe gekapert hatte, sagte einer der britischen Kapitäne in seiner Wut: »Hätte ich gewußt, was die *Confiance* für eine Nußschale ist, so hätte ich nicht die Flagge gestrichen, sondern gekämpft.« Obwohl diese Worte dem Engländer keineswegs ein gutes Zeugnis ausstellten, bot Surcouf ihm sofort an,

Robert Surcouf aus Saint-Malo, der Schrecken der britischen Seefahrt, steht in der Ahnengalerie der französischen Korsaren neben Bart und Duguay-Trouin. Während die Engländer Surcouf mit einer Kopfprämie von 100 000 Pfund jagten (die höchste Summe, die je auf einen Korsaren ausgesetzt wurde), ernannte ihn Napoleon zum Ritter der Ehrenlegion.

auf sein Schiff zurückzukehren und den Artilleriekampf zu beginnen, was der Brite dann aber doch ablehnte und sich endgültig gefangen gab.

Mit dieser Nußschale vollbrachte Surcouf immer wieder Wunder, sehr oft allerdings nur Wunder an Schnelligkeit, wenn ihn ein ganzes Britengeschwader jagte und alle Kanonen abmontiert und in den Kielraum gelegt werden mußten, um dem Schiff größere Stabilität zu verleihen und eine maximale Segelfläche zu gestatten. Kundige Kapitäne der Ostindischen Handelskompanie erkannten Surcouf schon daran, daß er stets soviel Segel an den Rahen hatte, wie kein anderer zu führen wagte.

Seinen schwersten Kampf focht Surcouf am 7. Oktober 1800 gegen das britische Kriegsschiff *Kent,* das der *Confiance* hinsichtlich Bewaffnung und Besatzung weit überlegen war. Gegen 130 Franzosen standen über 400 Engländer, so daß der englische Kapitän äußerst überrascht war, die *Confiance* trotzdem angreifen zu sehen. Er hatte gerettete Passagiere,

Seinen schwersten Kampf focht Surcouf am 7. Oktober 1800, als er mit seinem kleinen Schnellsegler *Confiance* das britische Kriegsschiff *Kent* angriff. Bevor die gut armierte, aber schwerfällige *Kent* wirkungsvolle Breitseiten abfeuern konnte, war es der winzigen *Confiance* gelungen, sich an den Gegner zu klammern, um zu entern. – Die Eroberung der *Kent* nach einem Gemälde von Louis Garneray.

darunter Frauen, an Bord und hätte darum Surcouf kaum sehr energisch verfolgt. Aber Surcouf war in Kampfstimmung, der Wind war ihm günstig, und so lief er so schnell auf den Briten zu, daß dieser nur einige Breitseiten abfeuern konnte, ehe die Schiffe einander so nahe waren, daß die Enterhaken ausgeworfen wurden.

Die *Confiance* war so niedrig und im Verhältnis zu ihrem Schnellsegler-Takelwerk ein so winziges Schiffchen, daß sie nur ganz selten schwer getroffen wurde. Meistens pfiffen die Geschosse zwischen den Masten hindurch oder rissen Löcher in die Segel, die man später eben flicken mußte. So war es auch in der Auseinandersetzung mit der *Kent*. Viel härter aber war der Kampf an Deck des Engländers. Die Briten gaben sich nicht geschlagen, sie kannten ihre Überzahl und ließen sich auch durch die Handgranaten, die Surcoufs Leute aus den Mastkörben auf das Deck der *Kent* warfen, nicht ins Schiffsinnere hinuntertreiben. Mit Enterbeil und Lanze mußten die Franzosen das Deck säubern, ehe sie sich Herren des englischen Schiffes nennen konnten.

Drei Monate später trat Surcouf die Heimreise an. Die *Kent* hatte Gold und eine wertvolle Ladung an Bord gehabt (nach heutigem Geld etwa zwei Millionen Mark), und die *Confiance* war durch den harten Kampf doch so angeschlagen, daß weiteres Verweilen in den indischen Gewässern nicht ratsam erschien. Indes hätte es auf der Heimfahrt beinahe noch eine Schlacht gegeben: Zwei schnelle englische Schiffe erspähten den langgesuchten Korsaren und nahmen die Verfolgung auf. Surcouf, dem es nur noch darum ging, seine Leute, seine Ladung und sich selbst zu retten, opferte alles, was an der *Confiance* nicht niet- und nagelfest war. Sogar Deckaufbauten wurden abgesägt und alles Geschütz bis auf ein Rohr zum Salutschießen über Bord geworfen. Leicht wie ein Vogel fegte die *Confiance* durch die Wellen, bis die Engländer zurückfielen und die Nacht hereinbrach.

Trotz mancher Haken, die er schlagen mußte, bewältigte Surcouf die Fahrstrecke von Indien rund um Afrika bis La Rochelle in zweieinhalb Monaten. Nachdem er sich in La Rochelle ausgiebig hatte feiern lassen, reiste er nach Saint-Malo weiter. Und nun kommt die überraschendste Wendung in seiner Laufbahn: Der erfolgreichste Kaperkapitän seiner Zeit zieht sich ins Privatleben zurück, noch ehe er dreißig ist, heiratet einen Monat nach seiner Heimkehr ein Fräulein von Maisonneuve, kauft eines der schönsten und ehrwürdigsten Häuser von Saint-Malo und etabliert sich mit dem erworbenen Vermögen als Reeder.

Daran vermochte nicht einmal Napoleon etwas zu ändern, der Surcouf ein Geschwader anvertrauen wollte. Surcouf lehnte ab, angeblich weil er in dieser Eigenschaft der Admiralität hätte gehorchen müssen, im Grunde aber wohl, weil er bei aller Bravour, Eleganz und Liebe zur Seefahrt im Herzen doch ein Kind des alten Seeräubernests war; in Saint-Malo war man zwar gewöhnt, auf dem Meer zu sterben, vor allem aber, vom Meer zu leben.

In den vier Jahren des intensivsten Kaperkrieges im Indischen Ozean hatten die Briten siebenmal soviel Schiffe verloren wie die Franzosen. Mehr als zweitausendzweihundert Schiffseigner waren von den britischen Versicherungen entschädigt worden. Solche Versenkungsziffern beweisen, daß Surcouf viele, viele Mitstreiter hatte und daß man in Dieppe, Dünkirchen, Brest und Boulogne die alten Traditionen genauso weiterpflegte wie in Saint-Malo. Surcouf wußte, daß es Napoleon an tüchtigen Kaperfahrern nicht fehlte, obendrein hatte man eben wieder einmal Frieden geschlossen, und die Kaperschiffahrt ruhte. Da besann er sich auf jenen Beruf, den man seit Ango Vater und Sohn stets dann ausübte, wenn die Waffen schweigen mußten: Er wurde Reeder, baute Schiffe und baute sie so, daß sie sich unter dem Kommando eines kundigen Korsaren in Ehren halten konnten. Ja, Surcouf soll Napoleon sogar geraten haben, die großen, schwer beweglichen Kriegsschiffe abzurüsten und mit den guten Kanonen eine flinke Korsarenflotte aufzustellen. Aber der Erste Konsul habe den Kopf geschüttelt und aus Gründen des nationalen Prestiges einen Verzicht auf die pompösen schwimmenden Festungen abgelehnt.

Wenige Jahre nach diesem Gespräch kam es zu der Seeschlacht von Trafalgar, bei der die vereinten französisch-spanischen Flotten der von Nelson geführten britischen Flotte unterlagen und neunzehn jener prächtigen Kriegsschiffe verloren, von denen Napoleon sich nicht hatte trennen wollen. Elisabeth I. hatte auf Drake gehört und darum 1588 die Armada besiegt, Franz I. hatte die Angos zumindest gewähren lassen; Napoleon aber hatte den Rat seines besten Seemanns nicht befolgt und dies im Jahre 1805 dann sehr bereut.

ANHANG

1515–1547	Franz I. König von Frankreich.
1547–1559	Heinrich II. König von Frankreich.
1560–1574	Karl IX. König von Frankreich.
1563	Frankreich verliert ca. 600 Schiffe an britische Korsaren.
1574–1589	Heinrich III. König von Frankreich.
1585–1642	Lebenszeit des Kardinals Richelieu.
1588	Vernichtung der spanischen Armada durch Francis Drake und das englische Wetter. Beginn der britischen Vormacht zur See.
1589	Nach der Ermordung des letzten Valois wird Heinrich IV. als erster Bourbone König von Frankreich (ermordet 1610).
1610–1643	Ludwig XIII. König von Frankreich, verheiratet mit Anna von Österreich.
1638	Geburt des späteren Ludwig XIV. (König 1643–1715).
1642–1661	Mazarin setzt das Werk Richelieus fort.
1659	Pyrenäenfrieden. Frankreich erhält das Roussillon und im Norden das Artois.
1660–1685	Karl II. Stuart regiert in England kunstsinnig und francophil. Dünkirchen kommt 1662 an Frankreich.
1664	Modernisierung des französischen Wirtschaftssystems durch Colbert.
1672–1678	Holländischer Krieg (Frankreich, Schweden und England gegen Österreich, Spanien und Brandenburg) endet unentschieden. Frankreich erhält Südflandern, verliert aber Maastricht.
1679	Beginn der sogenannten Réunionskriege (Eroberungen deutscher Gebiete durch den Sonnenkönig).
1697	Frieden von Rijswyk, in dem Frankreich seine rechtsrheinischen Eroberungen verliert, Straßburg behält und auf die Pfalz verzichten muß.
1701–1713	Spanischer Erbfolgekrieg. Niederlagen französisch-bayerischer Truppen durch die großen Feldherren Marlborough und Prinz Eugen. Ende der französischen Vormachtstellung in Europa.
1715	Tod Ludwigs XIV. Philipp II., Herzog von Orléans und Sohn der Liselotte von der Pfalz, wird Regent für den minderjährigen Ludwig XV.
1715–1774	Ludwig XV., Urenkel des Sonnenkönigs, König von Frankreich.
1755	Madame Pompadour, Staatskanzler Kaunitz und Minister Bernis schaffen Versöhnung zwischen Österreich und Frankreich mit Bündnis gegen Preußen (Renversement des alliances).
1755–1793	Lebenszeit der Erzherzogin Marie Antoinette, Königin von Frankreich.
1756–1763	Siebenjähriger Krieg Friedrichs des Großen gegen eine große Koalition; zugleich englisch-französischer Kolonialkrieg um Kanada.
	Im Frieden von Hubertusburg verliert Frankreich Kanada, Louisiana und indische Stützpunkte.
1766	Lothringen kommt durch Erbschaft an Frankreich.
1768	Frankreich kauft Korsika von Genua.

1769	Napoleon im nunmehr französischen Korsika geboren.
1774–1792	Ludwig XVI. (Enkel seines Vorgängers) König von Frankreich.
1778	Voltaire stirbt im 84. Lebensjahr in Paris.
1789	Einberufung der französischen Generalstände. Beginn der Französischen Revolution durch die Übergabe der Bastille an die Pariser.
1791	Graf Mirabeau stirbt im 42. Lebensjahr einen ungeklärten Tod.
1792–1794	Die blutige Phase der Französischen Revolution (La Terreur). Abschlachtung Tausender in den Gefängnissen und auf offener Straße, Schnelljustiz des Revolutionstribunals und Guillotinierungen.
1798	Napoleon Bonaparte in Ägypten.
1799	Bonaparte nach Staatsstreich Erster Konsul, Fouché Polizeiminister, Talleyrand Außenminister.
1804–1814	Napoleon I., Kaiser der Franzosen.
1810	Napoleon heiratet Erzherzogin Marie Louise.
1811–1832	Napoleons Sohn, der spätere Herzog von Reichstadt.
1815	Napoleons Rückkehr von Elba: Die »Hundert Tage«.
1821	Napoleon stirbt auf der britischen Insel Sankt Helena.

LITERATURBERICHT

Wer sich mit den in diesem Band angeschlagenen Themen weiter beschäftigen möchte, findet eine Fülle einschlägiger Arbeiten vor, soferne er des Französischen mächtig ist. Im anderen Fall ist die Auswahl nicht nur sehr beschränkt, sondern auf unserem kurzlebigen Buchmarkt, der auch gute Titel nicht selten nach schon achtzehn Monaten ins Moderne Antiquariat verschwinden läßt, sehr unübersichtlich: Dieser große Markt entzieht sich nämlich dem üblichen Bestellverfahren.

Es hat darum ausschließlich praktische Gründe, wenn ich diese Literaturhinweise mit meinen eigenen Büchern beginne; von ihnen nämlich weiß ich mit einiger Sicherheit zu sagen, ob und wo sie zu erhalten sind. Das gilt in erster Linie für jene Titel, unter denen ich mich mit französischen Landschaften, Städten und Schlössern beschäftigt und stets sehr viel Geschichte eingearbeitet habe: Elsaß, Normandie, Burgund, Provence und Korsika im Hallwag-Verlag Bern und Stuttgart; Bretagne, Loire-Tal, Land um Paris (= Ile de France) und Côte d'Azur beim Süddeutschen Verlag in München. Das Buch *Von der Camargue zu den Pyrenäen* (also über das Languedoc) ist beim Verlag vergriffen. Eine umfangreiche Geschichte von Paris hält der Verlag R. Piper & Co. in München seit Jahren lieferbar *(Sechsmal Paris*, 2. Aufl. 1983). Ein Spezialthema behandelt mein Bericht *Auf den Spuren der Hugenotten* (Paul List Verlag, München). Frankreichs achtzehntes Jahrhundert im Ganzen ist der eigentliche Held meiner Versailles-Romane (Schneekluth-Verlag München, 6 Bände).

Allgemeindarstellungen der Französischen Geschichte bietet unter vielen anderen der Verlag Larousse an (zwei Großquartbände, gut illustriert). So gut wie alle berühmten Geschichtswerke liegen in Frankreich inzwischen auch als Taschenbücher vor, zu den Hauptepochen gibt es sehr praktische Spezial-Lexika in der Serie *Les dictionnaires de l'homme du vingtième siècle* (Larousse).

Ein modernes historisches Großlexikon besitzt Frankreich in der achtbändigen Arbeit von Michel Mourre *Dictionnaire encyclopédique de l'histoire* (Editions Bordas). Zu Einzelfragen und -persönlichkeiten konsultiere man ein Verzeichnis der guten und preiswerten Collection *Que sais-je* (Presses Universitaires de France).

In deutscher Sprache ist der Frankreich-Brockhaus eine gute Hilfe zur Erst-Auskunft und als Führer zur Spezialliteratur. Gesamtdarstellungen der französischen Geschichte gibt es in verschiedenen Taschenbuchreihen, am lesbarsten in der Fischer-Weltgeschichte und der Propyläen-Geschichte Europas. Nur als Hardcover ist lieferbar: Sauvigny, *Die Geschichte der Franzosen* (Hamburg 1980), Sieburg H. O.: *Geschichte Frankreichs* (2. Auflage Stuttgart 1977). Von der ausgezeichneten französischen Geschichte von Charles Seignobos, die sich gut liest, brachte Rowohlt seinerzeit eine deutsche Ausgabe (in Bibliotheken).

Im übrigen möchte ich, wo immer es möglich ist, den Rückgriff auf das empfehlen, was Frankreichs große Männer und Frauen selbst an Memoiren und Briefen geschrieben haben. Von so gut wie allen solchen Texten gibt es Schulausgaben für Franzosen mit ausgezeichneten Anmerkungen und Worterklärungen, von sehr vielen inzwischen aber auch deutsche Auswahlausgaben (Casanova, eine erstklassige und unterhaltsame Quelle, vollständig für nur 68,– DM, »Die Memoiren des Herzogs von Saint-Simon«, in Auswahl im Modernen Antiquariat; Rousseaus *Bekenntnisse* im Insel-Verlag, Chateaubriand, *Memoiren*, gekürzt in der Büchergilde Gutenberg usf.).

Ernsthaft Interessierte werden wertvolle Funde in den Verzeichnissen der Reprint-Verlage machen (nicht ganz billig) und im großen Katalog der Wissenschaftlichen Buchgesellschaft Darmstadt. Die schönsten Ausgaben großer französischer Texte in vorbildlicher Präsentation und mit reichen Anmerkungen bietet die *Bibliothèque de la Pleiade;* für sie allein lohnte es sich schon, französisch zu lernen.

ALLGEMEINES

Braudel, Fernand: Sozialgeschichte des 15. bis 18. Jahrhunderts. 3 Bände. München 1985 f.

ANEKDOTEN

Guillois, Mina und André: 1400 mal l'amour. Witze und Anekdoten aus Frankreich. Bonn 1971.

Vallières, Jean de: Au siècle des amours. Les éditions du Paris. Paris 1958.

Ragon, Michel (Hg.): Witz und Karikatur in Frankreich. Hamburg 1961.

Wieland, Ernest (Hg.): Welscher Witz. Ein Franzosenspiegel in Anekdoten. Stuttgart 1914.

BRETAGNE

Rudel, Yves-Marie: Histoires de Bretagne. Paris 1963.

Levot, Prosper-Jean: Biographie Bretonne. 2 Bände. Genf 1971.

Markale, Jean: Historie secrète de la Bretagne. Paris 1977.

DUBARRY

Fauchier-Magnan, A.: Les Dubarry. Histoire d'une famille au XVIIIe siècle. Paris 1934.

Goncourt, Edmond und Jules de: Die Dubarry. Ein Lebensbild. München/Leipzig 1923.

Schumacher, Karl von: Madame Dubarry. Zürich/Leipzig/Wien 1948 (und öfter).

FRAUENFRAGE

Brantôme, Abbé: Das Leben der galanten Damen. München o. J.

Goncourt, Edmond und Jules de: Die Frau im 18. Jahrhundert. 2 Bände. München 1920.

Herold, Christopher: Liebe in fünf Temperamenten. München 1960.

KORSAREN

Bühnau, Ludwig: Schwarze Flagge am Mast. Die spannendsten Geschichten und Abenteuer von Piratenkapitänen und Freibeutern. Würzburg 1976.

Leip, Hans: Bordbuch des Satans. Herford 1977.

Lespagnol, André (Hg.): Histoire de Saint Malo. Paris 1984.

LENÔTRE, G.:

Der Historiker, der seinen Vornamen stets abkürzte, wurde zwischen 1908 und 1950 wiederholt ins Deutsche übersetzt. Seine Bücher und Aufsatzsammlungen, bei den Erstverlagen nicht mehr lieferbar, gehören zum Besten, was über französische Geschichte überhaupt geschrieben wurde. Sie sind genau, aber unterhaltsam, leicht zugänglich und geeignet, das Interesse an Persönlichkeiten und Begebenheiten vor allem zwischen 1750 und 1830 zu wecken.

LUDWIG XIV.

Cronin, Vincent: Der Sonnenkönig. Frankfurt 1979.

Erlanger, Philippe: Ludwig XIV. Frankfurt 1976.

Mitford, Nancy: Der Sonnenkönig. München o. J.

LUDWIG XV.

Bernier, Olivier: Ludwig XV. Zürich 1985.

Levron, Jacques: Ludwig XV. Stuttgart 1967.

Schreiber, Hermann: Ein König und die Liebe. München 1980 ff.

Semerau, Alfred: Der Vielgeliebte. Berlin o. J. (1919).

MARAT

Massin, Jean: Marat. Paris 1969.

Reck-Malleczewen, Friedrich: Marat. 1929.

Marats Tod wurde u. a. vom Grafen Platen und von Peter Weiss (siehe in *Spectaculum,* Moderne Theaterstücke, Band 9, Frankfurt/M. 1966) dramatisch behandelt.

MARIE ANTOINETTE

Zweig, Stefan: Marie Antoinette. Frankfurt 1982.

MAZARIN

Guth, Paul: Mazarin. Frankreichs Aufstieg zur Weltmacht. Frankfurt/M. 1974.

MIRABEAU

Mirabeau, Honoré Gabriel Riqueti Comte de : Ausgewählte Schriften. 2 Bände. (Hg. Johanna Fürstauer). Hamburg 1971.

Wittkop, Justus Franz: Graf Mirabeau. Biographie. Esslingen 1982.

NAPOLEON

Manfred, A. S.: Napoleon. Köln 1981.

Marquet, Mario: Geschwister — Marschälle — Minister. Die Familie Bonaparte und die Spitzen des Kaiserreichs. Köln/Graz 1984.

Sieburg, Friedrich: Napoleon. München 1981.

PHILIPP VON ORLÉANS

Erlanger, Philippe: Le Régent. Paris 1960.

POMPADOUR

Aretz, Gertrude: Die Marquise von Pompadour. Dresden 1924.

Simanyi, Tibor: Madame de Pompadour. Düsseldorf 1979.

PONTCALLEC

vgl. Bretagne

REICHSTADT, Herzog von

Aubry, Octave: Der König von Rom. Erlenbach 1935.

Castelot, André: Der Herzog von Reichstadt. Wien 1960.

REVOLUTION

Landauer, Gustav: Briefe aus der Französischen Revolution. 2 Bände. Berlin 1948.

Mathiez, Albert: Die Französische Revolution. 3 Bde. Hamburg 1950.

Wahl, Adalbert: Vorgeschichte der Französischen Revolution. 2 Bände. Neudruck der Ausgabe Tübingen 1905—1907. Aalen 1971.

RICHELIEU

Andreas, Willy: Richelieu. Persönlichkeit und Geschichte. Göttingen 1958.

Burckhardt, Carl J.: Richelieu. Ausgabe in einem Band. München 1984.

VERSAILLES

Barz, Paul: Die Menschen von Versailles: Biographie eines Schlosses. Herrsching 1980.

VOLTAIRE

Orieux, Jean: Das Leben des Voltaire. 2 Bände. Frankfurt/M. 1968.

Nachbemerkung:

Wie man sieht, weicht dieses Literaturverzeichnis in vielem vom Üblichen ab, weil es die Absicht des Verfassers war, den Lesern den Zugang zur Geschichte Frankreichs so leicht wie möglich zu machen — und weil er aus Leserbriefen tagtäglich erfährt, wie oft das Interesse an unserem Nachbarland schon auf der Strecke blieb, weil es nicht ganz einfach ist, sich zugängliche Literatur über geschichtliche Themen aus Frankreich zu verschaffen.

Bildnachweis

Alte Pinakothek, München: 127 – Archiv für Kunst und Geschichte, Berlin: 13, 15, 18, 65, 72/73, 76, 83, 92, 100, 105, 115, 118, 124, 139, 143, 144, 150, 158, 229, 231, 234 –Bibliothèque nationale, Paris: 38, 51, 74, 148, 163, 175, 179, 180, 189, 191, 192, 203, 210, 213, 218, 226 – Bildarchiv Preußischer Kulturbesitz, Berlin: 16, 113, 137, 153, 161, 258/59 – Collection Sciolette: 228 – Historia-Photo, Hamburg: 21, 78, 79 (r), 225, 227, 230, 232, 233, 235, 237 – Louvre, Paris: 27, 67, 69 (or), 128/29, 133 – Musée Arbaud, Aix-en-Provence: 167, 170 – Musée d'Art et de Céramique, Narbonne: 45 – Musée des Beaux Arts, Lille: 197 – Musée des Beaux Arts, Nantes: 146 – Musée des Beaux Arts, Rouen: 141 – Musée Carnavalet, Paris: 89, 149, 162, 181, 193 – Musée Condé, Chantilly: 30, 42, 69 (u) – Musée de Langres: 69 (ol) – Musée de Versailles: 52, 57, 58, 61, 109, 155, 186/87 – Musées Royaux des Beaux Arts, Brüssel: 200 – National Gallery, London: 47 – Prado, Madrid: 26, 33, 39 – Sammlung Wallace, London: 117 – Süddeutscher Verlag, München: 241 – Ullstein, Berlin: 131 – G. Wittkop-Ménardeau, Bad Homburg: 168 – Alle anderen Bilder: DAMALS-Archiv

PERSONENREGISTER